民族汉考（四级）

读后写训练教程

MHK

李少虹　编著

北京语言大学出版社
BEIJING LANGUAGE AND CULTURE UNIVERSITY PRESS

图书在版编目（CIP）数据

民族汉考（四级）读后写训练教程 / 李少虹编著．－北京：北京语言大学出版社，2010. 3

ISBN 978-7-5619-2611-6

Ⅰ.①民…… Ⅱ.①李…… Ⅲ.①汉语—写作—少数民族教育—水平考试—教材 Ⅳ.①H193.6

中国版本图书馆CIP数据核字（2010）第007449号

书　　名：民族汉考（四级）读后写训练教程
作　　者：李少虹
责任编辑：郑　炜
封面设计：张　娜
责任印制：汪学发

出版发行：北京语言大学出版社
社　　址：北京市海淀区学院路15号　　邮政编码：100083
网　　址：www.blcup.com
电　　话：发行部　82303650/3591/3648
编辑部　82303390
读者服务部　82303653/3908
网上订购电话　82303668
客户服务信箱　service@blcup.net
印　　刷：北京画中画印刷有限公司
经　　销：全国新华书店

版　　次：2010年5月第1版　2010年5月第1次印刷
开　　本：787毫米×1092毫米　1/16
印　　张：12.25
字　　数：266千字
书　　号：ISBN 978-7-5619-2611-6/H·09301
定　　价：26.00元

凡有印装质量问题，本社负责调换。电话：82303590

编者的话

"中国少数民族汉语水平等级考试",简称"民族汉考"(MHK)。民族汉考由低到高共分四个级别,四级是最高一级。

《中国少数民族汉语水平等级考试大纲(四级)》明确规定:MHK 四级读后写分测验综合考查考生阅读理解和运用汉语言文字进行书面表达的能力。要求考生先要阅读所给文字材料,然后根据题目要求,在规定时间内,完成一篇规定字数的作文。具体要求是:

(1) 快速阅读;

(2) 正确理解阅读材料;

(3) 正确书写汉字,正确使用标点符号;

(4) 词语使用准确、生动;

(5) 句意转换、连接恰当,语言通顺、流畅、自然;

(6) 谋篇布局适当、合理;

(7) 综合运用叙述、描写、说明、议论等表达方式。

读后写考试中,试卷上提供的阅读材料,就是写作材料,等于给考生提供了写作内容。考生需要按照题目要求,自己组织文字来完成作文。

在第二语言的各项技能(听、说、读、写)中,对少数民族学生来说,最难掌握的就是"写"。"写"是一个输出性环节,属于较高层次的要求。它是语言学习到语言运用的过程,也是对已经学过的语法、词语重新组合和选用的过程。所以即使是听、说、读掌握得都很不错的学生,在汉语写作中,也常常会出错。它要求考生不仅要有较好的写作功底,还要有较强的阅读能力、较好的记忆力和重新组织语言文字的能力。也就是说,"读"和"写"是密切相关的,"读"是"写"的基础、根本,"写"是"读"的拓展、升华,这两项是缺一不可的。

这本书就是为提高少数民族学生(尤其是 MHK 四级考生)的汉语写作及应试能力而编写的。

在编写过程中,我们着重体现以下特点:

1. 循序渐进地增加难度

写作水平的提高,非一朝一夕之功。我们严格按照大纲的要求,本着循序渐进的原则,由易到难训练学生的写作能力。从几百字的短文章入手训练学生的阅读和缩写能力,在此基础上逐步增加缩写难度,不会使学生感到难度突然增加而无所适从。

2. 注重训练

第二语言的学习,特别是写作,没有"量"上的训练,就不会有"质"上的提高。本书设置了多种多样的习题,并给出答案,以备学生参考对照,找出不足,进一步改进。本书最后一章附有仿真模拟训练。仿真模拟训练部分的试题字数都在900~1500字之间,且以记叙文为主。

3. 语料新,体裁多样

我们选取的文章在字数上有严格要求,每篇文章均不超过1500字。选取的语料都是最近一两年在权威报纸、杂志上刊登的,新鲜生动且与社会发展紧密相关。这样做的目的是让学生接触到最新的文章并具有时代的视角。

从体裁上看,各种体裁的文章都有,但又不是平均用力,记叙文的选取比重高于说明文和议论文。这和大纲的要求是相符的。

4. 以科学的写作方法为指导

授人以鱼,不如授人以渔。本书力争给同学们以科学的记忆和缩写方法,告诉大家为什么要这样缩写,从而让同学们在缩写时有章可循,有法可依。同时针对大家在写作时常犯的篇章结构方面的错误和其他方面的偏误专门进行了重点分析。

总之,只要大家持之以恒地以科学方法坚持写作训练,一定能在考试中取得好成绩。

为了给学习者提供原汁原味的汉语写作范文,本书从多种渠道选用了很多文章,但由于条件所限,我们无法与原作者一一取得联系。希望看到本书的原作者尽快与我们联系,我们会按照国家有关规定支付稿酬并致以衷心的感谢。由于部分文章对民族考生来说太难,我们对文章内容进行了适当删改,谨向作者表示诚挚的歉意,希望能得到你们的谅解。

本书在编写过程中,得到了北京语言大学出版社的大力支持和帮助,同时还有多位朋友提供自己的佳作供编者无偿使用,在此向他们表示衷心的感谢,感谢他们为民族学生的汉语学习作出的贡献。

编　者

CONTENTS

目录

第1单元　记叙文的缩写

一、记叙文的基本知识

（一）什么是记叙文

记叙文是通过记人的言行和事情的经过表达一定中心思想的文章。

记叙文的要素包括时间、地点、人物、事件，有时还要有事件的起因、经过和结果。

（二）记叙文的种类

从内容上分，记叙文有以下几种：

（1）写事记叙文，包括写活动，通过记事反映社会风貌，揭示社会问题；

（2）写人记叙文，反映某个人或某些人的思想品德、精神面貌；

（3）写景记叙文，通过对景物的描写，抒发作者的感想；

（4）写物记叙文，通过对物的描绘表明某个道理或比喻人的某种精神品质。

从形式上分，记叙文的种类也很多，常见的有消息（新闻）、通讯、传记、特写、报告文学、散文、纪实、小说、回忆录等。大家平常接触最多的就是小说或散文之类的记叙文，这一部分也是大家缩写练习的重点，所以我们提供给大家最多的就是这方面的语料。

（三）记叙文的写作顺序

记叙文的写作顺序常见的有顺叙、倒叙、插叙等。

顺叙是按时间的先后顺序来叙述事情，跟事情发生发展的实际情况相一致，所以易于把文章写得条理清楚，脉络分明。运用顺叙，要注意重点突出，不能面面俱到。否则，容易犯平铺直叙的毛病，使人读来无味，难以留下印象。叙述有详叙、略叙之分。详叙一般用于对每件事发展变化过程的具体叙写。详叙时要抓住人物的特征或事情的细节进行详尽、细致的描叙。与中心思想密切相关的部分，要详叙；与中心思想关系不大，而又必须交代的，则几笔带过，这样文章的中心才能突出。略叙的作用是交代事件发生发展过程中不可缺少但又不必叙述的内容。它与详叙相结合，使整个叙述有详有略，使文章跌宕起伏。略叙一般用于文章的开头和结尾、与中心思想关系不大或人所共知的部分。

倒叙是把后发生的事情写在前面，把先发生的事情写在后面。采用倒叙一是表现文章中心思想的需要，把最能表现中心思想的部分提到前面，加以突出；二是为了使文章结构富于变化，避免平铺直叙；三是表达效果的需要，使文章曲折有致，造成悬念，引人入胜。倒叙时要交代清楚起点。倒叙与顺叙的转换处，要有必要的文字过渡，做到自然衔接。

插叙是在记叙过程中，插入另一件相关的事或另一些相关情节，然后再接叙原来的事情。插叙是表达文章中心思想的需要，有时是为了帮助读者了解故事情节，有时是对出场人物的情节作注释、说明。在插入叙述的时候，要注意文章的过渡、照应和衔接。

(四)记叙文的表达方式

记叙文的表达方式有叙述、描写、抒情、议论、说明等。叙述，就是记载和叙述人物的经历、活动以及事情的发展变化，使读者对事物的发展和全貌有一个清晰的了解；描写，就是以形象的语言对人物、事件、环境作细致入微的描绘，使读者受到艺术感染，记叙文如果缺少描写，就会显得平淡苍白，形象不鲜明，情节不感人；抒情，就是抒发、表达自己的感情；议论，就是讲述道理，也就是作者通过对事物、事件的评论，表明自己的观点和态度，记叙文的议论部分一般在文章的结尾；说明是对记叙文中提到的事物进行解说。记叙和描写是记叙文常见的表达方式，记叙和描写的结合，是记叙文写作的基本要求。

以上谈到的记叙文的写作顺序及方法我们都将在下文中结合具体文章给大家详细说明。

二、记叙文的阅读方法

(一)常规阅读方法

拿到一篇记叙文，首先要确定的是这篇文章提到的时间、地点、人物、事件各是什么，文章的中心思想是什么，文章中用到了什么样的记叙方法。

我们以下面这篇文章为例来说明。

刚才，你们都在哪里呢？

这件事发生在我到德国一年之后。一个夏天，天很热，有些像我的故乡南京。在家是无论如何看不进去书了，于是我就到学校的机房去上网。

其实，与其说是为了上网，倒不如说是为了享受那里的冷气。当然，和我有同样想法的人很多，而他们当中绝大多数也是留学生。暂时没有机位，我只好站在边上等着。

德国这个国家举世闻名的纪律性在一个小小的机房就被演绎得淋漓尽致。等候的学生们都自觉地按照先后，排好了次序，要是轮到了谁，而他没有注意到的话，其他人都会友善地提醒他，而不是像国内一样来表演一个“抢”字。

大约过了二十分钟，轮到我了，我提过身边的包，向拐角的那台空机走过去。这时，一个很大的黑影突然进门了，然后迅速地占领了那个位置。我很惊诧，走过去，跟那个黑人说：“Entschuldigung! Ichbin daran。”(德语：对不起！轮到我了。)他恶狠狠地站起来，瞪了我一眼，说：“Warum? ”(德语：为什么？)很明显，他在挑衅。我一时有些语塞，看着他至少一米九的个头儿，我感到有些畏惧。

正当我不知道该怎么办的时候，突然听到一句中国味道很浓的德语：“Du bist apaet! Dasist warum! ”(德语：你排在后面！这就是为什么！)一个小个子的同胞正站在我身后。“Scheisse！”(德语粗话)黑人有点儿恼羞成怒，上来就想揪住那个小个子，而且很快七八个黑人都围了上来。我赶紧示意另外一个离得不远的同胞去喊管理员，他却摇了摇头，背着包，逃也似地离开了。我只得拦住黑大个儿，继续和他说理。可是他什么也听不进去，其他的黑人把我们围在中间，对我们推推搡搡。

小个子同胞倒是不怕，他一下子把黑大个儿撞倒在地。这一下，机房里乱成一团，大家纷纷上来拉架，都在指责那个黑人。那黑人自知理亏，便也住了手，但还伙同他的兄弟们骂骂咧咧的，仍然不肯让出机位。

这时候，另一个同胞过来拉我，说他已经下机了，让我去他的机位，不要惹事了。小个子一把推开他，说：“没你的事！中国人就这么好欺负？”然后在那个同胞悻悻走开后，小个子又上前去和黑大个儿交涉。我也赶紧过去。

周边各肤色的同学们也都坐不住了，有两个主动去找管理员了，其他的则都站在我们这边。黑大个儿终于很不情愿地让出了机位，走到门口排队去了。

“胜利了！到底是我们中国人！”

“这两个家伙，有点儿骨气！”

……

一时间也不知从哪里冒出来那么多的同胞，对着我和小个子说这说那的。

突然，小个子说了一句话，这句话让在场的所有中国人都沉默了。

“刚才，你们都在哪里呢？”(1025字)

(作者：赵亦伟，选自《都市文化报》2008年5月8日第447期，有改动)

故事发生的时间是作者到德国留学一年后；地点是德国，再具体一点儿就是德国某学校的机房；人物是“我”和“我”的同胞；事件是由于天气太热，“我”无法看书，去学校的机房上网，在等待的过程中，本来是轮到“我”的机位，却被一个黑人抢占了，“我”和“我”的同胞据理力争，最后终于战胜了黑人，夺回了属于自己的机位。这就是整个事情发生的过程。文章的中心思想是：遇到困难的时候，同胞们首先应该团结起来，不要因为怕惹事躲在一旁，而当胜利的时候，又站出来说漂亮话。因为人们需要的是雪中送炭，而不是锦上添花。文章的题目是“刚才，你们都在哪里呢？”这个“刚才”就是当“我”和黑人发生争执最需要同胞们的时候。

文章的顺序就是按照事情发生的先后顺序来记叙的。先是“我”去机房排队等机位，等到机位的时候一个没有排队的黑人和“我”争,这时一个小个子同胞帮助“我”,其他的同胞因为害怕黑人躲开了,最后因为“我们”的据理力争,黑人终于认错让出了机位。虽然“我们”胜利了,但这件事让“我们”看到好多同胞在面对类似事情的时候,不敢坚持自己的想法和做法。

(二)篇章阅读技巧

对于缩写练习而言,仅仅知道记叙文的常规阅读方法是不够的,我们还需要做到在最短的时间内抓住文章的主题和中心思想,跳过障碍词,这就需要掌握一定的阅读技巧。下面我们就谈一些常见的阅读技巧。

1. 抓住阅读材料的关键语句

所谓“关键语句”,是指在文中起重要作用的语句。如果不理解这些语句,就难以理解文章。把握关键语句可以分为以下几种情况:对文中结构复杂的句子,能够理清脉络,把握表达重点;对总领下文、总结上文、承上启下、前呼后应的句子,要能够结合其作用,深入理解其含义;对文章或段落的中心句子等其他表达作者观点的句子,要能够理解。

2. 猜词与跳读

句子之所以长,是因为句子成分多或某一成分的并列项多、修饰语太长或语法结构层次多。除上述因素外,还因为存在生僻难懂的词。我们可以用下面的方法来理解句子。

(1)根据上下文猜测词义。

理解一个词语在文中的含义,最基本的方法就是联系具体的语言环境来辨析词语的意思,这个语言环境就是我们通常所说的上下文。例如:

被一个10岁的维吾尔族小姑娘如此看重的宝贝,对一个成年人来说,也许看都不看一眼。而成年人所津津乐道的重大问题,在热娜古丽看来,也许根本不值得一提。

这句话当中的“津津乐道”这个成语,可能有的同学不知道,但是我们可以根据上下文大致明白这个词的意思。上文说“被一个10岁的维吾尔族小姑娘如此看重的宝贝”,下文就说到“而成年人所津津乐道的重大问题”,所以“津津乐道”是和上文的“看重”并列而言的。因此这句话大概的意思就是,成年人感兴趣的或看重的问题。

再如:

病治好后,却落下了严重的后遗症:左耳几近失聪。

“失聪”是什么意思呢?从上下文来推断,这是一种和耳朵有关的疾病,而和耳朵有关的疾病最有可能的就是听不到声音,所以“失聪”的意思是失去听力。

(2)把不影响句子主要意思的词语(特别是生僻难懂的词)略去。例如:

上个世纪60年代,美国俄克拉荷马州地方高等法院受理了一桩颇为棘手的刑事案件。

在这句话中,“颇为棘手”这个词很难懂,但是没有关系,我们在缩写时只要把这个词省略掉就可以。可以缩写成:

上个世纪60年代，美国俄克拉荷马州地方高等法院受理了一桩刑事案件。

再如：

有这样一位少年，自幼体弱多病。偏偏祸不单行，8岁那年，又患了急性肾炎。病治好后，却落下了严重的后遗症：左耳几近失聪。

这一段中“祸不单行”可能不太好理解，但不要在生词上纠缠，因为阅读时间很短，只有10分钟。能根据上下文猜出来的就猜一下，实在猜不出来的就跳过去。即使有些生词不太懂，我们也可以把上面的话进行如下缩写：

一位少年，自幼体弱多病。8岁那年，又患了急性肾炎。病虽然治好了，但他的左耳差不多什么都听不到了。

(3) 找出中心语，把并列的修饰语、举例性的词语或与句子主要意思无关的话略去或进行概括。例如：

见此情形，教练特意给他检查了身体，结果又有了惊人的发现：孩子两肩狭窄，胯骨宽大，导致步伐不够灵活；而且他的跟腱短，属于跳不起来、又跑不起来的“刀削脚”；他的臂展长度比身高要短6公分，使得他在与同等身高的队员较量中处于下风。教练暗中找到他的父亲，委婉地表示：这孩子不适合打篮球，趁早改行干点儿别的算了。

在这个长句子中，“两肩狭窄，胯骨宽大，导致步伐不够灵活；而且他的跟腱短，属于跳不起来、又跑不起来的‘刀削脚’；他的臂展长度比身高要短6公分”这些词语有的很专业，理解起来有困难，但这些词语都是为了说明一件事：少年的身体条件不够好，因此不适合打篮球。所以我们可以进行如下缩写：

见此情形，教练特意给他检查了身体，结果又有了惊人的发现：这个少年的身体各方面条件都不太好，很不适合打篮球。

3. 寻找结构性的词语

例如：关联词“不但……而且……”在意义上所强调的是“而且”后所出现的事物；结构词“不是……而是……”表明意义上的选择，又有强调的功能；连接词、并列词以及标点符号形成了语句中内在的逻辑关系，如对比、因果关系；等等。这些线索有助于理解掌握整个段落的含义。

4. 掌握文章的主要内容、中心思想和相关细节

大家在阅读时，一定要不断地提醒自己：这篇文章的中心思想是什么？大部分的句子是什么意思？句子和句子之间是什么关系？这是第一次阅读时要特别注意的。

在第二次阅读（即精读）时就要记住主要细节了，特别是那些跟文章中心思想或大意有关的细节。

之所以要关注细节，是因为文章过于简略就显得不丰满、不生动。而且记叙文的特点之一就是形象性，这就是大家看记叙文时感到有趣、不枯燥的原因。因此一定要关注一下那些和文章中心内容有关系的细节。

我们以下面这篇文章为例来说明。

一罐子美

热娜古丽有一个不算大的饼干盒子，里面盛放着属于自己的东西。她喜欢把这个盒子叫罐子。

谁都弄不清这个饼干盒子里究竟盛放着什么。她不允许任何人看，也不会轻易给人看。时间长了，大家也就不把它当回事了。对全家人来说，似乎不让人看这件事本身也成了一件正常事。要是她突然有一天心血来潮让大家看了，反倒成了件新鲜事。

闲来无事时，库尔班喜欢拿这件事逗乐儿，比如边喝着茶边说：热娜古丽，罐子拿来看一下！

这时，不管是在抄写作业还是在抱着花猫对眼睛，热娜古丽都会一个箭步跳到里屋的炕上，取下箱子上的饼干盒紧紧地抱在怀里。

谁要是装出要上前抢着看的样子，她会抱牢饼干盒，吓得大哭，边哭边妈呀妈呀地大喊大叫。

> 这是一个细节，这个细节强调说明了热娜古丽对盒子的爱惜，说明了小姑娘对美的追求。

一般情况下，看到她这个样子，大家的逗乐儿目的就算达到了，谁也不会真的要看她的罐子。

一天中午，趁热娜古丽高兴的时候，我忍不住问她："你的罐子里装的都是啥？"

她回答说："我不说。"

我再问时，她只说一个字："美。"

我说："你有一罐子美呀！我看一下行不行？"

热娜古丽说得快而坚决："不行！"

离开库尔班家那天下午，热娜古丽到丰收三场小学念书去了。吐拉罕冲我神秘地招手，随后轻手轻脚地从箱子上取下饼干盒，掀开盖子让我看。

我正犹豫这样做好不好——我担心热娜古丽知道这件事后会受到伤害。这时盖子打开了，我所看到的东西令我不知所措。

老实说，我并没看到特别的东西：几片形状不同的胡杨树叶，几枚纽扣，几块橡皮和硬币，一个用旧了的沙包，一个羽毛球，几根铅笔芯，几粒跳棋玻璃子儿，几根皮筋儿和几只蝴蝶标本……

> 这也是一处细节描写，作者之所以写得这样详细，是因为这样才能表明小姑娘有一颗天真的心，心中有着对美的追求和热爱。

这就是热娜古丽当生命一样看护的东西，是她的百宝箱，是一罐子美！

若不是亲眼所见，你几乎根本无法相信这一切。被一个10岁的维吾尔族小姑娘如此看重的宝贝，对一个成年人来说，也许看都不看一眼。而成年人所津津乐道的重大问题，在热娜古丽看来，也许根本不值一提。这就是差异或代沟。

站在一罐子美跟前，我惊讶得手足无措。

我知道我看见了一个小女孩儿所能看到的东西，那种生命一样亲切宝贵的东西。尽管它也许只是一块橡皮或一个沙包、一片树叶，尽管它们兴许会被所有的人所忽视，但对热娜古丽不一样。这几乎是她全部的生活秘密，是最宝贵的精神财富，是全部的游戏兴致和欢乐依靠，也是无限的憧憬与期待。

我多么期望每个人都能保存这样一罐子美呀！

在生命的不同阶段，都有一罐子美。对别人也许一文不值，对自己却贵重得要命。它只属于每个人自己，属于每一颗高尚而质朴的心灵。

一罐子美就是一个人全部的世界啊！

有这样的东西在身边，再远的路程、再大的苦难也不害怕了。(1035字)

(作者：陈漠，选自《意林》2007年第1期，有改动)

这是一篇夹叙夹议的记叙文，说的是一个叫热娜古丽的10岁维吾尔族小姑娘，有一个小饼干盒子。她在盒子里放了一些东西，并且不让任何人看。如果有人逗她想看这个盒子，她就会把盒子紧紧地抱在怀里。“我”问她：“盒子里装的是什么。”热娜古丽说：“盒子里装的是一罐子美。”有一天，趁热娜古丽不在家，吐拉罕打开了那个盒子。“我”看到盒子里面装的都是些普普通通的东西，但这些东西在热娜古丽的心中却占据着至高无上的地位。文章的最后是作者发表的议论。作者从这一罐子美中看到了一个维吾尔族小女孩儿的精神追求，一个小女孩儿最宝贵的精神财富。作者也希望我们每个人都能像热娜古丽那样拥有一罐子美，因为这是一个人全部的世界。

文章有很多细节描写，比如：有人要看热娜古丽的盒子时，小姑娘的表现；还有当“我”看到盒子时，里面有什么东西，而“我”又是怎么想的；等等。这些细节丰富了文章的表现力。

三、短篇记叙文的缩写

(一)缩写的要求

缩写时要注意什么呢,也就是说在缩写过程中有什么具体要求呢?

(1)一定要保持文章的原意,不要加入自己的看法和观点,以免写成读后感或主观评论。

(2)缩写要求用更精练的文字表达原文。可以用原文的语句,但最好用自己的语言表达。

(3)缩写是把具体的叙述改为概括叙述,把细微的描写改为简要叙述。可有可无的话,或者修饰词都可以删掉,把长句改为短句,把举例去掉或简单带过。把握主要事件,删掉次要事件。总之,是把长文章改成短文章,这样才能达到缩写所规定保留的字数。但是一定要注意保留原文的体裁、中心、主要人物、主要事件,不能把所有的地方都省略。应当多说的,就要不计笔墨,把事情说清楚;应当少说的,就一笔带过。只有详略结合,才能使文章主题突出,中心分明。

那么,详略安排是由哪些因素决定的呢?

(1)文章的题目:题目确定了写作的重点,重点就是要详写的地方。

(2)文章的中心:围绕文章的中心有许多材料,最能表现文章中心意思的材料,就是主要的材料,要详写;同表现文章的中心意思关系一般的材料,就是次要的材料,要略写。

(3)文章的内容:详略安排和文章的内容有关。比如后面我们选取的一篇文章《剑桥的小人物》(见第16页短文2),剑桥有许许多多的小人物,但作者并没有把每一个小人物都写出来,也没有只写小人物中的一个人,而是选取了一个有代表性的重点人物(台维先生)详写,其他的(石匠和白蒂小姐)用“点名法”略写一二。这么做点面结合,相得益彰。

(4)文章的体裁:为了把记叙文写得更好,常采用夹叙夹议的方法。但是,必须“叙”详而“议”略,因为任何一篇记叙文重点都在“叙”上而不是在“议”上,否则的话就是议论文而非记叙文了。

为了让大家有一个感性的认识,我们不妨先看一篇读后写示例。

救命与救赎

①林小辉颓然地站在那户人家门前。不是不顺手,不是没有“猎物”,而是林小辉没想到会遇到这种情况——他如入无人之境,开灯,翻箱,甚至还朝床上躺着的新婚夫妇做了个鬼脸,然后堂而皇之地拿着钱走了出来。

②第一次出手就有老天爷帮忙?但是,为什么那房间里有一股浓烈的煤气味儿?林小辉想,这样下去那两个人非死不可。人一死,警察就会介入。按如今对命案的重视程度,警察会

不惜代价捉拿凶手，到时他就成了谋财害命的歹徒，跳到黄河也洗不清了。林小辉想到这儿越发害怕，感觉两条腿发软，连呼吸都有点儿困难。“真是活见鬼，第一次就碰上这么倒霉的事。”林小辉在心里狠狠骂了几句，咬咬牙，极不情愿地返身将钱放回原处。

③林小辉又重新站到了门口，一阵风吹来，他打了一个寒噤。我这算什么？钱虽然没拿，却也对两个无辜的人见死不救。林小辉闭上眼长舒了一口气，脑中浮现的是妹妹和父亲那指责的脸。他激灵灵一抖，用力踹开门，两步跨到卧室窗前，一掌重重地推开窗子。

④林小辉惊恐地狂奔，跑出不到百米，又停住，哆哆嗦嗦地掏出手机，借着幽蓝的光，按下了三个数字键——110。

⑤第二天，林小辉一大早便忐忑不安地来到市人民医院急诊室。那里聚集了许多人，都在谈论着那对新婚夫妇的事。林小辉挤在人群里，渐渐听明白了：昨晚110接到过路人的电话，火速赶到出事地点救出两人。幸亏抢救及时，那对夫妇都已经脱离危险。林小辉松了一口气。

⑥没想到此事在社会上引起轰动，电视台邀请那对夫妇做现场节目。新娘声泪俱下地讲述遇险被救的经过，仍然心有余悸。新郎满脸感激，坚定地说：“我们会想尽一切办法找到报警的人，以实际行动感谢他的救命之恩，这也是我们对英雄的真诚敬意与尊重。”现场掌声雷动。

⑦电视机前的林小辉也被深深感动，眼睛不觉湿润了。他开始庆幸那晚的明智之举。

⑧几天后，市里表彰优秀外来务工者大会在市政府礼堂隆重举行。经110电话查询已证实真实身份的林小辉作为轰动全市的英雄人物被特邀出席。

⑨庆祝会上出现了感人的一幕：那对满怀感激的新婚夫妇双双跪下，给救命恩人连磕三个头，一个劲儿地说：“谢谢，谢谢你的救命之恩！”

⑩而林小辉也早已热泪盈眶，面对着上千观众，他双膝跪下：“谢谢！也谢谢你们给我灵魂上的救赎之恩！”只是他的话被观众雷鸣般的掌声淹没了。(946字)

（作者：陈文海，选自《今日女报》，有改动）

缩写后：

林小辉晚上去某户人家行窃。让他没有想到的是，他非常顺利地进入了房间，然后偷了钱走了出来。虽然房间里躺着一对新婚夫妇，可是他们好像没看到他。这是林小辉第一次偷东西。虽然很顺利，但他感到很不安。因为房间里有一股浓烈的煤气味儿。林小辉想，这样下去那两个人就会死。人一死，警察就会调查。如果警察要调查，就一定会查到他。到时候，他林小辉就成了杀害那两个人的凶手。他越想越害怕，于是很不情愿地返身将钱放回原处。

当林小辉重新站到门口的时候，他想，虽然我没拿钱，但也不能见死不救。所以他又用力踹开门，跑到卧室窗前，推开了窗子。然后林小辉因为害怕被别人发现，迅速跑掉了。但是他跑了一会儿，想了想，这样还不行，所以又停下来，拿出手机，给110打了一个电话。

第二天，林小辉一大早便来到医院急诊室。医院有很多人。林小辉听到别人的谈论后，得知因为抢救及时，那对夫妇都已经脱离了危险。林小辉这才放了心。

后来这件事在社会上引起了轰动，电视台邀请那对夫妇讲述遇险被救的经过。新郎和新娘说,要想尽一切办法找到报警的人,因为他救了他们的命,是一个英雄,他们要当面表示感谢。林小辉看到节目后也被深深感动了,他很庆幸那晚没偷东西并救了这两个人。

通过110电话查询证实身份的林小辉成了英雄人物,并且出席了表彰大会。在大会上那对新婚夫妇双双跪下,给林小辉磕头,并一个劲儿地说:"谢谢你的救命之恩!"林小辉也很激动,他热泪盈眶,双膝跪下说:"谢谢,也谢谢你们给我灵魂上的救赎之恩!"(622字)

这篇文章原文是946字,缩写后是622字。文章讲述的是一个叫林小辉的外来务工人员在偷东西时发现房间里的人煤气中毒,他害怕警察把他当成杀人凶手,所以没有偷钱,而且因为他内心还有着一丝善良,担心房间里的人会被煤气熏死,因此还报了警。林小辉的做法不仅挽救了两个人的性命(这是救命),而且他还作为英雄出席了表彰大会。在大会上,新婚夫妇对他的救命之恩表示感谢。然而林小辉认为比救命更重要的是他灵魂的得救,他没有因此走上犯罪的道路(这是救赎)。这就是故事的梗概和文章的中心思想。

文章第①段说的是林小辉是怎样在房间里偷东西的。偷东西并不是这篇文章要讲述的主要事件,因此完全没必要详细写,只要写出大概就可以了。所以文章中一些描写性的语句如"如入无人之境,开灯,翻箱,甚至还朝床上躺着的新婚夫妇做了个鬼脸",都可以略写或不写。

第②段说的是林小辉偷到钱以后,心里激烈的思想斗争。因为怕引火烧身,所以他很不情愿地把钱又放了回去。这段中也有好多描写林小辉思想活动的语句,比如:描写林小辉在想到事情后果时自己的感觉:"两条腿发软,连呼吸都有点儿困难";还有他的心里话:"真是活见鬼,第一次就碰上这么倒霉的事";"林小辉在心里狠狠骂了几句"……类似这样的句子在缩写时都可以略写或删掉。

第③段和第④段说的是林小辉在经过了激烈的思想斗争后,决定救这两个人。他先回到房间打开窗户,从房间跑出来后,又不放心,掏出手机打电话报警。注意这里一定要写明林小辉是用手机给110打的电话,因为这和下文关系密切。如果不说清林小辉是用手机打的110电话,那么他就不会被查询出来,当然也就不会被表彰。

第⑤段说的是林小辉知道这两个人都被抢救过来后,放了心。这一段也不能删掉。因为如果不说明这对新婚夫妇被抢救了过来,那就没有下文的表彰大会了。

第⑥段说的是被救的新郎和新娘在电视台讲述事情的经过,并表示一定要找到救命恩人。这件事一定要写明,正因为如此,才会有后面林小辉的出场。新郎所说的话"我们会想尽一切办法找到报警的人,以实际行动感谢他的救命之恩,这也是我们对英雄的真诚敬意与尊重",在缩写时改成了间接引语,而且更精练。

第⑧段及以后的部分是文章的结尾。讲的是林小辉作为英雄人物出席了表彰大会,在大会上新郎和新娘对他表示感谢,而他通过这件事明白其实正是这对新婚夫妇拯救了他的灵魂,使他避免走上犯罪的道路。注意文章的最后一句话:"也谢谢你们给我灵魂上的救赎之恩!"这是表达全文中心思想的一句话,所以不能把它删掉。

（二）缩写的方法

由上文的分析可以知道，要想写好一篇文章，一定要先把原文通读，并在最短的时间内理清文章的顺序，了解文章的大意。因为在实际的考试中，只有 10 分钟的阅读时间，然后试卷就被收走了，而且不允许对原文抄写或记录。所以阅读的 10 分钟是十分宝贵的。那么应该怎样合理利用这 10 分钟呢？在阅读中精读和泛读怎样分配呢？一篇文章读完后，最起码应了解的内容有哪些？

下面我们首先介绍快速阅读的方法。

1. 先泛读，读完之后，通常应了解下面几个问题：（这部分大约用时 2~3 分钟）

（1）文章主要说的是什么事，或者说文章的中心思想是什么？故事发生的时间、地点、人物各是什么？

（2）文章大概分几个部分，各部分的大概意思是什么？

（3）文章的结论是什么，有什么含义？

理解文章的中心思想是至关重要的，那么应如何归纳记叙文的中心思想呢？

（1）注意题目的提示。

一般来说，题目是文章内容、作品风格、写作意图直接或间接的表现。有不少文章的题目与中心思想有密切的关联，甚至就是中心思想的高度概括。

（2）抓住重点语段。

文章的每一个段落都是为表达中心思想服务的，其中的重点段往往明确地揭示了中心思想。这样的段落多在开头或结尾，也有的放在文章的中间。

（3）注意议论、抒情等揭示中心的语句。

记叙文以叙述、描写为主。在写人叙事中，作者往往要流露出自己的情感，要表明自己的态度。此时，作者往往用议论、抒情的语句来表达。

2. 再精读，读完之后，要了解下面几个问题：（这部分大约用时 6~7 分钟）

（1）第一部分说的是什么，主要的人物和事件是什么？

（2）第二部分说的是什么，主要的人物和事件是什么？

依此类推。

3. 最后留出一分钟时间，再把全文通读一遍，加深印象。

通读时重点看各部分之间是如何过渡和衔接的，要能用每部分的句首词或重点词语和特殊句式作提示，用词串句，用句串段，由段及篇，把文章的前后连起来。只有这样，文章的主要情节才不易漏掉，而且中心思想能和原文保持一致。如果可能的话，在脑海里把整篇文章默述一遍。

掌握了以上阅读方法,阅读完之后,再进行缩写就容易了。

当然,每个人在缩写时都有自己的写作习惯,我们不要求千人一面。同学们可以更改部分内容和表达方式,可以把原文中的人称、时态等加以变化,如对话改为故事叙述,直接引语改为间接引语,第一人称改为第三人称等。

我们以下文为例来说明上述阅读和缩写方法的具体运用。

想飞的梦想是块金

①多年前,一位年轻的老师来到一所山村小学任教。这是一个远离城镇的山村,村民们极少走出大山。因为贫穷,这里的孩子一般只读上几年书,很少有人读到初中,更不要说读高中、上大学了。年轻的老师决心改变这一状况。他经过调查,发现这不仅仅是因为贫穷,更重要的是观念的落后,他从此有了自己的打算。

②有一年,学校得到一笔助学捐款,乡教委一再叮嘱老师们要将款项用在刀刃上,用在改善办学条件上。可是这位年轻老师拿到捐款后,却没有用到"实处"。在其他班级纷纷用捐款增添教学工具、购买图书时,在其他老师极力反对之下,他用这点儿不多的钱将全班十几名学生,带到南方一个城市转了一圈。钱不够,他们就睡车站、啃馒头,他让孩子们第一次走出山旮旯,让孩子们看一看闪烁的霓虹灯、不息的车流、拔地的高楼,亲身感受外面广阔而精彩的世界。

③年轻的老师回来后,受到方方面面的指责,说他是借学生之名去旅游,有的甚至说他贪污了捐款。乡教委也严厉地批评了他,并责令他写检查。面对指责,他似乎早有心理准备,他在检查中写到:我们的山村太穷了,要改变这种面貌,只有让村民们走出大山,尤其要让孩子们走出大山;而要让孩子们走出大山,只有让他们知道山外的世界。

④一年后,年轻老师所教班级的十几名学生参加中考,结果全部被录取,有的还上了县城重点中学,这在山区学校是绝无仅有的。

⑤十几年后,这些学生学有所成,有的当了公务员,有的当了老师,有的从事科研工作,有的则当了老板。他们相约来到当年年轻老师的家中拜访恩师,千言万语离不开感谢老师当年冒着风险把他们"奢侈地"带到大都市去感受一番,让他们在幼小的心灵里种下了冲出大山的梦想,从此有了想飞的感觉,也才有了今日的成就。

⑥望着眼前这群昔日的孩子,昔日的年轻老师动情地说:"这就对了,我始终相信没有白带你们出去一趟。我当年被批评一顿真值得,当年指责我的人现在也该理解我的良苦用心了吧!"

⑦人是需要梦想的,它是人生奋斗的动力和源泉,是一切努力的方向。但梦想的不是空想和虚化出来的,也不是靠空洞的说教说出来的,而是靠亲身感受而激发出来的。虽然梦想与现实存在距离,但只要志向不干涸、追求不枯萎、信念不凋谢,人就会以积极的心态在不懈努力的坚持中抵达儿时梦想的场所,让想飞的梦想成真。

⑧请记住美国一本畅销书作家的一句名言:当一个人有了想飞的梦想,哪怕他爬着,也再没有不站起来的理由了!(982字)

(作者:黄胜林,选自《语文天地》2007年7月,有改动)

阅读完第一遍之后，回答问题：

这篇文章主要说的是什么？文章中的主要人物和事件是什么？

阅读完第二遍之后，回答问题：

文章大概分为几个部分？每一部分讲述的主要内容是什么？

这篇文章讲的是一个年轻的老师为了改变山区落后和贫穷的状况，用捐助的款项带孩子们走出山区去旅游，从而使孩子们接触到外面的世界，产生了改变目前现状的想法并因此而发奋读书。文章中的主要人物就是这位年轻的老师。主要的事件就是围绕着年轻老师是否应该带孩子出去，以及最后这件事对孩子们一生的影响。

文章可分为五个部分。第一部分，年轻老师到山村任教，想改变山村观念落后的状况（第①段）。第二部分，年轻老师用捐助的钱带孩子们出去旅游（第②段）。第三部分，旅游回来后年轻老师受到的各方面的指责（第③段）。第四部分，这次旅游的效果及对孩子们的影响（第④⑤⑥段）。最后一部分，作者对此事的感想和评论（第⑦⑧段）。

上面两个程序进行完之后，就该进行最主要的一步——缩写了。

第一部分的缩写：

一位年轻的老师到山村小学任教，他发现这里的人们很少走出大山，而孩子们上学也只上几年，很少能上到初中和高中。他经过调查发现，这和当地落后的观念有关，他很想改变这一状况。

第二部分的缩写：

学校得到了一笔助学捐款，在其他老师用这些钱购买教学工具和图书的时候，他带着孩子们去南方一个城市进行了一次艰苦的“旅游”。他们睡车站，啃馒头。他让山里的孩子亲身感受到了外面广阔而精彩的世界。

第三部分的缩写：

回来后，年轻的老师被学校批评，人们说他借机去旅游，还有人说他贪污捐款，乡教委让他写检查。年轻的老师对这一切似乎早有心理准备，他在检查中写道：要改变山村的落后面貌，只有让孩子们走出大山，而要让孩子们走出大山，一定要让孩子们知道山外的世界。一年后，这位老师班上的孩子全部考上了中学，有的还上了重点中学，这在小山村里是从来没有过的事情。

第四部分的缩写：

十几年后，这批学生都有了成就。他们相约一起来到当年的老师家中拜访，感谢十几年前老师冒着风险带他们到大城市去旅游，让他们见识了外面世界的精彩，从而让他们幼小的心灵里有了走出大山的梦想和动力。

第五部分的缩写：

人生需要梦想，这种梦想尤其需要亲身感受才能被激发出来，只要有梦想，人们才会努力，才能飞翔。

全文缩写如下：

一位年轻的老师到远离城镇的山村小学任教，他发现这里的人们很少走出大山，而孩子们上学也只上几年，很少能上到初中和高中。他经过调查发现，这不仅和贫穷有关，更和当地落后的观念有关，他很想改变这一状况。

后来，学校得到了一笔助学捐款，乡教委嘱咐老师一定要将钱用在改善办学条件上。在其他老师用这些钱购买教学工具和图书的时候，年轻老师不顾其他老师的反对，带着班上的十几个孩子去南方一个城市进行了一次艰苦的“旅游”。他们睡车站，啃馒头。这是山里的孩子们第一次走出大山，他们亲身感受到了外面广阔而精彩的世界。

从南方的城市回来后，年轻的老师被学校批评，人们说他借机去旅游，还有人说他贪污捐款，乡教委让他写检查。年轻的老师对这一切似乎早有心理准备，他在检查中写道：要改变山村的落后面貌，只有让孩子们走出大山，而要让孩子们走出大山，一定要让孩子们知道山外的世界。一年后，这位老师班上的孩子全部考上了中学，有的还上了重点中学，这在小山村里是从来没有过的事情。

十几年后，这批学生都有了成就，他们相约一起来到当年的老师家中拜访，感谢十几年前老师冒着风险带他们到大城市去旅游，让他们见识了外面世界的精彩，从而让他们幼小的心灵里有了走出大山的梦想和动力。想飞出大山，因而才会有动力，也才会有今日的成就。老师听到学生们的话，感到很欣慰，认为自己当年挨批评也是值得的。

人生需要梦想，这种梦想尤其需要亲身感受才能被激发出来，只要有梦想，才会以积极的态度去努力，让梦想成真。一个人有了想飞的梦想，哪怕他爬着，也再没有不站起来的理由了。(646字)

全文缩写后从头到尾看一遍，看是否有前后不一致的地方，或前边有的后边却疏忽、漏掉、没交代清的；再看各段之间衔接是否自然，前后文意能否衔接。常常有的同学写到一半，发现篇幅已经不少，后面就草草略写结尾，使重点材料变成次要材料，使本应写到的内容无暇顾及。也有的同学一开始尽量压缩，写到一半，发现字数不够，就开始随意乱编，结果也使内容主次不分，失去平衡。注意，缩写后的文章还应该是一篇好文章。

当然，在刚开始练习的时候，不可能一下子就写这么长的文章，大家不妨遵循由易到难的原则，可以先练习一下语段的缩写。在此基础上，再练习长篇文章的缩写。

(三) 文章结构分析及缩写示例

读下面的小短文，这些短文的字数都不超过900字，请用10分钟快速阅读后，进行缩写。

短文 1

拯救别人与拯救自己

一天深夜，一位先生沿着一条昏暗的小路回家。经过一片丛林时，他突然听到有挣扎的喘息声，慌忙停下脚步仔细听。是两个人在扭打，间或夹杂着衣服撕裂声。他立刻明白：一个女孩儿正在被侵犯。

> 故事发生的时间是深夜，地点是一片丛林，事件是坏人在侵犯一个女孩子。

他想，到底该不该介入到这个事件当中呢？

他很后悔，为什么今天晚上要选这条小路回家。假如自己成为另一个牺牲者怎么办啊？是不是该跑到附近的电话亭打电话给警察就算了呢？

那个思想斗争的过程好像无休无止，但实际上没有几秒钟，听得出来那个女孩儿的挣扎声越来越微弱，他决定一定要有所行动。于是，他冒着生命危险，冲到丛林后面，将歹徒从那个女孩儿身边拉开。随后他和歹徒扭打成一团。

> 这三段叙述的是事件的发展过程，“他”的思想活动，“他”经过思想斗争后采取了行动，去帮助别人。

最后，歹徒终于放弃，跳起来逃跑了。他气喘吁吁地爬起身来，那个蹲在黑暗之中的女孩儿仍在啜泣和不停地发抖。

他跟那女孩儿保持着一段距离，慢慢地说：“好了，那个人已经走了，你现在安全了。”

一段很长的沉默后，女孩儿开口了，带着不可思议的惊讶：“爸爸！是我啊。”

在这个故事当中，男主角冒着生命危险去援助一个受侵犯的弱女子，结果，他救回的是他自己的女儿！

> 这几段讲述了事件的结果——这个女孩儿得救了，更重要的是，得救的女孩儿是“他”的女儿！所以作者才会有下面的议论——拯救别人也是在拯救自己。

这个故事对于那些见义不为的人，具有深刻的教育意义。其实，拯救别人也是在拯救我们自己。（489字）

> 最后一段是作者发表的感慨和议论，同时也说明了题目的含义。

（作者：高志明，选自《杂文选刊》2007年3月，有改动）

读上面的文章，回答下列问题：

（1）文章中一共有几个人物？

（2）故事发生在什么时候？主要是件什么事情？

（3）为什么说拯救别人也是拯救自己？

这篇文章一共有三个人物：“他”、“女孩儿”和“歹徒”。文章用顺叙的写法讲述了一个故事。故事说的是一位先生在深夜回家的时候，发现有个歹徒在侵犯一个女孩儿。在经过了激烈的思想斗争后,他决定救这个女孩儿。最后,他发现他救的女孩儿正是他自己的女儿。所以说,拯救别人就是拯救我们自己。文章的题目和中心思想密切相关。

缩写后:

一天深夜,一位先生走在回家的路上。在经过一片丛林时,他听到里面传来了挣扎的喘息声,还有衣服的撕裂声。他马上明白了,有个歹徒正在侵犯一个女孩儿。

> 一定要说清故事发生的时间——深夜。因为只有在深夜,人很少,这件事才会有危险,这位先生才会有激烈的思想斗争。

这时,他想:我应该不应该管呢?万一管了以后,歹徒把我打伤或打死了,那我不就成了牺牲者了吗?这多不值得啊。要不然,就给警察局打个电话算了。真不应该选这条路回家。

就在他进行思想斗争的时候,女孩儿的声音越来越微弱,这说明女孩儿越来越危险。这时,他决定要采取行动,所以他冲进树林,和歹徒打在了一起。

歹徒终于被他打跑了,他对女孩儿说:"没事了,那个人已经被我打跑了。"

这时,黑暗中的女孩儿终于开口说话了:"爸爸!是我啊。"

> 对于事情发展过程的叙述可以凭自己的记忆和能力不拘一格进行缩写,只要把事情说清楚就行。

他没想到,他冒着生命危险救回的人正是自己的女儿。所以说,拯救别人就是拯救自己。(316字)

> 结尾句是全文要表达中心思想的关键句,是画龙点睛之笔。

短文 2

剑桥的小人物

从19世纪末到20世纪40年代,在剑桥大学的书摊儿上,人们总能见到一个口含雪茄、留了一撇小胡子、面带笑容的人,他就是书摊儿主人台维。

台维先生的书摊儿,在剑桥摆了四十多年。因为价格便宜,品种丰富,有许多教授和学生曾光顾过这个书摊儿。其中最典型的是经济学大师凯恩斯,他与台维是莫逆之交。早年还是学生时,他就经常到这个书摊儿看书,后来大学毕业留校任教后,他一直是台维的密友,时常帮台维一起拆开每周从伦敦拍买回来的一箱箱旧书。台维去世后,剑桥人为他出版了《剑桥的书摊儿》一书。在他生前,学生还曾专门为他举行过一个盛大的午餐会,师生们把他敬为上宾,感谢他提供的"永恒而伟大的知识"。

在剑桥的校园里,还有两个小人物。一个是普普通通的石匠,他把一生的心血花在雕刻和管理学校的石头上;另一位是白蒂小姐,负责大学打字室工作五十多年,从没出现过差错。这两个人被剑桥授予了荣誉学位。

一所大学,它的成功和出名除了要靠一些杰出人物的支撑外,更多的是靠许许多多的小人物全心全意的服务与贡献。而如何对待这些小人物呢?剑桥大学为我们展示了它之所以享誉世界的原因和细节。(471 字)

(选自《涉世之初》2007 年第 4 期,有改动)

读上面的文章,回答下列问题:

(1) 文章写了几个剑桥的小人物?

(2) 主要描写的是谁? 为什么要写他?

(3) 作者为什么专门写剑桥的小人物? 这些小人物有什么不平凡的地方?

这是一篇以写人为主的记叙文。文章写了三个人物,台维先生、石匠和负责打字的白蒂小姐,重点描写的是台维先生。这些小人物看起来好像微不足道,但他们的工作和付出却共同支撑起了剑桥这所伟大的学府,赢得了剑桥的尊重。

缩写后:

剑桥大学是著名的大学,它的成功除了靠一些杰出的人物外,还有许许多多的小人物支撑着它,那么剑桥大学是如何对待这些小人物的呢? 这些小人物有什么不寻常的地方呢? 我们不妨来看几个例子吧!

> 把原文的最后一句话放在前面写,能起到提纲挈领的作用并引出下文。

第一个小人物是一个经营书摊儿的人,他叫台维。台维先生的书摊儿在剑桥摆了四十年,他卖的书种类丰富,价格便宜,因此许多人包括许多著名人物都光顾过他的书摊儿。剑桥的学生曾专门为他举办过盛大的宴会,以此来表达对台维先生的感谢和尊重,感谢他为剑桥的师生提供了伟大的知识。在台维去世后,剑桥人为他专门出了一本书,叫做《剑桥的书摊儿》,以此来纪念他。

> 重点介绍台维先生和他的事迹,要详写。

另外两个小人物,一位是石匠,他终生为剑桥大学雕刻和管理石头;另一位是负责打字的白蒂小姐,在她打字的五十多年中,从未出过差错。他们的工作虽然平凡,但很伟大。这两个人都被剑桥授予了荣誉学位。

> 上一段是详写,这一段是略写其他两个人物。只有做到详略得当,才能重点突出。

剑桥大学对这些小人物的做法值得我们学习。

> 这是文章的结尾,使文章看起来是一个整体。

(370 字)

短文 3

鼓励心里的阳光

有个男孩子一向淘气,作业总是写得乱糟糟的。他常打架骂人,还总是迟到、早退,甚至旷课。但女教师从不歧视他,因为她知道,男孩子没有妈妈,爸爸是个养鸡专业户。爸爸心急火燎地忙,他也就必须忙,这也正是他不能遵守纪律的原因。

一天,女教师布置了一篇作文——《我和祖国》。大家立刻拿起笔刷刷地写,唯独那个男孩子看着天花板,呆呆的。后来女教师批改到了一篇极奇怪的短文:祖国是母鸡,我愿意是一粒米。那个男孩儿写的。女教师心头热浪滚滚:即便是喂鸡喂得极烦躁的孩子,心里也有阳光!

第二天,在作文讲评时,她格外提到了这篇短文:"从地图上看,我们的祖国像只雄鸡,但有个聪明的孩子却认为,祖国的形状更像一只母鸡,也正是这个深情的'母'字,格外突出了他对祖国母亲的深深的爱。'祖国是母鸡,我愿意是一粒米。'听!这就叫无私的奉献,这就叫彻底的牺牲,这就叫深深的爱与浓浓的情!因此老师认定,在这次交上来的作文中,这个比喻最精彩,也最迷人。"

打这天起,那个淘气的男孩子就彻底变了,仿佛一下子就长大了!彬彬有礼,不再迟到早退,不再打架骂人,更不再旷课。他特别努力,作业干干净净的,作业本上的字,清一色一笔一画的,整整齐齐的。那是他用他的心写的,他的心里从此长满了爱。(519字)

读上面的文章,回答下列问题:

这篇文章说的是一件什么事情?作者想要表达什么?

这也是一篇记事记叙文,文章说的是一个淘气粗心不守纪律的男孩子因为一篇作文中一个精彩的比喻而被老师表扬从而转变的过程。作者告诉我们,淘气的孩子心底里也有阳光,也希望被重视,而作为老师要能够发现孩子们心中的爱并鼓励他们。

缩写后:

以前,有个男孩子很淘气,上课不认真,迟到,早退,甚至旷课,不好好写作业。这是因为他的爸爸忙着养鸡,根本没时间管他,而且他也必须帮着他的爸爸养鸡,所以他上课才不认真。尽管如此,老师也从来没有歧视过他。

> 这一段是介绍男孩子的情况,为后面男孩子的转变埋下了伏笔。

有一天,老师布置了一篇作文《我和祖国》,当所有同学都在那里奋笔疾书的时候,只有这个男孩子呆呆地看着天花板。后来他写了一篇很短很短的文章:祖国是母鸡,我愿意是一粒米。

> 男孩子作文中的这句话一定要写上,因为老师要点评的就是这句话,这句话使老师发现了男孩子心底的阳光。

这句话让老师感动极了,她在作文课讲评中,重点提到了这篇极短极短的文章。老师说,有个孩子在作文中写到:祖国的形状像一只母鸡,而他愿意成为一粒米,奉献给祖国。这是多么无私伟大的爱啊!

老师的表扬和鼓励彻底改变了这个男孩子，在他的心里播下了爱的阳光。他像变了一个人似的，再也不迟到早退了，作业也做得认认真真、整整齐齐，因为他的心里充满了爱。（347字）

和首段呼应，说明男孩子从一个淘气不懂事的孩子转变为一个懂事认真的好孩子，因为这是老师鼓励的话产生的神奇的效果。

短文4

天文馆看星空

今天是六一儿童节，中午我来到动物园对面的北京天文馆。

小时候曾偶然得到一本书，是日本人写的科普读物《天体与宇宙》。那本书图文并茂，让我第一次惊异于宇宙星空的辽阔、深邃和神秘，同时也开启了我的想象之门。当一个天文学家，曾经是我的一个梦想。后来我又读了一本描写地质工作者的小说，又想当一个地质学家，可以自由地行走在辽阔的山川大地上，探寻地球的奥秘。那时的理想总是阶段性的，总有新的东西吸引着我，对孩子来说世界是无限可能。最终我既没成为天文学家也没有成为地质学家，但这并不妨碍我在回顾儿时理想时，重温那种单纯的甜蜜。

星空，永远吸引着人们。

今天天文馆为孩子们准备了“我与星星交朋友，星星与我星连心”活动，其实就是提供一个星座图纸，让孩子们自己动手，把星空的星座剪下来贴到恰当的位置上去。教孩子们辨识星座。

这当然是个不错的活动，不过我觉得不如在晴朗的星夜，带孩子们看看真正的星空，让孩子们用自己的眼睛来和真正的星星亲密接触。不过北京的夜空，能看到星星的夜晚屈指可数，城市让人们离自然越来越远。

我在长白山看过如梵高《星夜》里的拳头般大的星星；也在五台山看过六芒、九芒变色的星星；我更记得儿时躺在柴火垛上看到的十字星。那些星星，即便是在回顾时，也能感受到内心的平静与安详。

我在天文馆买了一个活动星座图，打算回去教孩子辨识星座。

带孩子看星星，这是这个儿童节我想送给他的礼物。（584字）

（作者：吴文善，有改动）

这篇文章采用了插叙的方法。所谓插叙指的是在叙述过程中插入对过去事情的回忆。作者的插叙是儿时所读的书，这个插叙和文章的主题相关。同学们在缩写时，也可以用插叙的方法，但要注意只保留和文章主题有关的内容。比如说插叙还提到了儿时读过的另一本书，但这本书和本文提到的星空无关，所以可以略写或干脆不写。

缩写后:

六一儿童节我来到北京天文馆。

小时候看过一本日本人写的科普读物《天体与宇宙》,那本书图文并茂,其中的内容深深吸引了我,星空的辽阔、深邃和神秘让我惊异。从那时起,我就立志当一个天文学家。当然我最终并没成为一个天文学家,但是回忆过去的时候心中还是充满了甜蜜。

直到现在,星空依然吸引着我。我在长白山看到过拳头般大的星星,也在五台山看到过六芒、九芒变色的星星,现在回忆起这些星星我还是能感受到心中的平静和安详。

今天的天文馆为孩子们准备的活动是“我与星星交朋友,星星与我星连心”,就是给孩子们提供一个星座图纸,让孩子们自己动手,把星座剪下来贴到恰当的位置上,通过这种办法让孩子们认识星座。

我认为,这个办法虽然好,但如果能带孩子去野外看真正的星空更好,因为只有那样才能和自然和星空亲密接触。因为在城市,我们很难看到明亮的星星了。

我在天文馆买了一个活动星座图,打算教孩子辨认星座。当然我更想做的是带孩子去野外看星星。(398字)

> 这一句话交代了事情发生的时间和地点。

> 原文当中也提到了作者儿时读到过的另一本书,读完那本书是想当地质学家,但因为这个理想和本文关系不大,因此在缩写时可以略过。

> 原文中作者在长白山和五台山看星星,是放在后面的,但是因为这一部分也是插叙,我们可以把它和前文合并。

> 插叙叙述完后,注意还要回到文章的主要内容上来。

短文5

美国礼物,神秘莫测

在美国的这些日子,我一次次被美国人送的礼物惊得目瞪口呆。

一次,女儿的朋友、文学硕士Lisa要来我家做客。听说她特意为我准备了一份礼物,我非常高兴。我想了整整一个星期:她到底会送我什么礼物呢?我知道美国人很热情,大方起来甚至连汽车、房子都是可以送人的。我眼巴巴地期待着那份神秘的礼物。

周末,Lisa和她的丈夫来了。他俩一进门,我们就高声寒暄、热情拥抱,之后,Lisa递给我一个系着彩带和小卡片的纸包。

我悄悄捏了一下,纸包不厚,分量很轻。就在那一瞬间,我的脑海里掠过了一块时尚的意大利丝巾,继而闪过一枚璀璨夺目的法国胸针……我迫不及待地想知道纸包里的“内容”。

按照老美的规矩,女儿当即让我打开纸包。我努力模仿着老美们夸张的表情,一边大叫着beautiful(太漂亮了)和wonderful(太好了),一边打开了那个神秘的纸包。

纸包里果真是一枚胸针,不过,它既不闪闪发光,也不灿烂辉煌,甚至可以说,这是一枚相当"粗糙"的胸针。

然而,这枚胸针非常珍贵。Lisa 告诉我,这是她用了整整一个星期的休息时间,亲手为我制作的。

还有一次,女儿和女婿去曼哈顿参加美国人举办的一个新年商务酒会。散会时,主人送了每位客人一袋礼物。礼物的包装非常精美,拿在手里感觉沉甸甸的。礼物拿回家来,全家人欢呼雀跃,孙女们猜,袋子里装满了"巧克力",我和女儿猜里面是"珍珠项链",女婿猜那是"电子产品"……

当我们怀着激动的心情打开精美的袋子时,我们的答案被证明统统是错误的,这份出乎意料的礼物让我们全家人大跌眼镜。

你能猜到到底是什么礼物吗?答案是香皂。(638 字)

(作者:月亮,摘自《八小时以外》2007 年 11 月,有改动)

读上面的文章,回答下列问题:

(1) 这篇文章的中心思想是什么?

(2) 文章一共说了几件事?

文章的中心思想是作者常常对美国人送的礼物感到意外,因为这些礼物都是一些不起眼或不值钱的小东西。为了证明这一点,作者说了两件事,一次是她女儿的朋友 Lisa 送给她一枚普普通通的胸针,一次是女儿和女婿参加某次酒会得到的礼物——香皂。把握了这两件事,再进行缩写就容易了。

缩写后:

我在美国时,总是被美国人送的礼物惊得目瞪口呆。

> 这是表达全文中心思想的一句话,要保留,而且原文中说"我一次次被美国人送的礼物惊得目瞪口呆",既然是"一次次",所以肯定不止送了一次礼物,在缩写时要注意把每次送礼物的过程都谈到。

一次,我女儿的朋友 Lisa 要来我家做客,听说她为我准备了一份特殊的礼物。我很好奇,到底是什么礼物呢?因为我听说美国人很大方,常常送给别人很贵重的礼物,所以我对 Lisa 要送的礼物充满了期待,整整一个星期都在想这份礼物。

> 这里要写出"我"对礼物的期待,因为"我"对礼物的期望很高,所以才会对 Lisa 送一枚普通的胸针感到意外。

周末,Lisa 和她的丈夫来到我们家,Lisa 递给我一个包装精美的纸包。我在打开之前,捏了捏那个纸包,我想里面可能是意大利丝巾,也可能是一枚精致的胸针。但当我满怀希望地打开时,才发现里面只是一枚普通的很粗糙的胸针。Lisa 告诉我,这枚胸针很珍贵,因为是她花了一个星期的时间亲手制作的。

还有一次,女儿和女婿参加一个商务酒会,酒会结束之后,主人送给客人一袋礼物。礼物拿回家后,全家人都在猜里面装的是什么。有人说是巧克力,有人说是项链,还有人说是电子产品。

当礼物被打开后,大家才发现每个人都没猜对。里面既不是巧克力,也不是项链,更不是什么电子产品,而是香皂。我们全家所有的人对美国人送的这份礼物都感到很意外。

> 第二次收到的礼物同样是很普通的小东西,所以大家再次感到意外。

这就是美国人送的礼物。(427字)

> 结尾这句话是为了和文章开头呼应。

短文 6

最傻的人

1862年,德国哥廷根大学医学院的亨尔教授迎来了他的新学生。在对新生进行面试和笔试后,他欣喜地发现,这届学生中的相当一部分人是他教学生涯中碰到的最聪明的苗子。

开学不久,亨尔教授把自己多年积下的论文手稿全部搬到教室里,分给学生们,让他们仔细工整地誊写一遍。

学生们翻开亨尔教授的论文手稿,发现这些手稿非常工整,几乎所有的学生都认为根本没有重抄一遍的必要,做这种没有价值而又烦冗枯燥的工作是浪费青春和生命。他们说,只有傻子才会坐在那里当抄写员。让人想不到的是,竟然真有一个"傻子"坐在教室里抄写教授的论文手稿,他叫科赫。

一个学期以后,科赫把抄好的手稿送到了亨尔教授的办公室。看着科赫满脸疑问,一向和蔼的教授严肃地对他说:"我向你表示崇高的敬意,孩子!因为只有你完成了这项工作。而那些我认为很聪明的学生,竟然没一个完成的。我们从事医学研究的人,不光需要聪明的头脑和勤奋的精神,更为重要的是要具备一丝不苟的态度。要知道,医理上走错一步,就是人命关天的大事!其实,抄这些手稿,既是学习医学知识的机会,也是一种修炼心性的过程。"

这番话深深触动了科赫年轻的心灵。在此后的学习和工作中,科赫一直牢记导师的话,他老老实实做最傻的人,以严谨的学习心态和研究作风做事。这种做事态度让他在人类历史上首次发现了结核菌、霍乱菌。此外,第一个发现传染病是由于病原体感染而造成的人,也是这位叫科赫的"最傻的人"。1905年,鉴于他在细菌研究方面的卓越成就,瑞典皇家学会将诺贝尔生理学和医学奖授予了科赫。(632字)

(作者:感动,摘自《知识窗》2007年第3期,有改动)

这篇文章的题目是"最傻的人",所以该文章是和介绍人物有关的。文章中共出现了两个主要人物,一个是亨尔教授,一个是他的学生科赫。

故事发生在德国哥廷根大学的医学院。主要内容是:亨尔教授让他的学生们抄写他的论文手稿，但大多数所谓的聪明学生都没有这么去做，他们认为这么做完全没有必要。只有一个学生这么做了，这个名叫科赫的学生被大家认为是傻子。但就是这个“傻子”（注意，傻子在这里是加了引号的，并不是真正的傻子）获得了很高的成就，因为他具备了一丝不苟的态度和研究作风。

缩写后：

1862年，德国哥廷根大学医学院的亨尔教授又迎来了一批新学生。这批学生中有相当一部分都是非常聪明的。

> 这是记叙文要素之一——时间，所以要写上。

> 地点和人物也是记叙文的关键要素，所以缩写时也要有。

开学不久，亨尔教授把自己的论文手稿搬到教室里，让他的学生们把这些手稿重新抄一遍。

大家看着这些非常工整的手稿，一致认为完全没有抄写的必要，抄写这些手稿只是在浪费时间，只有傻子才会抄写这些东西。可是出乎大家意料的是，竟然真的有一个“傻子”在抄写，他的名字叫科赫。

> 通过科赫和其他人对比，来说明好像科赫是一个傻子，其他的同学很聪明，但事实上并不是这样，科赫的“傻”从反面证明了他的一丝不苟和认真的学习态度，只有这样才能在医学上取得成就。

一个学期过去了，科赫把抄好的手稿送到了教授那里。教授看着他，严肃地对他说：“我向你表示崇高的敬意。因为只有你完成了这个作业，而那些聪明的学生竟然没有一个完成的。从事医学研究的人，不光要具备一个聪明的头脑，更关键的是要有一丝不苟的态度。抄写手稿既是一个学习的机会，也能锻炼人的心性。因为医理上走错一步，就会关系到人的生命。”

> 这一段说明教授的话对科赫产生的影响，科赫一直牢记导师的话，所以才有了后来的成就。

教授的话对科赫产生了重要的影响。科赫一直牢记教授的话，以严谨的态度从事工作和研究。正是具备了这种精神，科赫在人类历史上首先发现了结核菌、霍乱菌，还发现了传染病是由病原体感染而造成的。这些成就使科赫获得了1905年的诺贝尔生理学和医学奖。（452字）

> 结尾说明了科赫因为具备了“傻”的精神，从而在医学上取得了卓越的成就。

短文7

责任是成功的机会

1920年，有个11岁的美国男孩儿在他家门前的空地上踢足球，一不小心，踢出去的足球不偏不倚地打碎了邻居家新装的玻璃窗。愤怒的邻居向惊慌失措的男孩儿索赔12.5美元，在当时，12.5美元是一笔不小的数目，足足可以买125只生蛋的母鸡！这是一个每天只有几美分零花钱的小男孩儿想都不敢想的天文数字。

闯了大祸的男孩儿没有其他办法，只好向父亲讲了这件事，希望父亲会替他担起这份他无论如何也负担不了的责任。没想到，一直宠爱他的父亲却要他对自己的过失负责。男孩儿为难地说:“我哪有那么多钱赔人家？”

父亲拿出了 12.5 美元，严肃地对儿子说:“这笔钱我可以借给你，但是一年后你必须还给我。因为，承担自己的过错是一个人的责任，是责任你就不能选择逃避。”

男孩儿把钱付给邻居后，开始了艰苦的打工生活。他放弃了平日里热衷的各种游戏，把课余时间都利用起来做所有自己力所能及的工作。经过半年的不懈努力，男孩儿终于挣够了 12.5 美元，并把它还给了父亲。平生第一次，他通过自己的顽强努力承担起了自己的责任。

经济大萧条时期，他的父亲破产了。他大学刚毕业，就主动负担起整个家庭的生活，并资助哥哥重回学校学习。后来他成为一名电视节目主持人。在他处于事业顶峰时，出于强烈的责任感，他公开批评自己所在电视公司的最大的赞助商——通用电气公司，因此不得不离开电视界，从此投身政界。

在他获得了自己梦想的职位后，又一场经济危机使他的前行之路阻碍重重。这次他担负起了引领当时世界上第一强国走出困境的责任。他成功了，8 年后，他把一个开始复苏的美国交到了继任者手中。

他的名字是罗纳德·里根。(654 字)

(作者:徐海山，摘自《知识窗》2008 年第 1 期，有改动)

这篇文章讲述的是美国前总统罗纳德·里根的成长经历。因为从小具备了强烈的责任心，里根才能一步步走向成功。在成长的过程中，他经历了父亲破产、失掉工作等事情，但都以强烈的责任心挺过难关，最终成为美国总统，并依然以自己的责任心带领美国走向复苏。这篇文章的缩写不太难，按照时间顺序依次说清里根经历的事情即可。小时候借钱赔偿邻居玻璃——父亲破产，他主动资助哥哥读书——丢掉电视主持人的工作——美国总统。大家要注意，最主要的事情是里根借父亲的钱赔偿邻居玻璃，所以这件事要详写，其他事略写。

主人公的名字一直到最后作者才告诉我们，在缩写时我们可不必拘泥于此。

缩写后:

罗纳德·里根是美国总统。他一直有很强烈的责任心，这要从他小时候的一件事说起。

里根 11 岁的时候，有一天在自己家门前的空地上踢足球，一不小心，踢坏了邻居家新装的玻璃窗。邻居向他索赔 12.5 美元，这在当时是个不小的数目。里根每天只有几美分的零花钱，所以他根本无力赔偿邻居。

万般无奈之下，他只好找自己的父亲，想让父亲帮助他承担这份责任。父亲却要他对自己的过错负责。父亲说，可以把钱借给里根，但要求里根一年后必须归还。父亲的意思是自己的过错自己要承担。

里根为了偿还这 12.5 美元，开始了艰苦的打工生活，干自己所能干的一切工作。经过半年的不懈努力，他终于挣够了这笔钱还给了父亲。这是他平生第一次承担起了自己的责任。

后来，他的父亲破产了，他主动承担起家庭的责任，资助哥哥回校读书。成为电视节目主持人后，他依然以强烈的责任心批评自己所在电视公司的赞助商，还为此丢掉了工作。投身政界后，他成为美国的总统，担负起了更大的责任。经过8年的努力，他使美国走出困境，走向复苏。（418字）

短文 8

亲爱的，你叫什么名字

喜欢当代著名天文学家巴特·博克，是因为偶然在一本书中读到一段他和妻子普丽西拉·博克的爱情故事。

在一次天文学会议上，22岁的青年天文学家博克认识了长他10岁的女天文学家普丽西拉。博克向她求婚，很快他们就走进了婚姻的殿堂，开始了他们长达半个世纪之久的生死相依的恋情。他们堪称一对模范的"天文学情侣"，博克和他的妻子在幸福的婚姻生活中共同写下了著名的《银河》。正在人们都羡慕他们的时候，普丽西拉得了不治之症——记忆力丧失！博克没有嫌弃病中的妻子，而是倍加呵护，照料得无微不至。妻子虽然已丧失了正常的思维能力，但仍能感受到丈夫对自己的爱。每天早上醒来，她总要深情地对博克说："亲爱的，我爱你，可你还是要告诉我一次，你叫什么名字？"当我读到这段文字时，不禁心头一热。在这个离婚率居高不下、视感情如游戏的时代，我们大概再也没有能力来演绎这样一幕朴素而又伟大的爱情故事了。

> 一般记叙文的议论都在全文的最后，但这篇文章作者把感想和议论放在了本段的结尾。

好了，还是让我们来看看博克夫妇的最后结局吧。1975年，普丽西拉在弥留之际，对她心爱的丈夫博克说："船底座，那就是我要去的地方！亲爱的，你到这个星云里来找我吧，我们将观看恒星在眼底下形成！"船底座是位于银河深处的一片云光，那儿，留下了博克夫妇半个世纪里相濡以沫、上下求索的行迹。普丽西拉已先行到达，不久后博克也将赶去与她相会，而那里正是中国的牛郎与织女幽会的地方。夜深人静之际，遥望浩渺无垠的星空，我们定能看到这对永恒的情侣在银河里相依相偎、卿卿我我的身影，这景象真让尘世中的我们羡慕不已！"亲爱的，你叫什么名字？"这有如天籁的喃喃细语，此刻仍在我的耳际回荡。（663字）

> 记叙文通常有记叙、描写、抒情、说明、议论几种表现手法，这句话运用的就是说明的方法。

（作者：李浅予，摘自《意林》2007年第13期，有改动）

本文讲述的是一个美丽的爱情故事,故事的主人公是一对天文学家夫妇,巴特·博克和普丽西拉·博克。他们的爱情故事之所以感人,是因为丈夫对患病的妻子不离不弃,精心照顾。尽管妻子记不住丈夫的名字,但丈夫依然无悔地照料妻子。两个人的爱情让作者感动不已。

缩写后:

这是一个动人的爱情故事。

在一次天文学会议上,青年天文学家博克认识了比他大10岁的女天文学家普里西拉。很快他们就结婚了,夫妻两人相亲相爱,共同生活了半个世纪。就在人们都对他们的爱情羡慕不已的时候,妻子得了不治之症,丧失了记忆力和思维能力。每天早晨,她都要问一遍她的丈夫:"亲爱的,你叫什么名字?"但即使妻子病到如此程度,丈夫也从未对病中的妻子嫌弃过,相反,他一直悉心照顾妻子到弥留之际。在妻子即将告别人世的时候,她对丈夫说:"亲爱的,我将要到船底座去了,到时,你就到那里去找我吧!"船底座正是中国神话传说中牛郎和织女相会的地方,现在这个地方再一次成为一对国外夫妻的爱情见证。

> 这一段是叙述这个美丽的爱情故事。

这个故事之所以深深地感动了我,是因为在现今这个世界上,每天都有大量的人离婚,视感情如游戏,所以博克夫妇的爱情经历就更显得难能可贵。每天晚上,当我仰望星空,仿佛就能看到博克夫妇在银河里依然相依相偎,耳边似乎又听到了那句:"亲爱的,你叫什么名字?"。(408字)

> 这一段说明的是这个故事对作者的影响和作者的感慨。原文中作者发表感慨的话是在第二段的最后,但是我们为了文章结构完整可以把它调整到结尾。

短文9

尽管……但是……

数年前,我和博学睿智的心理学家史米利共同负责一些书籍的编纂工作。一天,我因为一本书不能按期付印而心绪烦乱。"我无法帮你解决这个问题。"史米利先生微笑着说,"但我可以给你一个自制的小秘方,或许它能减轻一点儿你的烦恼。"

史米利先生告诉我这样一个小故事:"我在田纳西州长大,小时候我非常喜欢我的伊莱扎舅妈,每当我遇到烦心事需要安慰的时候,伊莱扎舅妈总是用'尽管……但是……'这样的句式开导我。她让我意识到,不开心的事情总是有补偿的。'尽管野餐因为上午的一场大雨泡汤了,但是下午我们可以去看电影啊!'每一次,伊莱扎舅妈总能让我从沮丧中解脱出来,甚至让我快乐起来。"

“直到今天，我依然认为‘尽管……但是……’句式是个非常有效的好药方。”史米利先生总结，“尽管书不能按期付印让人感到心烦，但是一定有一些事情去补偿它。有时候，补偿的甚至会超过你失去的。将你的眼光从眼前的悲伤转到将来的某种可能上，你的情绪就会变好。”

史米利先生说得没错，生活总是会呈现给我们无数个可以套用“尽管……但是……”句式的境况。倘若我们只将眼光盯在“尽管”那个阶段，我们的心情就会一直处在灰暗之中；倘若我们及时地将眼光移向“但是”，积极寻觅、挖掘甚至创造某种潜伏着的补偿，心情自然就会开朗起来。

我决定将烦恼暂时抛下，做我应该做的事情。我打电话告诉书的作者，因为出版商的缘故，这本书将延期一个月才能出版。作者竟然很高兴地对我说：“尽管不能早一天看到自己写的书，的确有些遗憾，但是，一个月后正赶上学生放寒假，他们有更多的机会逛书店，我专为他们而写的这本书不是可以卖得更好吗？”(674字)

（作者：尹玉生，选自《青年博览》2007年第18期，有改动）

本文运用的叙述方法是插叙。插叙是在记叙过程中，插入另一件相关的事或另一些相关情节，然后再接叙原来的事情。本文的第二段运用的就是插叙的手法，插入了史米利先生小时候是怎样在伊莱扎舅妈的“尽管……但是……”句式的开导下从沮丧中解脱出来的。所以在后文中作者就用“尽管……但是……”这个句式鼓励自己忘掉烦恼，振作起来。

文章的中心思想题目已经给了我们暗示。“尽管……但是……”在句中反反复复出现，说明它就是这篇文章阅读的关键词，因此文章中出现“尽管……但是……”的地方大家要格外留意。

缩写后：

数年前，我和史米利先生共同负责一些书的编写工作。有一次，我因为一本书不能按时出版而心绪烦乱。这时史米利先生对我说：“虽然我不能帮你解决这个问题，但我有一个办法能减轻你的烦恼。”

史米利先生回忆说：“小时候，我在田纳西州长大，我非常喜欢我的舅妈。每当我遇到不开心的事，舅妈就会用‘尽管……但是……’这句话来开导我。比如‘尽管今天的野餐因为下雨而无法举行了，但是我们下午可以去看电影啊！’这会让我很快从烦恼中摆脱出来。直到今天，我依然认为‘尽管……但是……’是个很有效的方法。尽管你负责的书不能按时出版，但是一定会有其他补偿的。”

史米利先生的这段话是插叙，说明“尽管……但是……”这个说法的由来以及它独特的作用。

我认为史米利先生说得很对，我们不能总是沉浸在目前的烦恼中，不能总是在“尽管”中，更重要的是“但是”这个未来的方面。只有将眼光放到未来，我们才能更乐观，找到更多补偿的办法。

说明作者对“尽管……但是……”的积极理解。

于是，我打电话给书的作者，告诉他因为出版商的缘故他的书不能按时出版。没想到作者很高兴地说：“尽管书不能按时出版，但是推迟一个月后，正赶上学生放假，那时就会有更多的学生看到我的书买我的书了，这样更好。”

(447字)

短文10

幸福在哪里

20世纪最具影响力的英国思想家罗素，在1924年来到中国的四川。

当时正值夏天，四川的天气非常闷热。罗素和陪同他的几个人坐着那种两人抬的竹轿上峨眉山。山路非常陡峭险峻，几位轿夫累得大汗淋漓。作为一个思想家和文学家的罗素，面对此情此景，没有心情观赏峨眉山的美景，而是思考起几位轿夫的心情来。他想：轿夫们一定痛恨坐轿的人，这样热的天气，还要他们抬着上山，甚至他们或许正在思考，为什么自己是抬轿的人而不是坐轿的人。

罗素正思考着的时候，到了山腰的一个小平台，陪同的人让轿夫停下来休息。罗素下了竹轿，认真地观察轿夫的表情，很想去宽慰一下辛苦的轿夫们。

但是，他看到轿夫们坐在一起，拿出烟斗，有说有笑，讲着很开心的事情，丝毫没有抱怨天气和坐轿人的意思，也丝毫没有对自己的命运感到悲苦的意思。他们还饶有趣味地给罗素讲自己家乡的笑话，还给这位大哲学家出了一道智力题：“你能用11画，写出两个中国人的名字吗？”罗素承认不能。轿夫笑呵呵地说出答案：“王一，王二。”他们在交谈中不时发出高兴的笑声。罗素陡然心生一丝愧疚和自责：我凭什么去宽慰他们？我凭什么认为他们不幸福？

后来，罗素在他的著作中讲到了这个故事。而且，他因此得出了一个著名的人生观点：用自以为是的眼光看待别人的幸福是错误的。

是的，坐轿子的人未必是幸福的，抬轿子的人未必是不幸福的。我们可以让自己的生活充满喜悦，我们也可以让自己的生活丰富多彩。那些真正找到人生幸福的人，不是因为做了大官，发了大财，有了大学问，而是因为他们拥有一颗健康乐观的心，因为他们会用这样的心灵去体验幸福。人生幸福，原来就在我们每一个人的心中。(675字)

(作者：马志国，选自《民族文汇》2006年08期，有改动)

这篇文章说的是和英国大思想家罗素有关的一件事。文章题目是“幸福在哪里”，大家在阅读的时候一定要把这个问题的答案找出来，这就是文章的中心。

文章是按罗素思想感情的变化发展来叙述的。罗素最初认为轿夫们不幸福，他为轿夫们感到悲哀，但后来罗素通过观察轿夫们的反应意识到轿夫们根本不是他想象的那样不快乐，相反他们非常开心。所以罗素受到启发，得出了一个著名的观点，即"用自以为是的眼光看待别人的幸福是错误的"。也就是说幸福在每个人自己的心中。

缩写后：

罗素是英国伟大的思想家，他曾经到过中国的四川。

> 这一段告诉我们文章的主人公——罗素。

当罗素到四川时，正好是夏季，天气炎热。罗素和陪同的人要上峨眉山，山路陡峭，他们上山时坐着俩人轿夫抬的那种轿子。当时，罗素就想，在这样的天气，上这么陡的山，轿夫们一定恨死他们这几个坐轿的人了，也许轿夫们在想：为什么我要给他们抬轿子？

> 事件起因：天气炎热，山路陡峭，轿夫辛苦，所以罗素才要思考一个问题，即轿夫们到底是否幸福。

这时，到了山腰的一个小平台，轿夫们在这里休息。罗素观察着轿夫们的表情，想给他们点儿安慰。但是，让他感到意外的是，轿夫们在一起非常开心，抽着烟，有说有笑，根本没有抱怨的意思。他们甚至还开玩笑地给罗素出了一道智力题：让罗素用11画，写出两个中国人的名字。这种种举动让罗素明白了：轿夫们根本就不像他想象的那样不快乐，相反，他们很幸福。

> 轿夫们所做的事情大致描述一下就可以了，最主要的是要写出轿夫们是很高兴的。

这件事给了罗素很大的触动，他后来把这件事写到了自己的书中，并因此得出了一个著名的观点：用自己的眼光看待别人的幸福是错误的。

> 一定要写出这个观点的内容，因为这是全文的中心思想所在。

的确是这样，真正幸福的人是心里感到幸福的人。只要有一颗健康快乐的心，不管生活多么贫困，不管从事什么职业，也依然会感到幸福。（423字）

> 最后一段是作者的议论，深化中心思想。请大家注意，大纲要求考生在缩写时要综合运用叙述、描写、说明、议论等表达方式，所以议论部分是必不可少的，能起到画龙点睛的作用，也能使文章看起来首尾一致。

通过对上面十篇文章的缩写，相信大家已经对这种写作方式不再陌生了。以下这十篇文章，字数比上面十篇有所增多，从700字到900字。虽然字数增加了，但阅读和写作的方法还是一样的，所以我们将不再为大家分析文章结构和中心思想，只告诉大家缩写的方法，请大家再接再厉。

短文 11

谁将在门口出现

上个世纪 60 年代，美国俄克拉荷马州地方高等法院受理了一桩颇为棘手的刑事案件。有人被指控犯有杀人罪，法院经过漫长的调查，掌握了很多重要证据，足以证明他杀人的事实成立。但是，他的辩护律师说：被害人的尸体一直没有找到，法院无法认定所谓的被害人已经死亡。

法庭对被告是否有罪展开了辩论。被告的辩护律师站起来说道："法官先生，陪审团的女士们、先生们，有一件事情会让你们大吃一惊。"他举起手腕看了一下手表，随即把目光转向法庭的入口处："再过一分钟，在本案中被认定已经死亡的那个人，将通过这扇门走进法庭。"

人们一下子惊呆了："什么，他没有死？"大家都把目光投向法庭的入口处，紧张地等待着石破天惊的一幕。可是，一分钟过去了，什么事也没发生。

这时，辩护律师说："请原谅我开的一个小小的玩笑，这只是我虚构的一个情节，那个人并没有如我所说的那样走进来。但是，你们刚才的反应证明了一点，那就是：你们并不能完全肯定那个人已经死亡。基于这一点，所有指控都不能够成立。"

法官和陪审团的成员们陷入了极尴尬的境地，他们一个个面面相觑，没有人能驳斥他的说法。是啊，既然他们确认被害人已经死亡，为什么还要朝门口看呢？

主控方首席律师凯勒是个富有办案经验的人，他站起来反驳说："没错，刚才大家都在看门口，说明大家对被害人是否死亡还心存疑虑。这不足为奇，因为任何推断都有可能发生意外，他们中没有一个是当事人，因而并不知道被害人是否死亡。可是，有一个人知道，那就是您的委托人，本案中被指控杀人的当事人。我注意到了，他并没有朝门口看。这说明他根本不相信被害人会从那扇门里走进来。"

辩方律师的气焰顿时被压了下去。这关键的一句，最终促使嫌疑人被定罪。

这个案例，后来被收入美国联邦法院的案例汇编，成为法学界的经典。(735 字)

(作者：小贤，选自《青年文摘》2008 年 1 月，有改动)

缩写后：

上个世纪 60 年代，美国俄克拉荷马州地方高等法院受理了一桩刑事案件。有人被指控犯有杀人罪，法院也有很多证据，证明他杀了人。但是，他的辩护律师说："因为没有找到被害人的尸体，所以无法确定他有罪。"

> 这句话点明了这个故事的时间、地点和事件。

在法庭上，被告的辩护律师说："我想告诉大家一件事，那就是你们认为死亡的那个被害人，再过一分钟，将通过法庭的入口处走进法庭。"

> 一定要说明"法庭入口处"，这个细节是不能忽略的，因为这和下文关系密切。下文说大家都把目光转向了法庭入口处，这是确定被告是否有罪的一个关键。

大家对辩护律师的话感到很惊讶，因为大家都认为被害人已经死了，不可能从入口处出现，但是众人还是都把目光投向了法庭入口处想看看会有什么意外发生。可是，一分钟过去后，什么也没发生。

这时，辩护律师说："这只是我开的一个玩笑，但这个玩笑证明了一件事，那就是你们都看着法庭入口处，所以你们也不能确定被害人已经死亡。既然无法确定被害人已经死亡，那就不能对这个人定罪。"

辩护律师的做法和所说的话让法官们不知道该怎么办才好。

就在这个尴尬的时刻，主控方中一位经验丰富的律师说："没错。之所以大家都向法庭的入口处看，是因为大家并不知道被害人是否已经死亡。但是我注意到，只有一个人没有朝入口看，这就是那位被指控犯有杀人罪的人。因为他知道被害人已经死了，所以不可能从入口处进来。"这最关键的一句，最终使那个犯罪嫌疑人被定罪。

记不住律师的名字也无所谓，但要注明是主控方的律师，因为这篇文章共有两名律师，一个是要证明嫌疑人无罪的，另一个是要证明嫌疑人有罪的。

这个案例成为法学界的经典案例，还被编入了书中。

（528字）

短文 12

老外的环保意识

杰克来中国多次，能说一些汉语，甚至能熟练地使用筷子。一个偶然的机会，我通过网络认识了他，并跟他就某种新产品达成了供货意向。正式签约前，杰克提出由我陪同，要亲自对两个工厂实地考察，然后从中选优。

考察完本地的工厂后，当天中午，我和厂长请他在一家小饭馆吃饭。

我们点了三荤两素。当服务员照例上了一次性的塑料碗、纸杯和木筷时，杰克让她把那些都拿走。随即，让人颇感意外和惊讶的是，他从旅行包里取出了一个金属饭盒、一个不锈钢水杯、一副刀叉和木筷。这种情况让我们有些尴尬，只好也让服务员重新上两只玻璃杯，换上瓷碗作陪。可筷子就没办法了，小饭馆里只有一次性木筷，服务员也嘟囔着说从没有客人提出过异议。杰克听懂了一些，对我们说：客随主便，没事没事。那顿饭吃得不太自然。杰克跟我们开玩笑说，随身带的餐具是他"解决战斗的武器"，多年来，他养成了习惯，对一次性的用品有了一种"本能的抗拒"。

第二天，我们乘火车去杭州。车上，我们商讨了合同的细节。到了开饭的时间，杰克很抠，没去餐车，从推来的食品车上买了两袋方便面，熟门熟路地去车厢连接处泡开水。我要了盒饭,和他一起吃了起来。

杰克告诉我,他倒不是嫌碗装方便面贵,只是发泡塑料碗一次用完了,可能十几年降解不了,会对环境产生负担。当我把用过的饭盒放进垃圾桶里时,看到里面满满堆着的各种花花绿绿的塑料袋和发泡饭盒,我心里不由有些发堵。恰巧碰到清理垃圾的乘务员,她说这些"垃圾"到站后会及时处理。怎么处理?是掩埋,还是焚烧?不得而知。

随后,我几次去过杰克下榻的酒店,特意留意了一下,他房间里的一次性用品几乎都没动过。没有大话,也没有人监督,即使身在异国他乡,他也如此自觉地将环保意识融入到生活的点滴中,我对这位自带餐具、有些另类的老外产生了由衷的敬意。(739字)

(作者:刘卫,摘自《都市文化报》2008年1月17日第432期,有改动)

缩写后:

杰克是一个老外,我是通过网络和他认识的。在真正和他见面接触之前,我并不知道杰克是一个具有很强环保意识的人。

一次,因为生意上的事情,杰克要亲自考察当地的生产厂家,杰克让我陪同。就在这次陪同的过程中,我亲身体会和领略到了杰克的环保意识。

> 开头点明文章的主题。

考察完当地的工厂后,我和厂长请杰克在一家小饭馆用餐。在上餐前,服务员摆上了一次性的塑料碗、纸杯和木筷等。但杰克让服务员把这些东西都拿走,因为杰克随身带了金属饭盒、水杯、刀叉和木筷,他就用自己带的东西吃饭。杰克的举动让我们很尴尬,我们也只好让服务员把一次性的餐具换成普通的能重复使用的餐具。杰克说,他的餐具是随身带的,走到哪用到哪,因为他抗拒使用一次性餐具。

> 作者举第一个例子来说明杰克的环保意识:在外面吃饭都是用自己带的餐具,不用饭店的一次性餐具。

第二天,在火车上,我再次看到了杰克是如何环保的。他不买餐车上的碗装方便面,也不去餐车吃饭,只买了两袋袋装方便面,然后用开水泡着吃。杰克说,碗装方便面使用的一次性塑料碗无法降解,会对环境产生负担。听了杰克的话,再看看垃圾箱里满满的用过的一次性餐盒,我也不由得忧心忡忡。

> 通过第二件事说明杰克的环保意识:不买碗装方便面,因为碗装方便面用的一次性塑料碗无法降解,会对环境产生危害。

后来,我去过杰克住的酒店,我留心观察过,酒店里的一次性用品,杰克几乎都没动过。这种种事情让我对这位老外产生了由衷的敬佩,因为他的环保意识是如此的强烈和自觉,没有人强迫他,也没有人监督他,然而他就是把对环境的保护融入到日常生活中的一点一滴中。(547字)

> 第三个例子:杰克住在酒店里,不用酒店里的一次性用品。结尾部分是总结性话语。

短文 13

穷人的屋檐，高过天堂

那是一间穷人的土坯房子，低矮、破旧。正值冬天，漫天大雪，让人担心它随时会被雪压垮、被风吹倒。

屋子里，母亲和三个孩子紧紧拥在一起，父亲脱掉他宽大的棉袄，给他们披上。他自己在炉子旁边守着，一根一根地往炉膛里添加着柴火，让炉子始终保持着旺盛的燃烧状态，以抵挡窗外呼啸的北风。

父亲就那样守着炉子，他不能让它熄灭，天气太冷了，那是全家人唯一的温暖。父亲提议说："咱们编歌儿唱吧。"孩子们一致响应，围着炉子兴奋地手舞足蹈起来，忘却了寒冷。

从此以后，编歌词成了他们的一种嗜好，乐此不疲。自编的歌词日积月累，就有了厚厚的一大本。父亲突发奇想："我们把它编成集子出版怎么样？"一家人都同意。母亲说："出书要钱呢！我们只能从牙缝儿里抠出钱来。"

他们吃了一年的咸菜，省吃俭用，攒下了出书的钱。

父亲去城里找出版社联系，在亲戚家三室一厅的房子里住了一宿。亲戚嘲弄他说："你们都穷成那样了，怎么还那么不实际呢？那钱留着做点儿买卖不好吗？"他没有辩驳，沉默着。回来后，家人问他那一宿住得是不是很不舒服。父亲说："城里人富有是富有，但一家人住在三间分开的房子里，不好。我们一家老小能相依为命地挤在一个屋檐下，每个晚上都能住在一起，我觉得我们更幸福。"

他们的集子终于出版了，捧着散发着墨香的书，他们激动得一夜没有合眼。

他们一起编了一首歌儿叫《种太阳》："我有一个美丽的愿望/长大以后能播种太阳/播种一个，一个就够了/会结出许多的许多的太阳/一个送给送给南极/一个送给送给北冰洋/一个挂在挂在冬天/一个挂在晚上挂在晚上/到那个时候/世界每个角落/都会变得温暖又明亮。"后来，作曲家徐沛东亲自为这首《种太阳》谱了曲，经过节目主持人鞠萍之口，传唱全国。

这，是我朋友的亲身经历。他微笑着说："我是那三个孩子中的一个。虽然我们在那破旧的屋子里经历了那么多苦难，但我知道，有一种东西，可以使穷人的屋檐高过天堂。"（793字）

（作者：朱成玉，摘自《青年博览》2007年第23期，有改动）

缩写后：

父亲母亲和三个孩子一起住在一间破旧低矮的房子里，房子四处透风。到了冬天，房子里就更显得冷。所以要不停地往炉膛里添加柴火，以防炉子熄灭。尽管如此，孩子们还是感觉到寒冷。

> 这段说明故事的起因，因为家庭条件太恶劣，天气太冷，所以他们才会想到做一些事情来打发寒冷，这件事情就是编歌词。

父亲提议:“咱们编歌儿唱吧!”这个提议得到了孩子们的响应,他们高兴得忘记了寒冷。从那以后,他们每天晚上都编歌儿唱,编歌词成了全家人的爱好。天长日久,编的歌词就有了厚厚的一大本。父亲说:“我们应该想办法让我们的歌词出版。”

母亲说:“对,我们应该省吃俭用。”

从那以后,全家人开始节约,攒了一年,把出书的钱攒够了。

这一部分说的是一家人编了歌词,然后想出版。

父亲进城去联系书的出版,在一个亲戚家里住宿,亲戚嘲笑他说:“都那么穷了,还出什么书?有那点儿钱,做点儿生意不好吗?”父亲没有回答。回到家后,家人问他:“城里住得好吗?”父亲回答说:“城里人虽然有钱,但他们的房间都是隔开的,每个人一间,不像我们一家老小都在一起,这样多幸福。”

他们的书终于出版了。书里有一首歌叫《种太阳》,歌词的大概意思是说,要播种一个太阳,一个太阳会结出许多太阳,把这些太阳挂在南极,挂在晚上……让它们温暖世界的每一个角落。这首歌经过少儿节目主持人鞠萍之口,传遍了全国。

以上这个故事是我的朋友告诉我的,他就是当年那三个孩子中的一个。他说:“虽然我们很穷,但是有一种东西可以使穷人的屋檐高过天堂。”(543字)

结尾部分和文章题目呼应。

短文 14

只买一只鞋子

他只有一条腿,另一条在一场车祸中丢掉了。裤管在膝盖处打了一个结,空荡荡的。每次买鞋子,他都感到十分难过。买一双鞋,实际用得着的只有一只,另一只或当垃圾扔掉,或原封不动地留着,都是一种无奈和难堪。

残缺的自卑感在那时候特别强烈,他几乎没有勇气走进鞋店。

店员是一个30多岁的女人。她看见他拄着拐杖一瘸一跛地走进来,愣了一下,眼睛紧紧地盯住他的断腿。他习惯了别人异样的目光,以前,他会因为这种好奇和无礼的注目而大打出手,现在,他学会了冷静,不再自暴自弃。他“剜”了她一眼,问:“看够了吗?”

她回过神儿来,低头小声说:“对不起……”

他走到柜台前去挑选鞋子,她跟在他身边作介绍。款式五花八门,他看了好几双都不合意，转过一个柜台，他和她不约而同地指了指一双新款球鞋，然后两人对望了一眼。

他坐在凳子上，伸着一条伶仃的腿，她蹲在他的腿前，仔细地为他系鞋带。系好了，她说你试走几步看合不合适。他艰难地站起来，拄住拐杖踏了几下脚，大小尺码刚刚好。他说："就要这一双吧。"

他付了钱，想了想，把那只脱下来的旧鞋和那只用不着的新鞋装在盒子里，用拐杖戳了一下，对她说："你帮我扔掉它吧……"

他刚走到门口，她追了出去，叫他回来。

"你可以只买一只的！"她微笑着说。

"你不是开玩笑？"他疑惑地望着她。

她从收银柜里取出 144 元，返还给他。她诚恳地说："我现在才想起来，你可以只买一只，半价，记住，下次买鞋一定要找我……"

他瞟了一眼地上的盒子，问："这一只不算是我买的？"

"不算……"她把它收起来。

他对她点了点头，算是道谢，然后顿了顿拐杖转身走了。

她把盒子里的旧鞋扔掉，提着那只伶仃的新鞋对老板说："这一只我买下了啦！"然后掏出 144 元。老板大惑不解，幽幽地说："你助人为乐也不必用这种方式啊！"

下班了，她高高兴兴地提着那只球鞋回家。

她一路想，那个小伙子断了左腿，自己丈夫断了右腿，他们一人穿一只鞋，撑起来的世界还是平衡的……（794 字）

（作者：罗朗，摘自《青年博览》2007 年 24 期，有改动）

缩写后：

他是一个残疾人，在一次车祸中，他丢掉了一条腿。从此，他在买鞋的时候，虽然是付一双的钱，可实际上他只能穿一只，另外一只要么丢掉要么就永远放着。因此每次买鞋对他来说都是一次痛苦的经历。这不，这次买鞋又碰到了尴尬的情况。店里的女店员看见他一瘸一拐地走进来，盯着他的断腿不停地看，这让他感到十分生气，因此对她说："你还没看够吗？"

> 文章开头说明为什么他每次买鞋时付一双的钱但只能用一只。

女店员感到很不好意思："对不起。"

他到柜台前去挑选鞋子，女店员跟在他旁边给他介绍。鞋子的种类很多，他试了几双都不合适，当再看到一款新式球鞋时，两个人都不约而同地指了指。

女店员帮他把新球鞋穿上，给他系好鞋带，让他走一走，看合不合适。他试了试，鞋子的大小正合适。他穿上了新鞋,把另外一只新鞋和旧鞋放在一起,对女店员说:"你帮我把它们扔了吧。"

但女店员对他说:"你不用付两只鞋的钱,你可以只买一只。"说完后,把144块钱退给了他。

他很惊奇,因为他以前从来没有遇到过这样的情况。女店员还告诉他,以后买鞋的时候要再来这里找她。

> 这部分和文章的题目呼应,为什么他可以只买一只鞋呢?下文再作说明。

他离开店里之后,女店员对老板说:"我买下另外一只鞋。"然后给了老板144块钱。老板对她的举动大惑不解。

这到底是怎么回事呢?原来女店员的丈夫也失去了一条腿,买鞋的那个男人失去的是左腿,她的丈夫失去的是右腿,这样买鞋的时候,正好一人一只。(532字)

> 文章告诉我们女店员买下了另一只鞋,但没说明原因,因此这一段一定要加上,因为这样我们才能知道为什么女店员要买下另一只鞋。

短文15

当无法选择时

他5岁时,就进了妈妈单位的幼儿园。妈妈的单位是一家小厂,幼儿园不大,很简陋。他在家门口常听到别的孩子介绍他们所在的幼儿园多么多么大,有多少玩具,阿姨讲过哪些故事。而他所在的幼儿园只有七八个孩子,一个阿姨,几乎什么好玩儿的东西都没有。

他常闹着要转个幼儿园,有时甚至一起床就拒绝再去幼儿园。有一天,妈妈忍无可忍,狠狠地呵斥了他一顿:"不听话,就把你锁在家里。再哭,妈妈就不理你了。"他不再吵闹,妈妈一边让他吃饭一边认真地对他说:"孩子,妈妈也想把你送到条件好的幼儿园去,可那要花很多钱,自从你爸爸离开我们,妈妈就很难为你提供好的生活条件,妈妈也不想这样。"

他静静地听着妈妈的话,似乎听懂了一些,然后轻轻地点头,眼里还含着泪花。

后来,他进了妈妈单位办的小学,各方面条件依然很差。毕竟是孩子,他的毛病又犯了,总吵着要换个学校。妈妈没再发火,摸着他的头说:"孩子,不管你听不听得懂,妈妈必须告诉你一句话——有的时候生活是无法选择的,你必须学着去适应才行。家里条件不好,你会选择到别人家去做别人的儿子吗?"

妈妈打的这个比方在他童年的脑海里烙下了深深的印记。从那以后,他再没提转学的事。

随着年龄的增长,他慢慢领悟了妈妈那句话的内涵:有时生活真的无法选择,但必须学着去适应才行。他的中学时代依然清苦而暗淡,但他比别的同学显得成熟懂事。高中毕业,刚刚恢复高考不久,他考上了中专。之后,他被定向分到妈妈的小厂。那时,国家统一分配,能进一个国企已经不容易了,虽然他并不喜欢这个熟悉的环境。

十几年后,体制改革,他成了这家小厂的厂长,也成了妈妈的骄傲。后来,这家名不见经传的小厂成了当时赫赫有名的利税大户,他也成了优秀企业家。

有时,生活真的无法选择,充满了无奈甚至无助。在改变不了现状时,必须学会改变心态：学会适应，学会坚强，在适应中生存，在坚强中成长。只要拥有一颗乐观向上的心并为之去努力，在任何环境里都能让生活充满阳光。（803字）

（作者：绘丹，摘自《思维与智慧》2007年，有改动）

缩写后：

他5岁时，进了妈妈单位的幼儿园。这个幼儿园的条件并不好，没有玩具，孩子也很少，阿姨只有一个，所以他想让妈妈给他换一个幼儿园。为了达到这个目的，他每天早上一起床就吵闹，不去幼儿园。妈妈在呵斥他之后，告诉他说："虽然我也很想把你送到条件好的幼儿园，但我们没有那么多钱。自从你爸爸离开我们之后，我们家的生活条件就没那么好了。不能让你去好的幼儿园，妈妈心里也很难过。妈妈也不想这样。"那时，他好像听懂了妈妈的话，所以不再提幼儿园的事。

到上小学时，因为还是妈妈单位办的小学，条件依然不好，所以他又吵闹着想转学。这次，妈妈没生气，对他说："有的时候生活是无法选择的，你必须学着去适应才行。家里条件不好，你会选择到别人家去做别人的儿子吗？"他牢牢地记住了妈妈的话，从此，再也没提转学的事。

妈妈说的这句话，在全文中是很重要的，出现过两次。

他长大以后，逐渐明白了妈妈所说的话的含义，所以他成熟得很早，也比别人懂事。高中毕业后，他考上了中专。之后又分到妈妈的小厂。在这个小厂工作了很长一段时间后，他成了小厂的厂长。由于他努力工作，小厂变成了当地有名的企业，而他本人也成了当地知名的企业家。

文章是按照时间顺序来写的，从"他"上幼儿园到上小学，再到上中专，最后毕业分配到原来的小厂。在各个阶段，他都无法选择，所以妈妈告诉他要学着去适应。只有这样，才能在任何情况下都生活得快乐和充实。

所以，有时生活真的无法选择，当遇到这种情况时，我们必须学会适应，在适应中坚强成长。只有这样，才能在任何情况下都让生活充满阳光。（523字）

文章最后这段话是议论，是作者表达自己观点的话，所以要保留。

短文16

背后有双鼓励的眼睛

这件事已经过去17年了，但我不会忘记。它是我记忆当中最为柔软的地方。

当年，我参加高考，没有上线，非常痛苦。此时，我的身体也出现了问题，莫名的心慌，吃不下饭，医生初步诊断为心脏有异常杂音。医生的言外之意是：我得了严重的心脏病。

这两座大山差点儿压垮了我。我整天躺在床上，唉声叹气。

一天,我收到一封信,里面有两页纸,其中一张纸上写了短短的几段话:“真正的强者,不会被暂时的困难吓倒。”而另一张纸上,抄录了诗人普希金的一首诗《假如生活欺骗了你》。

信没有署名,看邮戳,好像寄自镇上邮局。看字迹,明显是一个女孩子写的。

在几乎绝望的时候,这封信突然间让我猛醒:难道我真的要这样消沉下去吗?

我开始了复读。我一直在寻找那个写信给我的人,但几个月过去了,她未再寄信给我。

那年夏天,我对复读了无兴趣,在一位同学的怂恿下,我离开学校做起了生意,赚了不少钱。我当时认为不读书同样可以立足于社会,父母对我的决定,也未加阻止。

第二封信接踵而至,同样是未署名,同样是女性化的字体。信中说,你放弃这么好的成绩去做生意,也许你会后悔。

在接到那封信之后,我的老师也开始劝我回学校。我再次回到了学校。

我醒悟过来,那个给我写信的人,肯定在我周围。上课的时候,我经常打量四周,特别注意观察那些女同学,但我一无所获。

第二年,我考出了全县第九名的好成绩,并被江苏一所学校录取。在等待去学校报到的日子里,我一直盼望第三封信的出现,但直到临走的时候,也未盼到。我曾交代父母,若有来信,务必转来。夏去冬来,我再也没有收到过类似的信。

我不知道是谁给我写的信,也许这将成为永远的谜团。我知道,也许那个人已经不知道我在哪里,但我总觉得背后有一双眼睛,仍旧在关注着我,使我不敢懈怠,不敢放松。每每自己有所成就,我就会想起那个人;每每自己犯了错误,我就会想着那个人会不会为我难过。

许多时候,我会为那个人感动,然后庆幸,我自己是多么的幸运,遇到了这样一个欣赏和鼓励我的好人。(812字)

(作者:流沙,摘自《风流一代》2007年2月,有改动)

缩写后:

这是17年前的一件事。

> 因为是倒叙,所以要写上这句话。

那年我参加高考,但没有考上。本来我已经很痛苦了,就在此时我的身体也出现了问题。医生虽然没有告诉我是什么病,但我知道是严重的心脏病。

这两件事对我的打击很大,我每天在床上唉声叹气。

> 要写清是什么事让他痛苦,否则的话,就不会有后来的两封信了。

就在此时我收到了一封没有署名的来信,信的内容并不多,都是鼓励我的话,而且还抄录了一首普希金的诗。

> 信的内容即使记不住也没关系,但要说明是鼓励和安慰的话。

这封信给了我极大的鼓励和信心,我又重新回到学校开始复读。

到夏天的时候,我再次对复读失去了兴趣。就在这时有位同学来找我让我跟他一起做生意。我于是再次离开学校做起了生意,而且还赚了钱。这让我认为即使不读书也同样

> 这是“我”收到第二封信的起因,所以也要写明。

能在社会上生存。

就在此时，我收到了第二封信。这封信同样没有署名，信的内容大概是说，我放弃学习的机会去做生意，将来会后悔。

这封信加上老师的劝说，促使我再次回到学校去复读。在学校复读的时候，我经常观察周围的人，希望能找出那个给我写信的人，但最终也未找到。

第二年的时候，我考出了非常好的成绩，而且被一所大学录取。此时我最希望的是能收到第三封信，但一直到我离开家门去学校报到我都没有收到任何信。而且以后我再未收到类似的信。

要把结果写明，正是因为有这两封信的鼓励，“我”才能考上大学。

也许我永远不会知道是谁给我写的信，但我知道我很幸运，因为我的背后永远有一双关注我的眼睛。这双眼睛督促我努力，不放松。我取得成就也好，失败了也好，我都会想到那个曾给我写信、鼓励我和安慰我的人。（551字）

结尾部分是作者的议论和感慨，他要借这件事说明一个道理。

短文 17

心是一架公平秤

媒体曾报道过这样一则新闻：年仅三岁的小黄冠身患白血病，贫寒的父亲想方设法筹钱，但终究是杯水车薪。眼看孩子病情加重，万般无奈的父亲把孩子送到医院，以交住院手续费为由悄悄溜走，期待孩子能得到社会的救助。当天，孩子躺在病床上惊慌失措，大哭大闹，吵着要找父亲。

有一个护士说：“你爸爸太狠心了，把你扔下走了，不管你啦！”黄冠大哭，说：“我不信！”天黑了，爸爸还没出现，孩子突然安静了下来。医生问：“你知道爸爸住在哪里吗？”他居然咬紧牙齿大吼一声：“滚！”随之泪水滚滚而下。之后十天里，谁也不能提“爸爸”二字，一提他就发火，痛哭。护士和好心人买来玩具或者巧克力——孩子见了一般都会欢天喜地，可他却视而不见，干脆蒙着被子埋头睡觉。

只有在睡梦里，他才变成那个小小的可怜的孩子，流着泪水梦呓着：“爸爸，别丢下我啊！”

在记者的帮助下，那位父亲终于再次出现在孩子面前。父亲瘦了很多，泪流不止。小黄冠一看见他，马上闭上了眼睛，同时闭上了嘴巴。父亲一把握住儿子的小手，哽咽道：“儿子，求求你，看看我啊。爸爸对不起你，爸爸来看你了。”

小黄冠仍然双眼紧闭，但泪水满脸纵横。

父亲道歉、哀求了半个小时，旁人也纷纷相劝，孩子才睁开眼睛，哭着说出第一句话：“你不许再悄悄走掉！”从此，父亲就是离开他几分钟去上个厕所，他也要跟着；晚上孩子常常惊醒,看见爸爸就在身边,才含着泪水重新睡去。

三岁的孩子,因为父亲不负责任的行为,而受到了极大的伤害。他的父亲悔恨交加:"孩子虽然在医学上得救了,但我差点儿就完全失去了他。他不信任我,不爱我,恨我……"

只有这样的极端事件,才会让我们关注一个人的心理感受吗?小到小黄冠和父亲的纠葛,大到我们生活中与伴侣、同事相处,即使出自好意,但是如果没有充分考虑对方的感受,对方就会感觉缺乏安全感、信任感,从而渐渐疏远你,甚至反目成仇。

的确,每一颗心,即使是孩子的心,也是一架计算精明的公平秤。你给他多少关注、多少尊重,他就会回馈给你多少。关爱尊重他人,其实是把温暖的存款,存进自己的银行。(842字)

(作者:陈敏,摘自《青年博览》2007年第7期,有改动)

缩写后:

三岁的孩子黄冠得了白血病,他的父亲多方筹钱给他治病,但仍然无济于事。孩子的病情一天天加重,父亲眼看着一点儿办法也没有了,就把孩子一个人扔在医院悄悄地走了。他希望有好心人能帮助他的孩子。

> 文章的第一段交代事情发生的起因,正是因为父亲不负责任地走掉,才会有下面的事情发生。

到了晚上,孩子还没看到父亲,就大哭大叫要找父亲。

一位护士说:"你爸爸不要你了,他扔下你走了。"孩子说:"我不信。"可是他的父亲一直没有出现。这个三岁的孩子好像一下子明白了什么,他不能听别人提起"父亲"这两个字,只要别人一说这两个字,他就发火。有时有好心人给他买来东西或玩具,他看都不看,或者干脆把头埋在被子里。

在睡觉的时候,孩子还在哭着说梦话:"爸爸,你快回来呀,别丢下我啊!"

> 这一部分说的是因为父亲的离去,孩子种种异常的表现。

在记者的帮助下,离开医院十几天的父亲终于又回来了。孩子一看见他,马上闭上了眼睛,因为他不想原谅爸爸。父亲拉着孩子的手说:"孩子,爸爸回来了,你睁开眼睛看一看爸爸啊!"

可是小黄冠还是紧闭着眼睛,但他的眼睛里已经充满了泪水。父亲哀求了半个多小时,孩子才说出了一句话:"以后你不许再悄悄走掉。"

从那以后,小黄冠跟父亲寸步不离,哪怕是父亲上厕所,他也要跟着。有时,从睡梦中醒来,看见父亲在旁边,他才会接着睡去。

父亲为此事悔恨交加,他说:"我伤害了孩子,他已经不信任我了,他不再爱我了……"

> 故事情节继续发展,父亲虽然回来了,但孩子不原谅他,因为父亲的行为伤害了孩子幼小的心灵。

可见，即使只是一个三岁的孩子，他的心也是一架公平秤，你给他多少，他就会回报你多少。

关心爱护他人，其实就是对自己的爱护。(580字)

最后这两段总结，同时也点题，说明为什么人的心是一架公平秤。

短文18

送行

灯亮了，光柔柔的。女人轻身下床，开始收拾行李。

这时，10岁的大女儿醒来，从被窝里坐起，神情木然地看她忙碌。女人看了女儿一眼，没言语，手有些犹豫。少顷，她抬头看看墙上的挂钟，又匆匆忙碌起来。男人静静立于一旁，凝视着女人的一举一动，女人装好的行李，他一件件放到院子里的三轮车上。渐渐地，她速度慢了，最后停下来，走向床沿，用手梳拢着女儿凌乱的头发说："乖，在家照顾好弟弟妹妹，听奶奶话。"胸口像被棉絮样的东西堵着，为抑制眼泪，女人转身给儿子掖被角。

"妈妈走啦。"女人声音很低，她不敢说下去，怕走不出这院子。女儿没言语，目光呆呆地移向墙角。"妈——"女人转身的一刹那，儿子在被窝里哭喊出声来。"儿子乖，听话啊，妈回来给你买新书包，买……"

"我不要书包，我要妈妈，我要妈妈——"儿子推开棉被，光着身子坐起，哽咽着，胸口起伏着，满脸的眼泪和鼻涕。

女人摸着儿子的脸，望望熟睡的小女儿，忽然转身快步走出房门，逃离小院。身后，任凭他们哭作一团。此时，小女儿醒来，找妈妈。姐姐说，妈妈走啦！小女儿也跟着哭起来："妈妈骗我，妈妈骗我。她说好不走的，我不要妈妈啦……"

村外，晨雾悄悄涌起，淹没了稀疏的寒星。此时，两个身影默默前行，男人用力蹬着三轮车，女人弓着腰，在满是泥泞的土路上帮着推。他们正赶向五里外的柏油马路。

"腰不好，别老加班。"男人说。

"嗯。"女人回答。

"工棚潮，你上班后经常晒晒被子。"女人说。

"嗯。"男人回答。

雾越来越浓，最后吞噬了村庄，以及身后的整个世界。五里路很短。厂方的汽车已在路口等候，车下围满送行的人。男人低头把行李递给女人，没说一句话。女人接过行李，无语。

"哎——这是谁家的小孩儿？"

司机一句话，众人看去。只见三个孩子哆嗦着站在车灯前，通红的脸上都模糊着，分不清是汗水、泪水还是雾水。发梢一缕缕贴在前额，六只小泥脚极力踮起，三双泪眼同向车厢里找寻。

车上，女人惊叫出声来，惊叫着冲下车去，紧搂住三个湿漉漉的儿女，号啕大哭。一车人黯然。

车，终于还是前行了。男人牵着儿女们，跟在送行的人群中。他们都在极力远望，而眼前却只剩下无法挥去的团团迷雾。(865 字)

(作者：刘永飞，摘自《读者》2007 年 23 期，有改动)

缩写后：

早上，女人从床上起来，默默地收拾东西，她即将要离开这个家。

正在收拾东西的时候，10 岁的大女儿醒来了，看见妈妈收拾东西，什么也没说。男人把收拾好的东西一件件放到外面的三轮车上，其实他不想让她离开，可是有什么办法呢？

女人把东西收拾完，对大女儿说："你是姐姐，要照顾好弟弟妹妹，在家要听奶奶的话。"

就在这时，正睡着的儿子突然醒了过来，他看见妈妈收拾东西，哭着说："妈妈别走！"女人心里很难过，她对儿子说："妈妈还会回来的，妈妈回来给你买新书包！"

可是儿子依然哭着说："我不要新书包，我只要妈妈！"但女人还是走出了家门。

儿子的哭声惊醒了熟睡的小女儿，她醒来的第一件事就是找妈妈，但姐姐说，妈妈走了，妈妈不要我们了。小女儿大哭着说："妈妈骗人，妈妈说好了不走的！"

三个孩子哭作一团。

男人骑着三轮车送女人。在路上，男人叮嘱她，身体不好，不要多加班。女人也关照男人要照顾好自己。

到了车站，男人把行李递给女人，把女人送上了车。

车马上就要开了，突然司机喊了一声："这是谁家的孩子？"

司机的话惊动了所有的人，大家往前一看，只见三个孩子哆哆嗦嗦地站在车前，踮起六只小泥脚，挂着泪珠的眼睛不停地往车厢里看。他们是要找妈妈。

女人看到这个情景，哭着从车上下来，紧紧地抱着三个孩子。可是她最终还是坐车走了，剩下无奈的爸爸和三个无助的孩子。(553 字)

文章的结尾没有直接告诉我们妈妈是否留了下来，但我们可以从文中推测出来。文章最后说："男人牵着儿女们，跟在送行的人群中。他们都在极力远望……"这告诉我们女人还是坐车走了。还要注意的是文章没有说妈妈离开这个家的原因是什么，所以大家缩写时不要凭自己的主观猜测来说明妈妈为什么要离开这个家，只需要把原文的内容表达出来就可以了。

短文 19

慈善的不是钱，是心

2007 年 2 月 16 日，刚刚卸任的联合国秘书长安南，在德克萨斯州的一个庄园里举行了一场慈善晚宴，旨在为非洲贫困儿童募捐。应邀参加晚宴的都是富商和社会名流。在晚宴将要开始的时候，一位老妇人领着一个小女孩儿来到了庄园的入口处，小女孩儿手里捧着一个看上去很精致的瓷罐。

守在庄园入口处的保安安东尼拦住了这一老一小。"欢迎你们，请出示请柬，谢谢。"安东尼说。"请柬？对不起，我们没有接到邀请，是她要来，我陪她来的。"老妇人抚摸着小女孩儿的头对安东尼说。"很抱歉，除了工作人员，没有请柬的人是不能进去的。"

"为什么？这里不是举行慈善晚宴吗？我们是来表示我们的心意的，难道不可以吗？"老妇人的表情很严肃，"可爱的小露西，从电视上知道了这里要为非洲的孩子们举行慈善活动，她很想为那些可怜的孩子做点儿事，决定把自己储蓄罐里所有的钱都拿出来。我可以不进去，真的不能让她进去吗？"

"是的，这里将要举行一场慈善晚宴，应邀参加的都是很重要的人士，他们将为非洲的孩子慷慨解囊。很高兴你们带着爱心来到这里，但是，我想这场合不适合你们进去。"安东尼解释说。

"叔叔，慈善的不是钱，是心，对吗？"一直没有说话的小女孩儿露西问安东尼。她的话让安东尼愣住了。

"我知道受到邀请的人有很多钱，他们会拿出很多钱，我没有那么多，但这是我所有的钱啊！如果我真的不能进去，请帮我把这个带进去吧！"小女孩儿露西说完，将手中的储蓄罐递给安东尼。

安东尼不知道是接还是不接，正在他不知所措的时候，突然有人说："不用了，孩子，你说的对，慈善的不是钱，是心，你可以进去，所有有爱心的人都可以进去。"说话的是一位老头儿，他面带微笑，站在小露西身旁。他躬身和小露西交谈了几句，然后直起身来，拿出一份请柬递给安东尼："我可以带她进去吗？"

安东尼接过请柬，打开一看，忙向老头儿敬了个礼："当然可以了，沃伦·巴菲特先生。"

当天慈善晚宴的主角不是倡议者安南，不是捐出 300 万美元的巴菲特，也不是捐出 800 万美元的比尔·盖茨，而是仅仅捐出 30 美元零 25 美分的小露西。她赢得了最多最热烈的掌声，而晚宴的主题标语也变成了这样一句话："慈善的不是钱，是心。"(885 字)

（作者：一哲，选自《人生与伴侣》，有改动）

缩写后：

2007 年 2 月 16 日，安南在某个庄园里举行了一场慈善晚宴，目的是为非洲贫困儿童募捐，来参加晚宴的都是有钱有地位的人。在晚宴将要开始的时候，一位老妇人领着一个小女孩儿来到了庄园的入口处，小女孩儿手里还捧着一个瓷罐。

故事发生的时间。

故事发生的地点及人物之一。

事件的起因。

庄园入口处的保安安东尼拦住了她们，问她们是否有请柬。老太太说："对不起，我们没有请柬，但孩子非要来。"安东尼说："没有请柬的人是不能进去的。"老太太说："为什么不让我们进去呢？我们也想表示一下我们的心意。小露西从电视上知道了这里要为非洲的孩子们举行慈善活动，她就把自己存钱罐里所有的钱都拿出来了，请让她进去吧。”

安东尼婉转地解释说：“来这里的都是一些非常重要的人，他们将为非洲的孩子捐很多钱。所以，你们不适合进去。”

就在这时，小女孩儿露西说话了：“但是慈善的不是钱，是心，对吗？我知道受到邀请的人会拿出很多钱，我虽然没有那么多，但这是我所有的钱啊！如果我不能进去的话，请帮我把这个存钱罐带进去吧！”安东尼不知道该怎么办了。这时旁边有位老人说：“不用了，露西，你说的对，慈善的不是钱，是心。你当然可以进去，所有有爱心的人都可以进去。”他拿出一份请柬递给了安东尼。原来这位老人就是很有名的沃伦·巴菲特先生。

露西这句话很关键，是全文的中心，一定不能省略。

当天小露西成了慈善晚宴的主角，晚宴的主题标语也变成了这样一句话：“慈善的不是钱，是心。”(547字)

最后这句话再次出现是突出重点，与标题呼应。

短文20

回家有酬

我的邻居是一对幸福的老人。他们每天上午爬爬山、溜溜鸟儿、搓搓麻将；傍晚，老两口儿则比赛着走路。

老人有三个孩子，都已成家立业各奔东西。但每到周末，总会有孩子回来看望老人。有时是一家，有时是两家，有时是三家齐到。每到这个时候，他们家就像过节般热闹。

孩子回来的时候，老两口儿是不爬山不溜鸟儿的，他们一大早就去菜市场大包小包地往家里拎菜。碰到熟人，他们总是笑容满面：“今天我大儿子一家要来。”“今天小儿子一家来吃午饭。”……那神情，好像别人家没有儿子似的。

我也有儿子，只不过比他们少了一个。但我的儿子是“无事不登三宝殿”的。有时候好不容易回来一趟，吃了饭就急着要走，就像家里有传染病似的，想与他们说说话都难。

转眼，又到了周末，邻居的屋里又响起了五音不全的卡拉OK声。在他们的热闹声中，我们老两口儿更显得孤单。老妻忍不住拎起电话，但想了想，又放下了，喉咙里发出一声长长的叹息。“人家的孩子咋就能想着常回家看看，我们家的孩子咋就不想回家呢？”妻自言自语地说。

一天，我晚饭后出门散步，月光下碰到了邻居老两口儿，便聊了起来。老人之间能聊什么呢，不是身体就是孩子了。“你真幸福啊，每到周末家里就像办喜事似的。”我羡慕地说。邻居听了很满足地笑了：“我们现在不愁吃不愁穿的，养儿为了什么？还不是图个热闹。”邻居说得很对，只是这热闹与我无缘。

邻居见我不语，说："你的俩孩子好像不常回家啊！"是啊，他们是不常回来。可我又不能说他们不孝顺，只得推说他们工作忙，脱不开身。

"要不要我传你个办法？"邻居神秘兮兮地说。

"什么办法？"我问。

"让你的孩子常回家的办法呀！"

"哦，你有什么好办法吗？"

"给孩子发'回家工资'。"邻居说。

"回家工资？"

"对，只要孩子回家，就发给他们钱！"

原来，邻居是用这种方法吸引孩子常回家的。我听了，不禁哑然失笑。不过，想想还是蛮有道理的。我银行里的那笔存了一辈子的钱，到最后还不是留给俩儿子的遗产？与其等我们老两口儿死了白白送给他们，倒不如趁我们还活着，让它们发挥点儿作用为好。

想到这里，我当即摸出手机："儿子你听着，从明天起，你每回家过一天，我就发给你一百元的'回家工资'！"(889字)

（作者：施忠良，选自《杂文选刊》2007年，有改动）

缩写后：

我的邻居是一对快乐的老夫妻，他们每天的生活都过得有滋有味儿的。这对老夫妻有三个孩子，每逢周末，不是大儿子回来，就是另外两个儿子回来，要不干脆就是三个儿子一块回来。所以一到周末，老两口儿就大包小包地从市场往家拎菜，别人问起来，就得意地回答："我儿子要回家吃饭了。"

我倒是也有两个儿子，可是我的儿子基本上不回家。回家一趟，吃完饭就走，我连句话都跟他们说不上。

这不，又到了周末，邻居老两口儿家里又响起了卡拉OK声。看着别人家里的热闹，再看看我们家，冷冷清清的，妻子忍不住拿起了电话，可是想了想又把电话放下了。妻子叹着气说："人家的孩子都知道回来看父母，咱们的孩子怎么就不想着回家呢？"

一天傍晚，我散步的时候，碰到了老两口儿，我羡慕地对他们说："你们真幸福啊，每到周末，家里就跟过节似的。"

邻居笑着说："当然了，儿子一回来家里就热闹嘛！"

一听这话，我就难受，因为我的儿子基本上不回家，所以我们家也没什么热闹。

邻居看出了我心中所想，传授给我一个方法，那就是如果孩子回家，就发给孩子回家的酬劳。

我刚开始还觉得这个方法很可笑，但仔细一想，大有道理。反正我们的钱到时也是给儿子的，与其我们死了给儿子，不如现在就让它们发挥作用，作为儿子回家的报酬。想到这儿，

我马上拿出电话,立刻实施邻居的方法。我对儿子说:"以后只要你回家一次,我就发给你一百元的回家报酬。"(569字)

这篇文章基本上是按照事情发生的先后顺序写的,脉络也比较清楚,缩写起来相对简单些,只要大家记清事情发生的先后顺序就可以了。文章先说明邻居一家人周末团聚的热闹场面,与这个场面形成强烈反差的是"我"家的冷冷清清,因为孩子们不回家。然后接着写邻居家为什么热闹异常,邻居告诉"我"怎样做孩子才能回家,这个方法就是孩子们回家一次就给他们酬劳,这就是题目"回家有酬"的含义。

四、长篇记叙文的缩写

下面的这些文章都是字数在900字以上的,字数的增多意味着记忆负担的加重。所以这里我们给大家加上了"记忆关键词"一项,希望大家能借助这些词理清文章的头绪。记忆是有窍门儿的,这些关键词能让你牵住记忆的线,用只言片语理清文章的千头万绪,领会篇章的重点。

文章1

修补天赋的缺口

记忆关键词:先天条件差　刻苦训练　最终成功

有这样一位少年,自幼体弱多病。偏偏祸不单行,8岁那年,又患了急性肾炎。病治好后,却落下了严重的后遗症:左耳几近失聪。

少年除了个子稍高于同龄人,几乎没有其他的特长。第二年,父亲带他到区体校学打篮球。虽然少年兴趣很浓,但由于听力差、反应迟钝,体力也跟不上,只要绕着球场跑上两圈,整个人就累得气喘吁吁,连球都拿不了。见此情形,教练特意给他检查了身体,结果又有了惊人的发现:孩子两肩狭窄,胯骨宽大,导致步伐不够灵活;而且,他的跟腱短,属于跳不起来、又跑不起来的"刀削脚";他的臂展长度比身高要短6公分,使得他在与同等身高的队员较量中处于下风。教练暗中找到他的父亲,委婉地表示:这孩子不适合打篮球,趁早改行干点儿别的算了。

父亲没有将教练的话转告儿子,而是将他拉到一边:"告诉我,你喜欢打篮球吗?"

"喜欢啊,我喜欢球场的感觉,喜欢球迷的呼喊,喜欢篮下的拼抢,喜欢篮球划过球网的声音……"

父亲望着他,深情地点点头:"够了,儿子,只要喜欢,你就安心练球吧,你一定会比别人有出息的!"但父亲知道,以儿子这种先天条件,要想打好篮球,光凭爱好是不够的,必须要想法将他身上的缺陷一一弥补过来。于是,这位有心的父亲花大价钱,给儿子联系了NBA体能教练法尔松。法尔松抽了几天时间,仔细观察了少年的球场表现,然后对他说:"表面上看来,你是身体的问题,其实不是。如果想打好球,请务必记住这句话——你怎样对待自己的身体,身体就会怎样对待你！”

就这样，少年背着一个个天生致命的缺陷和一句外国教练的话上路了。他从增强体能入手，开始了凡人难以想象的艰苦训练；他频频出入各种比赛场合，不断从别人的嘲笑中总结经验，扬长避短；也从那天起，他的纯休息时间从来没有连续超过20天，甚至做梦都在思考如何打球。凭着过人的毅力，他的球越打越好，知名度越来越高。十年之后，他入选了中国篮球全明星阵容。22岁那年，他成功地登陆全球最有影响的NBA赛场，并在之后的两年连续入选明星联队。这位缺少天赋的少年，就是今天的篮球巨星姚明。

贝多芬说过：“我要扼住命运的喉咙，它休想让我屈服。”凭着坚强和自信，贝多芬战胜了命运，修补了聋人的巨大天赋缺口，成为一名伟大的音乐家。和贝多芬一样，姚明也是带着坚强和自信，摆脱了先天身体缺陷对事业的困扰。他们用成功的实践，告诉世界一个浅显的事理：勤能补拙。（954字）

（作者：蒋平，摘自《当代青年》2008年1期上半月，有改动）

缩写后：

一位少年，自幼体弱多病，8岁那年，又患了急性肾炎。后来病虽然治好了，但他的左耳差不多什么都听不到了。

第二年，少年的父亲带少年去学打篮球。说实在的，少年除了个子比同龄人高一点儿，其他方面几乎没什么优势。听力不行，反应慢，体力差，只要跑两圈就累得气喘吁吁，别说打球了，连球都拿不了。见此情形，教练特意给他检查了身体，结果发现这个少年的身体各方面条件都不太好，很不适合打篮球。于是教练委婉地告诉孩子的父亲，说这个孩子不适合打篮球，还是干点儿别的吧。

但父亲没有将教练的话告诉儿子，相反，他问儿子是否喜欢打篮球。

儿子果断地回答：“喜欢。”

父亲说：“好的，儿子，只要你喜欢就足够了，你将来一定会打好球的。”

但父亲知道，只凭喜欢是不够的，要想打好球，还必须克服孩子自身的身体缺陷。于是父亲专门请了NBA的体能教练，让他给儿子指点指点。这位体能教练认真观察了少年的表现，鼓励少年说：“你的身体条件完全没问题，只要锻炼得当，一定能打好球。”

就这样，少年从此开始了艰苦的训练。他要凭借训练把身上的缺陷一点点弥补过来。他不顾别人的嘲笑，在各种各样的比赛中吸取经验，取长补短。凭着顽强的毅力，他的球越打越好，他也随之越来越出名，从全明星阵容到美国的NBA赛场。说到这里，你一定知道他是谁了。他就是今日的篮球巨星姚明。

姚明的成功告诉我们，有缺陷算得了什么呢？贝多芬也有着巨大的身体缺陷，他是一个聋子，可他照样成了伟大的音乐家。姚明和贝多芬的经历告诉我们，只要努力，就能成功。

（620字）

文章 2

我在乎的几件事

记忆关键词:在乎　个子矮　名牌大学文凭

我一直以为自己是一个无牵无挂的人。可是,最近这几年发生的事让我很在乎下面这两件事。

一、个子矮

我刚就业时,有个同事给我介绍了一个女朋友,我和她见了几次面后,越来越喜欢她了。

可是有一天,她对我说:"我们还是不要再见面了。和你在一起,不知为什么,我觉得我太胖,太高了。我想和比我高的人在一起。"其实她身材很苗条,而我和她的个子是差不多的,但她说的这句话还是给了我很大的打击。

伟人当中有很多人个子都很矮,就算不矮,至少也不能算高。拿破仑虽然比他的妻子矮,但他征服了全欧洲。中国第一位航天员杨利伟的个子不到 170 厘米,但在人们的眼里,他是一个伟大的英雄。李连杰也不过就是 170 厘米,但谁敢向他挑战呢? 邓小平比杨利伟还要矮小,但他有多伟大自不待说。

有一天,我在一本杂志上看到一个故事:莫扎特年轻的时候,爱上了一个女人。莫扎特向她表白了自己的感情,但却被拒绝了,他很伤心。后来莫扎特成了大名鼎鼎的作曲家,受到许多贵族女人的欢迎。这个时候,曾经无情地拒绝莫扎特的那个女人泪流满面地说:"我从来没想到他是这么一个了不起的人,在我眼里,他只是一个矮小的穷人。"

是不是我也应该向莫扎特学习,不在意自己的缺陷,不应该因为个子矮而灰心丧气? 只有我再也不把个子矮看成缺陷,才能说我真正超脱了。可惜,我至今还没到这个境界。

二、名牌大学文凭

我是首尔大学毕业的,也许你会说:"名牌大学毕业的不是好事吗?那你还担心什么啊?"可是,事情往往不是人们想象的那样。

有些人认为名牌大学毕业生知识渊博,什么都知道。如果我回答不出他们的问题,他们就会说:"你是首尔大学毕业的,连这个都不知道?"难道他们把我当成大百科全书?

服兵役时,工作时,跟女生约会时……这种种场合,除了跟大学同学聊天儿之外,我几乎每一刻都怕听到这句话:"你是首尔大学的毕业生,连这个都不知道?"

但有的时候事情又反过来了。我曾经跟某个女生约会过。那个时候我把我的手机号码告诉她。我说:"我的手机号码是 016-××××-1024。顺便补充一句,1024 是 2 的 10 次方。这样,更容易记住吧?"她一听就跟我说:"你数学很好呀,难道首尔大学的毕业生都像你这样爱显摆吗?"

我一时瞠目结舌。天啊!因为我,一瞬间首尔大学所有的同学,我的师兄师弟师姐师妹都成了高傲自大、目中无人的人！从那以后，我怕听的话又多了一句。其实我觉得，这种现象多半是因为人们羡慕名牌大学毕业生才出现的，所以呢，我还是对自己感到很满意的。

（993字）

（作者：金熙夔，有改动）

缩写后：

我以前从来没有对什么事情在乎过，但最近有两件事让我很在乎。

第一件事，我的个子。我以前并没有在乎过我的个子。直到一个同事给我介绍了一个女朋友。本来我们一直相处得挺愉快，可后来有一天她对我说："我们以后不要来往了。跟你在一起我觉得自己既高又胖。我想找一个比我高的人。"这句话严重打击了我。

是的，我的个子并不高。但是有许多伟人他们也不高啊！比如拿破仑，那么矮小，可是他征服了整个欧洲！再比如杨利伟，他也不高，但他可是中国飞天第一人啊！还有邓小平，许许多多的人，他们的伟大可不是由身高决定的。

后来我看到一个故事，说的是莫扎特。莫扎特未出名时喜欢一个姑娘，但那个姑娘不喜欢他。后来莫扎特终于成名，蜚声乐坛。那个曾经拒绝他的姑娘哭着说："我从来没有想到他会这么成功，我一直把他看成一个矮小的穷人。"是不是我也应该向这些伟人学习，不要太在乎自己的身高呢？

第二件事，我的名牌大学文凭。我是韩国首尔大学毕业的，首尔大学是韩国很有名的大学，但这个名牌大学文凭并没有带给我太多的好处。

人们每每听到我是首尔大学的毕业生，就认为我应该什么都懂。所以每当我回答不了他们的问题时，他们就会说："你是首尔大学毕业的，连这个都不知道吗？"天哪，我又不是大百科全书。

还有的时候，事情又反了过来。我曾经跟一个女生约会过，当我把自己的手机号告诉她时，我说："我手机的后四位是1024，1024就是2的10次方，这样你就好记了。"但是那个女生听完我的话后，不屑地对我说："你是首尔大学的，就了不起了吗？这么爱炫耀！"唉！真让我为难啊！（639字）

文章3

请允许我满含泪水地回来

记忆关键词：几次司法考试　绝望　自杀　网站网友　帮助　最终回家

同学们都已参加工作时，她将自己锁在家里，没日没夜地啃那些厚厚的司法考试复习资料。第一年没成功，她有些沮丧；第二年又失败了，她感到了气馁。她一再安慰自己：坚持，明年一定能行。第三年、第四年，连续的打击让她不禁心灰意冷。看着父母日益苍老的背影，看着他们每天都盼着她成功，她让他们等了四年。四年来，父母都笑着对她说：孩子，没关系，下次再来。为了父母,她鼓起勇气再试一年,然而失败又一次缠上了她。

得知成绩的那一刻,她想到了死。3月4日下午2点36分,她在"法专在线"的社区论坛上发了名为《爸爸妈妈请你们原谅》的帖子:连续五年参加司法考试未通过,我付出太多,太累了……辜负了父母的期望。

很多人意识到这是一个"绝笔帖",他们纷纷在后面跟帖,劝她不要做傻事,要坚强,要多为父母考虑,未来还有很长的路要走……

网友们的留言她都看到了。她脑中想的却是,如果活下去,势必拖累父母更久。她于是又一次发帖:谢谢你们,我已经决定了。

之后,她捏紧了口袋中的安眠药。她想找个结束烦恼的地方,但她起不了身——善良的网友们不断地发消息、跟帖,他们对她的鼓励、关爱和理解,仿佛磁铁一样牢牢吸住她那颗绝望的心。

她不知道,虚拟世界外,一场拯救行动也在悄悄地进行着。管理员发现她的IP地址在温州,便立即打电话给温州110,同时向温州市长热线发出求助信息,希望他们联系电信部门,尽快查到她的上网地址,第一时间通知她的家人。

晚上七点多,警察终于找到她上网的地方时,她却于几分钟前离开了,因为上网的那个公共场所要关门,她不得不换了地方。

短短时间内,论坛翻页已达十多页,跟帖上百条,阅读人数两千多人。看着仍然不断增加的帖子,她禁不住泪流满面,为她愚蠢的想法,更为无数善良的人们。

3月5日0点11分,她又一次发帖:请允许我满含泪水地回来……已经把准备好的安眠药扔到河里了……

发完帖子,她想,活着真好,她再也不会去做傻事了。

此后,她变了个人似的,不再每天锁在家里啃那些枯燥的法律条文。她找出压在箱底的同学录,掸去上面的灰尘,一个个号码拨过去,问他们的近况,然后大声说,她很快也要工作了。她以前不习惯跟陌生人接触,觉得他们不可靠不能信任。现在,她对每一个迎面而来的人保持微笑。更重要的是,她发现让父母欣慰的方式有很多,比如给父母捶捶背,比如抢在母亲前头去洗碗,比如到旧书市场淘来父亲爱看的战争书籍……

偶尔,她还会想起那天的经历,想起那些善良的人们为她所做的一切。(995字)

缩写后:

她没有参加工作,她要参加司法考试,因此整天在家里看那些厚厚的枯燥的考试资料。连续四次的失败让她心灰意冷,失望沮丧。虽然父母并不在意,总是鼓励她再来一次,但她还是觉得对不起父母。眼看父母越来越老,她想,再试最后一次吧。

不幸的是,第五次考试她还是没有通过。得知成绩后,她想到了死,她实在不忍心拖累父母了。

在决定离开这个世界的那天下午,她来到了"法专在线"的社区论坛,在上面发了一个帖子《爸爸妈妈请你们原谅》，帖子的大概内容是说，连续五年的失败让她太累了，她对不起父母……

虽然她没有明说她要干什么，但许多人都意识到了这是一封自杀前的绝笔信。于是网友们纷纷回复，跟帖，劝她不要做傻事。

网友们的回复并没有让她回心转意，她一想到还要拖累年迈的父母，还是下定决心要离开这个世界。可是网友们不断地发帖劝她，这些陌生人的关心让她很难一走了之。并且她还不知道的一件事是：在网络之外，一场拯救她的行动也悄悄展开了。管理员查出她的电脑IP地址是在温州，便给温州110打电话，希望温州警方联系电信部门，查出她上网的地方，以通知她的家人。

警方寻找她的同时，论坛里的人也越来越多。看着这些素不相识的人对她的关心、安慰和鼓励，她感动得热泪盈眶。于是她再一次发帖子：请允许我满含泪水地回来，我已经把安眠药扔了。

从此以后，她就像变了个人似的，不再封闭自己，她给以往的同学打电话，对陌生人也不再像以前那样怀着敌意和冷漠了。她也知道了该怎样去报答父母。

当然，她忘不了这些改变都是因为那天善良的人们为她所做的一切。(633字)

文章4

父亲的手机

记忆关键词：父亲　想要手机　给儿女打电话

春节回家，临返城时，父亲坐在家中的破沙发上，一改往日陪母亲送我一程的习惯，而像有心事，几次嗫嚅着嘴，欲言又止。我问："爸，你咋啦？"母亲答过话来："别理他，这老头儿越来越像个小孩儿，真是老小老小！"我问妈，爸到底咋了？母亲拗不过我，半是埋怨半是答我："你爸想要个手机！"

"爸要手机干吗？"我脱口而出责问母亲："他都快70岁的人了，一不做生意，二不交友，再说耳背、眼花、手又抖(父亲患有帕金森病)，手机用得着吗？再说，买手机还不如装部电话，要依我看，省下电话的月租费还不如买点儿鱼肉补补身子……"我一连串的话语，说得父亲脸色越来越难堪。或许母亲怕我说多了伤父亲的心，她一边催我快返城，一边对父亲说："老头子，没错吧，孩子不同意你买手机！"

送我的路上，母亲絮叨起父亲想要手机的来由。这缘于年前，上大学的侄儿为讨父亲的欢心，说等他再换手机，旧手机就送给父亲，父亲夸侄儿有孝心。谁知，这一说，父亲横下心来想要一部手机，哪怕是旧手机也成！拥有一部手机成了父亲的心病！大哥回家看父母，父亲会要来大哥的手机，摩挲一番，再打个电话给我，一接，他激动地说："我是用你大哥的手机给你打电话。"我问有啥事？他说又没事，三言两语就挂了！姐夫、小弟回家，我同样会接到父亲用他们的手机打来的电话。

一个月后,小弟遇到我,也说起父亲跟他要手机的事,父亲告诉了小弟那天我说他的话。小弟说:“那天你走后,父亲很伤心,一直闷闷不乐。”最后,小弟和我商量,等父亲70岁生日,我们买部手机作为生日礼物送他,给他个惊喜!

一天,我接到一个移动公司朋友约征文稿的电话。正苦于无素材可写时,听到一个朋友说起他乡下亲戚的事。一个乡下老人,子女在外工作,子女接老人进城,老人生活不习惯,又一人独住乡下。某一天老人病死在家中,竟无人知晓,直到三天后才被邻居发现……由此,我写了一篇关于手机和生命息息相关主题的征文。没想到,我的征文得了一等奖,奖品是一部手机。

领到奖品,我的手机自然更换,旧手机闲置在家,经妻提醒,不如送给父亲,赎回自己曾对父亲的愧疚。

回到家,我把旧手机递给父亲。父亲眼睛一亮,本来因病颤抖的手,一时抖得有点儿夸张。随即,父亲如沟壑的皱纹弯起好看的弧线。

我手把手教父亲手机的操作和功能,谁知,父亲嫌烦琐,嘟哝着说:“你就教会我,如何给你们兄弟姐妹打电话和打救护车的电话就行了!”

我怔住了,颤抖着声音问:“爸,您打救护车电话干吗?”

父亲一边把手机装在袋中,一边嗫嚅着说:“其实,我要手机,是为你妈的身体和我临终前准备用的。你妈患有心脏病,哪一天她发起病来,我也好喊医生急救呀!再说,你们个个在外,我这病身子,说走就走,我怕哪一天走了,连句话也来不及留给你们……”(1106字)

(作者:胥加山,选自《攀枝花日报》,有改动)

缩写后:

近来,父亲一直想要一部手机。这是为什么呢?先是上大学的侄儿对父亲说:“等到我有了新手机,就把旧手机给您。”这本来只是说说而已,但父亲却当了真,非要一部手机不可,哪怕是旧手机也行。每次无论是大哥回家,还是姐夫、小弟回家,父亲都会把他们的手机要来,给我打电话。每次用手机打电话父亲都激动得要命,问父亲有什么事,他又说没事,就想用手机打电话。

我想不明白父亲都快70岁的人了,要手机干吗。他一不做生意,二不交朋友,再说身体又不好,与其用手机,还不如装部固定电话实在呢。父亲听到我这些话,更难堪了。

一个月后,小弟来看我,跟我提到那天我离开家后,父亲一直不高兴。小弟跟我商量,等父亲70岁生日那天,买部手机送给父亲作为生日礼物,也好让父亲高兴高兴。

一天,我接到一个移动公司的朋友打来的电话,要我写一篇和手机有关的文章。我正发愁写什么呢,恰好听到一个故事。说的是一个乡下的老人,在城里住不惯,一个人在乡下生活。有一天,老人死在家中,竟然没有人知道,三天后才被邻居发现。这件事启发了我,我马上写了一篇手机和人的生命息息相关的文章。没想到,我的文章获得了一等奖,奖品是一部手机。

有了新手机,我就把旧手机搁置一旁,后来还是妻子说,把旧手机送给父亲吧。

当我把旧手机递给父亲时，父亲激动得都快拿不住手机了。我教给父亲怎么用手机。但父亲说："不用那么麻烦，你就告诉我怎样用手机打急救电话和你们兄弟姐妹的电话就行了。"

我一下子愣住了，问父亲打急救电话干吗？

父亲说："你母亲身体不好，有心脏病，万一她发病了，我可以打急救电话。而且，我也一身是病，要是哪一天突然不行了，我也好用手机给你们说几句临终的话……"

听了这话，我终于明白父亲为什么一直想要一部手机了。(711 字)

文章 5

迷信占卜的韩国人

记忆关键词：占卜　韩国　占卜收入　占卜原因　占卜影响

韩国人特别喜欢占卜。在韩国，有"四柱咖啡厅"，也就是"占卜喝茶店"，还有挂牌解读《周易》的"哲学馆"。韩国人将它们称为"占卜家"。每到新年，这些店铺的生意非常红火，座无虚席。韩国全国有占卜师 45 万人。"运气业"的市场规模与电视业的市场规模相当，收入高达 2.3 万亿韩元(约合人民币 182.5 亿元)。

今年韩国的占卜网站急剧增加，比去年增加了近四成。其中之一的"四柱网站"今年的营业额已经突破了 50 亿韩元(约合人民币 3968 万元)，今年还准备向海外拓展他们的"占卜"计划。

从年轻的女性到政治家和 CEO(企业的最高负责人)，无论是入学、就职、结婚，还是股票交易，都对占卜师的话洗耳恭听。1992 年，韩国前总统金泳三在竞选时，执政党通过情报机关聘请了一位高级占卜师为其散布"金泳三优势论"，这在当时成为韩国政界的一个小插曲。在韩国，政治家雇佣 2~3 个占卜师并不是什么新鲜事。在经济界，三星集团创始人李秉桔的旗下精通《易经》的 CEO 大有人在。一流企业在招聘员工的时候，会悄悄地对应聘者的面相和星象进行观察，符合条件的才会被录用。这样的事在韩国来说相当普遍。

韩国人的占卜文化受到中国《易经》的某些影响，但也不是完全照搬。在韩国历史上，李氏王朝的宣宗皇帝在位时，有一位易学家叫李之菡，他将中国的《周易》简化成了韩国版，并著书《土亭秘诀》，使《易经》得以广泛流传于韩国民间。

在韩国釜山的影岛，有一座桥叫做"影岛大桥"，它的周围有许多专门从事占卜的人。朝鲜战争期间，由于战乱被迫离散的人们在分别时总是会说"到影岛大桥再见吧"之类的话。战后，许许多多的人都纷纷回到此地寻找失去的亲人，因而这里渐渐出现了许多为人占卜生死的"占卜先生"。因此从另一方面来说，韩国的占卜文化与其战争年代所造成的悲剧有很大关系。

韩国电视剧经常出现的地方——狎鸭亭，靠近首尔梨花女子大学，是一所很有名气的占卜店。从 1990 年第一家"占卜咖啡厅"诞生至今，狎鸭亭已经有 70 家分店，并且每家分店都是人满为患。看上去就是普通的咖啡店，客人一边喝着咖啡，一边等着手拿白纸和《易经》的占卜师来。占卜师给客人说半小时收费是1万韩元(约合人民币79.3元)。一位40岁的占卜师说,要成为占卜师,除了要通过司法考试,还得到寺庙里去自学《易经》才行。

"好话说一大堆,坏话说起来谨慎小心。"韩国人喜欢"听"好话,说话不"巧妙"的占卜师肯定不受欢迎。在韩国这样一个迷信"占卜"的国家,作为占卜师的"草根一族",经过10~20年的"奋斗",也会受到社会的尊敬。(1014字)

(作者:久保田子,编译:彭永清,选自《每日新闻》,有改动)

缩写后:

韩国人特别喜欢占卜。在韩国,有"占卜喝茶店",还有解读《周易》的"哲学馆"。每到新年,这些店铺的生意非常红火。目前韩国全国有占卜师45万人,行业收入也相当可观,约合人民币182.5亿元。

今年的情况和往年相比,又有了改变。占卜网站急剧增加,比去年增加了近四成。其中有一个"四柱网站"今年的营业额已经突破了50亿韩元(约合人民币3968万元)。

占卜的人什么样的都有,他们为各种各样的事占卜。韩国前总统金泳三在竞选时,聘请了一位高级占卜师散布"金泳三优势论"为其造势。在经济界,三星集团创始人李秉桔的手下也有许多精通《易经》的人。一流企业在招聘员工的时候,也会运用占卜的方法。

韩国占卜文化和中国《易经》有密切关系。在韩国历史上,有一位易学家李之菡,他将中国的《周易》简化成了韩国版,使《易经》得以广泛流传于韩国民间。

在韩国釜山的影岛大桥周围有许多专门从事占卜的人。朝鲜战争期间,由于战乱被迫离散的人们在分别时总是会说"到影岛大桥再见吧"之类的话。战后,许许多多的人都纷纷回到此地寻找失去的亲人,因而这里渐渐出现了许多为人占卜生死的"占卜先生"。从这方面来说,韩国的占卜文化和战争年代所造成的悲剧有很大关系。

韩国的狎鸭亭,也是一所很有名气的占卜店。目前狎鸭亭已经有70家分店,并且每家分店都是人满为患。许多人都在等着占卜。

占卜也是有诀窍的。要多说好话,坏话说的时候要小心。占卜师也明白这样一个道理。在韩国当占卜师也不容易,除了要通过司法考试,还得到寺庙里去自学《易经》才行。一个好的占卜师同样会受到社会的尊敬。(641字)

文章6

你是我最笨的学生

记忆关键词:父亲　电脑　网上聊天儿　到底谁笨

毕业后,我留在北京教书。父亲闲着寂寞,便打电话让我买台电脑,好跟我视频聊天儿。我笑他,都50岁的人了,对电脑一窍不通,可得专门请个老师才行。父亲说:"几年前你是我的学生,现在让老爸做你的学生好不好?"我说:"那老爸你可得用心学,我可没有时间手把手地教你。”父亲呵呵笑着说：“那是当然，我得争取做闺女班里最聪明的学生，就像当初你给老爸争了光一样。”

此后的每个周末晚上，我都被父亲拽到了电脑前。起初是打长途教他申请了QQ号，然后是让他学会了使用视频。到了这一步，父亲就有些懈怠。每日我扯着嗓子教他如何搜索资料、如何盲打、如何存储东西，我觉得自己所费的劲儿，几乎比教班里最笨的学生还要多；但父亲的电脑知识，却始终停在开着视频、对着话筒和我呵呵说笑的程度。

父亲似乎对自己的愚笨没有丝毫的觉察，他胖胖的脸在视频的镜头里，始终是心满意足地笑着。我说：“老爸你要实践啊，只是每个周末听我讲，之后一个星期就再也不摸电脑，那怎么行？”父亲照例在视频里笑开了花，说：“老爸其实挺聪明的，你只要有点儿耐心，老爸肯定进步飞速。”我看着每一个指令需要我重复N遍，才会低头一脸茫然地去动手的父亲，突然有点儿泄气。究竟是自己这个老师不合格，还是父亲真的太笨？

父亲所谓的进步，也只是能打字和我聊天儿罢了。此后不管我怎样地努力，他都停在原地，再不会前进半步。隔壁的同事每每听我声嘶力竭地在房间里吼，就知道我准是又在教父亲上网了。有一天她无意中笑着说，对待笨的学生，冷落有时候是比耳提面命的教导都管用的，为什么不试试呢？我欣然采纳。

父亲显然对我这项政策不适应，没过一个星期，他就撑不下去了，说：“你还是手把手地教教老爸吧，我这么一大把年纪，比不上你们年轻人。”后来见我无动于衷，终于急了，竟然开始和我冷战。我打电话给母亲，让她转告父亲，像他这么笨的学生，我还是第一次碰到，都三个月了，打字还像牛车的速度，照这样下去，我岂不是一辈子也教不会他？母亲听完我的抱怨，叹口气，小声说：“安安，其实你爸哪有那么笨啊？他只是想多听你说说话罢了，他要是什么都学会了，还怎么能认你做老师？你每次在视频上那么不耐烦地朝他嚷，他都不急不躁，还笑着说听你讲课，如沐春风。他花几千块钱，其实只是买了个能看见你模样的电话而已。他这么大年纪了，学会上网又能做什么呢，能和你面对面地聊天儿，对他来说，就已经是精通电脑了啊……”

最笨的那个学生，原来是我，笨到和父亲面对面，看见他温柔地冲喋喋不休的我笑啊笑，都不知道他心里想着的，只是看看千里之外的我，是不是还好好儿的，是不是还像他想念着我一样，将他放在心底最温暖的地方。（1074字）

（作者：安宁，选自《成才之路》2007年3月上旬刊，有改动）

缩写后：

毕业后，我留在北京教书。父亲在家闲着寂寞，就让我给他买台电脑，说是要和我视频聊天儿。我对父亲说：“你都那么大岁数了，要学电脑，得专门有个老师教你才行。”父亲向我保证说：“女儿你就是我的老师，我一定好好学。”

此后，每个周末，我都被父亲拽到电脑前，当他的老师。我先是打长途电话教父亲申请了QQ号，然后，又教会了父亲使用视频。到这个时候，父亲明显进步缓慢，无论我怎么努力，费多大的劲儿，父亲所会的依然只是用电脑打字，用视频和我聊天儿。

我要求父亲实践,光讲课总是不摸电脑,那怎么能行?父亲却不急不慢,还劝我要耐心点儿,说自己一定能学会。可是父亲保证得虽好,却总是做不到。父亲的不求上进让我很气馁。

每次我声嘶力竭地教父亲学电脑,就连隔壁的同事都听不下去了。她们跟我开玩笑说,对待笨的学生,有时要采取冷落的方法,不能总是手把手地教。我觉得有道理,欣然采纳。

果然,父亲对我这个做法很不适应。没过几天,他就恳求我让我手把手地教他,我置之不理。父亲见我如此,也不理睬我了。我给母亲打电话,说父亲是我遇到过的最笨的学生,我一辈子也教不会他了。母亲听了我的话,对我说:“孩子,你真的以为你的父亲是最笨的学生吗?他买电脑只是为了和你聊聊天儿说说话,他那么大岁数的人,学会电脑又有什么用呢?他要真学会了电脑,还有什么理由和你在视频中面对面地聊天儿呢?”

母亲的话让我如梦方醒,原来最笨的那个学生不是父亲而是我,我不知道父亲其实是借着学电脑想和他最思念的女儿面对面地说说话。(621字)

文章7

荷兰孩子一年过三次生日

记忆关键词:荷兰　孩子的生日　三次生日的场合

通常,孩子的生日在荷兰是要隆重地庆祝的。正常情况下,一个孩子一年得过三次生日。

第一次是生日的当天,得在学校里和班级的同学老师一起过。老师会给过生日的孩子用彩纸做一个漂亮的皇冠,上面通常要醒目地写上他今年几岁。孩子的父母那天得准备好招待小朋友的蛋糕糖果,并且装饰得特别喜气洋洋地送到学校。那一天,这个孩子就是班里的小太阳,享受众星捧月的待遇。小朋友们围着他又是唱又是跳,完了还要振臂高呼“呼啦呼啦”。然后“小太阳”给大家分发点心糖果,最后还可以挑选出两个最亲密的伙伴,陪他(她)去各个班级巡游一番,接受众人的祝福。

第二次,是所谓的生日聚会,要在家里招待亲朋好友和他们的孩子,除了点蜡烛、吃蛋糕、吃饭以外,收礼物是个兴奋的环节。那么第三次呢?那是所谓的“小生日聚会”,就是孩子可以邀请他最喜欢的三五好友,招待他们去一个好玩儿的地方“潇洒玩儿一天”,当然由过生日孩子的父母负责接送并掏腰包。这第三次是一项非常重要的社交活动,四五岁的孩子就琢磨着邀请谁出席,如何写邀请卡片,并合计着一起去哪里玩耍。如果一个孩子一年中收到的邀请卡多,就说明这个孩子朋友多、受欢迎、会交际。

不巧的是,我家儿子出生在一个炎热的夏天,漫长的暑假使几乎所有的活动都落了空。邻里四下空荡荡静悄悄的,亲朋好友远在天边度假,所以儿子从来没有体会过一次热闹的生日场面,除了班级里的生日——那是不会漏掉的,老师会在放假前把所有暑假出生的小朋友的生日庆祝仪式全部处理完毕。

那一个星期,天天很热闹,轮番上阵,像赶场子一样。至于其他的两项嘛,就要看家长的自觉性了,是提前操办,还是事后补办?这是一个问题!我家的情况,不好意思,就常常是不了了之。小男孩儿也大大咧咧的,不计较这些,于是我们就这样混掉了几年。

今年的情况却发生了一些变化,使我们无法再继续蒙混过关。儿子这一年中也被邀请参加了几次别人的生日聚会,算是有了朋友,因此放假前就有那些朋友的家长不停地来询问:“你儿子的生日在假期中间,可是你们打算什么时候举办他的生日会呀? 我们马克、威廉、托马斯还等着邀请卡呢!”看来不办都不行了。我只能感叹儿子如今也有了自己的社会关系。这人一有了社会关系,事情就不简单了。就像有一张网,网住了你,监督着、规范着、制约着你的行为,使你不能为所欲为。礼尚往来,游戏规则,你还想赖账吗?在过夏天的生日这件事情上,再没有理由懈怠,所以我们打起精神,提前一个月给他举办了“生日聚会”。假期之后,又在同样的社会监督下,举办了“小生日聚会”,轰轰烈烈了一场。孩子非常兴奋,于是我们也感染上孩童的喜悦,忙前忙后还挺高兴,并深刻认识到“以前太疏忽了”,决定悔过自新。(1090字)

(作者:章因之,选自《都市文化报》2007年11月1日421期,有改动)

缩写后:

到了荷兰才知道,荷兰的孩子一年得过三个生日。

第一个生日是在生日的当天,孩子得在学校里和班级的同学老师一起过。老师给过生日的孩子一个漂亮的皇冠,上面写着他今年几岁。孩子的父母那天要做的事情就是准备好招待其他小朋友的蛋糕糖果。过生日的这个孩子就是班里的小太阳,小朋友们围着他又是唱又是跳,“小太阳”给大家分发点心糖果。最后小寿星还可以找出两个小伙伴,陪他(她)一起去其他班级巡游一番,为的是接受众人的祝福。

第二个生日是在家里过的。过生日的孩子的父母要在家里招待亲朋好友及他们的孩子。

第三个生日是个小型的生日聚会,只有孩子们自己参加,过生日的孩子邀请自己的好朋友,选择一个地方玩儿一天。这第三次聚会实际上是一个小型社交活动,能反映出某个孩子的社交能力来。因为收到的邀请卡越多,说明这个孩子越受欢迎,社交能力越强。

我家的儿子出生在暑期,所以除了第一个生日有老师在学校给他过之外——因为就算是在暑假出生的孩子,老师也会赶在放假前把所有孩子的生日处理完毕——另外两个生日我们几乎从来没有给他操办过。

不过,今年我们可能要郑重地为儿子办一次了。原因是儿子参加了几次别人的生日聚会,别人也想参加他的生日聚会。常常有其他孩子的家长来问:“你们打算什么时候给你儿子举办生日聚会呀?我们家的孩子还等着邀请卡呢。”于是,我们就筹划着给儿子补上另外两次生日聚会。先是提前给儿子办了家庭生日聚会,然后又举办了小型生日聚会。儿子在聚会上兴奋不已,我们也受到孩子们快乐情绪的感染,觉得忙也值得,决定以后再也不随便对待孩子的生日聚会了。(646字)

文章 8

扎西德勒

记忆关键词:旅游 藏族 招待 宴会 歌舞

藏族的生活习俗与汉族有很大不同,这里有历史、宗教、文化、地域、语言等各种方面的原因。为了让我们这些远道而来的客人更深刻地感受藏族的生活习俗,旅行社特意安排我们晚上到藏民家去做客。我们同行的伙伴中有一半人由于高原反应太强烈而不得不躺在宾馆里,独捱寂寞时光。

夜行中的汽车行驶在中甸县颠簸的公路上, 路上我已经了解了一些到藏民家做客的规矩,不知能否派得上用场。

我们要拜访的藏民家大概在县城边上。一下车,就看见一位藏族小伙子唱着欢乐的歌,热情地迎接客人。大家有秩序地排着队,他依次为每一位客人献上洁白的哈达,我们也按照导游事先教的话敬一句:"扎西德勒。"

院门口,主人又为每个前来拜访的客人倒了一杯浓郁的青稞酒。也许我还是过于兴奋,在许多人都象征性地抿了一小口后,我双手接过酒杯一饮而尽。

主人将我们接到二层一间较大的房间里,四周坐满了人,像是随时可以开会的会议室。看来这并不是主人的起居室。

主人待客的佳肴有鲜嫩的烤全羊,当然少不了青稞酒、奶皮和热气腾腾的酥油茶。我们学着当地人的习俗,喝着酒,撕啃着羊腿,欣赏着原汁原味的藏族歌舞,顿时那喜悦将种种不适抛到了九霄云外。

踏歌起舞的藏民有着独特的艺术天赋,他们的歌舞极具特色,又简单易学。为烘托当晚热闹祥和的气氛,他们特意邀请远道而来的客人们登台献艺。在大家的极力怂恿下,我们中的"男高音"小高高歌了一曲《长江之歌》,博得主人及所有客人们的高度赞扬。最后,所有人都拉起手跳起了欢快的锅庄舞,把晚会气氛推向了高潮。

我本想在离开云南时带回一瓶正宗的青稞酒,然而后来还是忘了,回北京聚餐时才猛的想起来。也许在海拔高的地方出现高原反应时,记忆力、灵敏度都会相应迟钝。在藏民家里做客时,主人教我们说藏语,以迎合歌舞的节奏。当时喊得热火朝天,情绪高涨,可过了两天,竟统统想不起来了。记得刚上大学参加军训时,我们一位彝族班长用彝语演唱彝族歌谣,因为太动听了,我就用汉语的同音字记在了纸上。那张纸至今还躺在我的日记本里,以后也不会轻易忘掉。看来,笨办法还是必不可少的。

离开之际,我与主人合影留念,虽然光线有些暗,照得不够清晰,可每当看到这张照片,我总会想起那飘香的青稞酒、酥油茶,热情的藏家主人,嘹亮的歌声和留在雪域高原上的幸福时光。(925 字)

(作者:张婷婷,有改动)

这是一篇游记，主要写的是旅途中的所见所闻。题目“扎西德勒”是藏语中的表示欢迎、祝福吉祥的祝福语，意思是“吉祥如意”。作者主要记叙了这么几件事：到目的地以后的接待，在主人家里的饮食，饮食之后的歌舞，最后是作者的感想和回味。缩写时，应该围绕着这几方面进行。

缩写后：

能亲身体会藏族的生活习俗，对我而言是一次难忘的经历。要知道藏族生活的地方离北京很远，加之又是在高原，由于高原反应，许多人想去而不能去呢。

我们到达目的地，一下车，就有一个藏族小伙子唱着歌迎接我们，他为我们每个人献上洁白的哈达，我们也说了一句刚刚从导游那里学会的藏语：“扎西德勒。”

下一个欢迎程序是敬酒，主人会为每一个客人敬上一杯当地特产的青稞酒，客人们要象征性地喝一下。而我因为很兴奋，竟把杯中的酒一饮而尽。青稞酒又甜又辣，我喜欢它的这种独特的味道。我想着回北京时，也带一瓶青稞酒回去。

藏族的饮食也是极富特色的。我们在主人家里品尝的是青稞酒、奶皮、酥油茶，还有烤全羊，这些美酒佳肴再加上当地原汁原味的歌舞，真是一种美的享受，让我们忘掉了种种不适。藏族人天生能歌善舞，又热情好客，所以他们极力地邀请我们这些远道而来的客人和他们一起唱，一起跳。我们当中的一位客人在大家的热情鼓励下，在台上高歌一曲，博得了热烈掌声，而最后大家一起跳起的藏族舞使晚会的气氛达到了高潮。

稍微让我感到遗憾的是，我在当地学会的藏语，过了两天竟然完全忘记了。想当初，为了迎合歌舞的节奏，我用藏语喊得嗓子都哑了。可现在，全都忘记了。要是当时用笔记下来的话，可能就不会发生这种情况了。

离开之前，我与主人合影留念，这张照片成了我在藏区旅行的纪念。每当看到这张照片，我就想到了那次难忘的藏区之旅，那飘香的青稞酒、酥油茶，热情的藏族人和那嘹亮的歌声、优美的舞蹈。(609字)

文章9

童年的记忆

记忆关键词：童年　幼儿园　爷爷　养蜂　骑三轮车

我的女朋友常常跟我开玩笑，说：“我若是嫁了你，生了一个跟你小时候一模一样的儿子，那就麻烦了！谁能管得了那么调皮的孩子啊！”确实，她说得没错，我小时候是一个非常调皮的孩子，不太懂事，也不听话，经常耍小聪明，还到处闯祸。

我父母是双职工，没时间照顾我。所以我小时候每天白天在伯父伯母家，晚上父母下班后我才能跟父母回家。我爷爷也跟我伯父生活在一起，他特别疼爱我。那时我上幼儿园，爷爷很想在我放学的时候到幼儿园来接我。有一天我去幼儿园的时候，他问我：“到幼儿园怎么走?”我一听这话,就想捉弄一下爷爷。于是我带爷爷走了一条弯路。然后幼儿园放学的时候,我径直走回家,爷爷却走了很多冤枉路。后来我才知道,爷爷辛辛苦苦地在那条弯路上走,在幼儿园门口又等了我一个小时。那天晚上,伯母和妈妈大骂了我一顿,说我不懂事。可是爷爷从来没生过我的气。

爷爷曾经养过蜂,伯父家的院子里摆满了蜂箱。有一天,我只穿着裤衩和鞋到院子里玩儿。爷爷正在蜂箱旁忙碌。我在他旁边走来走去,看着爷爷干活儿。一切的一切都很平静。

可是,我趁着爷爷眼睛离开蜂箱的那一瞬间,突然使劲儿对着蜂箱踢了一脚。转眼之间,成千上万的蜜蜂从箱子里蜂拥而出,它们似乎很生气,齐齐地向我扑来。我根本就来不及跑,只穿着裤衩的我几乎全身都被蜇了,最后晕倒在院子里。后来,伯母告诉我,我三天三夜没清醒,让父母和爷爷非常担心。

以上还只不过是冰山的一角,后来发生的事情差点儿让我丢掉性命。我有时去外婆家玩儿。外婆家的门前有一条宽宽的浅浅的河沟,那条河沟的两侧是三四米高的河堤,河堤上有一条小路。一条倾斜度相当大的斜坡路从外婆家后面的小山上下来,一直连到河堤上的那条小路。

有一天,我骑着三轮车到那座小山上。我觉得骑着三轮车从这条斜坡路下去,一定很有意思,很刺激!被这个想法鼓舞着,我毫不犹豫地行动了。我开始以为能控制住速度,可是后来三轮车越滑越快,其速度大大超过了我的控制力,我刹不了车,最终连人带车摔到了河沟里。幸亏被路人发现,我才得救。

光阴似箭,日月如梭。爷爷已经去世了,伯母也老了,当年那个顽皮的孩子也长大了。我现在胆子也变小了,再也不敢冒险了。如果我未来的儿子也像童年的我一样调皮,我可能会一边表面上骂他,一边暗地里羡慕他大胆。(925字)

(作者:金熙燮,有改动)

缩写后:

我小的时候,可不像现在这样,我那时非常调皮,不听大人的话,耍小聪明,还到处闯祸。

先说第一件事。因为我父母没时间照顾我,小时候我在伯父伯母家,那时我爷爷也跟我伯父伯母生活在一起。他很爱我,总想去幼儿园接我。但他不知道去幼儿园的路,所以问我怎么走。我一听,就想捉弄爷爷,便胡乱说了一条路。结果下午幼儿园放学的时候,我早就到了家,而爷爷却因为不知道路,很晚才回来。当然伯母和妈妈大骂了我一顿,可是善良、慈祥的爷爷从来没生过我的气。

再说第二件事,爷爷曾经养过蜂。有一天,我只穿着裤衩到院子里,在蜂箱旁走来走去。趁着爷爷不注意,我冲着其中的一只蜂箱使劲儿踹了一脚。结果,成千上万的蜜蜂一齐向我飞来,我惊慌失措,根本就跑不及。最后的结果可想而知,我全身被叮得体无完肤,在床上昏迷了三天三夜,让家人担心坏了。

第三件事更危险,我差点儿丢掉我的小命。这是我去我外婆家发生的事。我外婆家的门前有一条河沟,河沟旁有一条河堤。外婆家的旁边还有一条斜坡路,那条斜坡路直通河堤。

有一天,我骑着三轮车到那座小山上。我觉得骑着三轮车从这条斜坡路下去,一定很有意思,很刺激!所以我毫不犹豫地从斜坡路上冲了下来。车子越滑越快,我已经控制不住了,最后连人带车摔倒了,人事不知。最终被过路人发现,我才得救。

光阴似箭,日月如梭。爷爷已经去世了,伯母也老了,当年那个顽皮的孩子也长大了,胆子小了,也不敢冒险了。不过如果我未来的儿子也像童年的我一样调皮,我可能会一边表面上骂他,一边暗地里羡慕他大胆。(627字)

文章10

借你一个微笑

记忆关键词:内向　补课　微笑　性格改变

李俊是个性格内向的学生,试卷一发下,我发现他眉头又锁到一起了,他只得了58分。

我合上教案走出了教室,李俊跟了上来,他喉头动了一下,然后眼泪就要掉下来了。我站住,等他说话,但他的嘴唇好像紧紧地锁住了似的。

他递过一张纸条儿:老师,我的物理太差了,您能不能每天放学后为我补一个小时的课?

我可以马上答应他,但面对这样的学生我决定"迂回"一下,说:"老师答应你的要求,可这两天我太忙了,你等等好不好?"他有些失望,但还是点点头。我知道他中计了,接着说,你必须先借一样东西给我!他着急起来,可还是说不出一句话。

"你每天借给我一个微笑,好不好?"

这个要求太出乎他的意料了,他困惑地看着我。我耐心地等待着,他终于眼噙泪花艰难地咧开嘴笑了。

第二天上课,我注意到李俊抬头注视我,我微笑着,但他把脸避开了,显然他还不习惯对我回应。我让全班一起朗读例题,然后再让他重读一遍。他没有感觉我为难他,大大方方地站起来读了。也许想起了昨天对我的承诺,读完后,他很困难地对我笑了笑。见他这样,我心生一计,又给他设置了一道障碍。我说,你复述一下题目的要求,这回他为难得快要哭了。不少同学对他的无能表现得很不耐烦,七嘴八舌地争着说起来,我制止住了大家。他终于张口了,语无伦次。我笑着让他坐下。

他开始和同学来往了,一起上厕所,回教室……这样过了好长一段时间,我都没提为他补习的事。一天下课李俊又拦住我,我知道他要干什么,很幽默地向他摊开手。他一愣:"老师您要什么?"我说:"你写给我的条子呀。"他笑了:"我不写条子了,您给我补补课吧。"我面带笑容:"功课你不必着急,到时我会主动找你的,但我向你借的你还没给够我。"

"好的,我一定给足您。"等他高高兴兴又蹦又跳地走出好一段路后,我才像想起来什么似的把他叫回来,递给他一张纸条儿,那里有我为他准备的一道题,可以和同学讨论也可以独立完成。我知道,他宁可"独吞"也决不会和同学讨论的。这正是性格内向学生的最大弱点。

下午他说还没做出来，我有点儿不高兴，说晚自习你还没做好，我可要收回承诺了。自习时我见他站在一个男生边上，忸忸怩怩很不自然的样子，我得意地笑了。就这样我先后为他写了四张纸条儿，题目一次比一次难。后来，纸条儿一到手他就迫不及待地和同学们争论起来。

期末考试李俊成绩尚可，科科及格——看来我为他补得都差不多了。新学期刚开始，李俊休学了，因为他爸爸遭遇车祸瘫痪了，而他自小就被妈妈遗弃了——这也是他忧郁的一个原因。我有些担心，一个连话都不大愿意说的少年，能担负起养护父亲的责任吗？

星期天，我和几位朋友到茶室聊天儿，刚坐下就被一群小孩子围上了，硬要为我们擦皮鞋。只有一个小孩儿没冲进来，在外面吆喝着："擦皮鞋！擦皮鞋！"离开茶室，我从那个小孩儿面前走过时，发现那孩子竟是李俊！

"老师，让我为您擦一次皮鞋吧。"他的脸上没有腼腆也没有沮丧。我答应了，伸过鞋子让他很用心地擦着。他一边擦一边说，他虽然不缠人，生意也不错。顾客告诉他，他的笑容很好看。他说不久他还会复学的，我说我一定等你回来。

我终于没有为他补课，是他为我补了一堂人生课。（1261字）

（作者：杨保中，摘自《民族文汇》2006年08期上半月，有改动）

缩写后：

李俊是我们班上一个性格内向的学生，不爱说话，不爱笑。有什么事总是给我递纸条儿。

这次的考试他又没及格，他递给我一个纸条儿，上面写着：老师，您能给我补补物理课吗？

我本来能马上答应他，但是我认为改变他的性格比补课还要重要，因此对他说："我可以给你补课，但你要借给我一个微笑。"

这个要求虽然出乎他的意料，但他想了想，还是答应了。

第二天上课，我让全班同学朗读例题，然后又让李俊单独朗读。他读完后，可能是想起了昨天对我的承诺，对我咧嘴笑了一下。我接着又让他复述题目的要求，这下他急得都要哭了，我耐心地等着，他终于开口说话了，虽然说得语无伦次。

这是一个好的开端，从此之后，他开始有意识地和同学们接触了。这样过了一段时间，他再次要求我给他补课的时候，我递给他一张纸条儿，上面是我为他准备的一道题。我告诉他，可以自己做，也可以和同学们商量。我知道，像他这样的学生，不到万不得已，是不会和同学们商量的。果然，到了下午，他还没做出来。我假装生气地对他说："你要再做不出来，我可要收回承诺了。"

李俊没办法，只好找同学商量，我的目的达到了，因为他开始和同学们正常交往了。就这样，我一共给了他四次纸条儿，题目一次比一次难。后来，他一拿到纸条儿，就迫不及待地和同学商量起来。

期末考试的时候，李俊每门课都及格了。但新学期刚开始，李俊就休学了，因为他的爸爸遭遇车祸瘫痪了，而他的妈妈在他很小的时候就抛弃了他，所以李俊必须承担起照顾父亲的责任。

星期天，我和几位朋友去茶室聊天儿，刚坐下就有几个孩子硬要为我们擦皮鞋，只有一个孩子没进来，那个孩子竟然是李俊！

李俊说，虽然他不会硬缠着顾客擦皮鞋，但他的生意还不错，因为顾客都喜欢他的笑容，过一段时间他还会复学的。

我没有为李俊补一堂课，相反是他给我上了一堂人生的课。（736字）

文章 11

特殊的“红包”

记忆关键词：医院　做手术　小女孩儿　红包

那天晚上我值班。去盥洗室的时候，我看见一个小女孩儿正埋着头翻捡着垃圾桶。女孩儿长得很瘦弱，穿着已洗得掉色的衣服，但是很干净。头发有些发黄，很随便地用根橡皮筋扎了个马尾辫，模样也长得挺端正，只是脸上显得有些疲倦。

女孩儿仔细地翻动着垃圾，看到塑料瓶和易拉罐，她的嘴角就会露出一丝微笑，然后像捡到宝贝一样，小心翼翼地把东西放进身边的塑料袋里。女孩儿突然发现了我，慌里慌张地把捡到的东西藏到了身后，大眼睛里露出惊恐不安的神色。

那个女孩儿是“18床”的女儿。“18床”是我收治的一个女病人，对于她的情况我略知一二。她原本有个幸福的家，丈夫在一家厂里开车，自己在纺织厂上班，虽挣钱不多，但一家人小日子过得有滋有味，其乐融融。可是天有不测风云，丈夫在一次出差途中遭遇车祸撒手西去，接着她又下岗了，只好去饭店找了份洗碗的工作，每月挣四百多块钱维持生活。屋漏偏逢连夜雨，不久前，她又查出患了子宫肌瘤，住进了医院。好在10岁的女儿很懂事，每天一放学就过来给她送饭，跑前跑后地照顾妈妈。大概是因为生活拮据，小女孩儿常常趁着夜深人静的时候，偷偷地到病区的垃圾桶里捡垃圾，卖了换些零钱。因为医院不允许在这里捡垃圾的，所以她一看见穿着白大褂的我，就立刻惊慌得像只羸弱的小鸟。真是可怜的孩子，我装作没看见，匆匆洗了下手就离开了。

我原本安排“18床”在星期六做手术，可是当天常规检查的几项数据并不理想，所以我决定推迟手术。当我把消息告诉她们的时候，女孩儿释放着希望的光芒的眼眸，一下子变得黯淡起来，她用一种复杂的眼神看着我。

当我做完另一台手术回到办公室的时候，我意外地发现，桌上有一只红色塑料袋，装着的都是一枚枚的硬币，沉沉的。里面还有一张小纸条儿，上面歪歪扭扭地写着几行小字：“陈医生，为了给妈妈看病，家里的钱都用完了，这是我捡垃圾换来的零钱，原本是想为妈妈买些营养品的，现在送给您。钱虽少了点儿，但这是我的一片心意，求求您早点儿为我妈妈动手术吧！我已经没有了爸爸，我不想再失去妈妈了……”

读着小女孩儿的纸条儿，我的心里既难受又感动。难受的是，小女孩儿误解了我，我并不是因为她们没送“红包”故意为难她们,女人的身体确实不适合现在动手术。感动的是,女孩儿小小年纪,心头就驻着一份柔柔的爱。我把纸条儿传给同事们看,同事们的眼睛都湿润了。

中午,我顾不上休息,找到小女孩儿,把一个信封交给她,里面是我和同事们凑起来的2000块钱,还有一张小纸条儿,上面写着:“你真是个懂事的孩子,阿姨谢谢你。这是医院里叔叔阿姨们的一点儿心意,希望能帮助你们渡过难关。请相信阿姨,我们一定会还你一个健康的妈妈!”

而那个特殊的“红包”现在还一直摆放在我们办公室最显眼的地方,看到它,我们就像看到了小女孩儿那双释放着希望的眼睛……(1128字)

(作者:陈洪娟,摘自《杂文报》2007年12月21日,有改动)

缩写后:

我是一名医生,收治的病人中有一个是“18床”的女病号。她原本有一个幸福的家,她在工厂上班,丈夫开车。但是天有不测风云,她的丈夫在一次车祸中丧生。接着她又下岗,祸不单行,她又被查出患上了子宫肌瘤。好在她10岁的女儿很懂事,每天放了学就来医院照顾她。因为生活拮据,小女孩儿常常在医院捡垃圾,但在医院捡垃圾是不允许的。有一天我值夜班,她正在翻捡垃圾,一看到塑料瓶和易拉罐,就很高兴,然后放到塑料袋里。可是看见我,她很惊慌,赶紧把捡到的东西藏起来。

我很同情小女孩儿一家的遭遇,所以看见她捡垃圾,我也装没看见,匆匆地离开了。

我原计划安排“18床”在星期六做手术,但是化验后,她的各项数据都不理想,因此我决定推迟手术。当我把这个消息告诉小女孩儿时,她明亮的眼睛一下子黯淡了下去。

当我做完手术回到办公室的时候,看见桌子上放着一个红色塑料袋,里面放着的都是一枚枚的硬币,还有一封信。信是小女孩儿写的,大概的意思是,塑料袋里的钱原本是想给妈妈买营养品的,现在送给我,希望我能早点儿给妈妈做手术,因为爸爸已经去世了,她不想再没有妈妈。

读着小女孩儿的信,我既难过又感动,难过的是小女孩儿误解了我,以为我不做手术是因为她没送红包,感动的是小女孩儿小小年纪心里就装满了爱。我把信给同事们看,同事们也都被小女孩儿感动了。

中午,我找到小女孩儿,交给她一个信封,里面是我和同事们凑的2000块钱,还有一张纸条儿,我向小女孩儿保证一定要还给她一个健康的妈妈。

那个特殊的“红包”我们把它摆在办公室最显眼的地方,它就像小女孩儿那双充满希望的眼睛。(648字)

文章 12

远离痛苦,选择快乐

记忆关键词:离婚　自杀　邮局　重新振作

莫兰是我从前的邻居,我们从小一起长大,彼此关系非常好,并曾一度被认为是青梅竹马的一对。但由于上苍的安排,她中学毕业后便不得不放弃上学的机会,去了她父亲的工厂,当了一名纺织女工。后来她家也搬走了,我们从那以后便断了音讯。有一次,我到邮局去寄东西,无意中遇见了她,那时她宛然已是一个幸福的少妇了。

为了叙叙旧情,我们在邮局附近的一家冷饮店里坐下,每人要了杯咖啡。我原本想听听她的幸福生活,也给自己的心灵寻找些许安慰,可她却向我诉说了她的一段黑色的不幸。

“搬走后不久,通过别人介绍,我认识了程杰,一个很帅气的设计师。只是岁数稍大了些,但人品还算不错,我们相处不到一年就结了婚。”

她一面搅动着杯里的咖啡,一边娓娓地说道。

“结婚刚过一年,我儿子程亮就出世了,孩子原来很健康,可谁知在他三岁的时候,一次生病去医院治疗,竟被检查出是艾滋病毒携带者。这下我与丈夫的关系一下降到了冰点以下,我们谁都不能接受这个现实,继而相互攻击、埋怨。虽然后来经查实是在孩子出生时,在手术室感染的,我们还是不能原谅对方。后来,在孩子四岁的时候又患上了白喉,死掉了。没有了孩子的维系,我们很快就离婚了。”

莫兰轻轻地呷了口咖啡,继续说。

“这使我觉得痛苦,觉得日子是再也没有什么指望了。

“我想到了死。我乘火车跑到一个靠海的城市,在这城市的一个邮局里,坐下来给父母写诀别信。这城市是如此的陌生,这邮局是如此的嘈杂,衬着棕色桌面上浆糊的嘎巴儿和红蓝墨水的斑点我把信写得无比尽情——一种绝望的尽情。这时有一位拿着邮包的老人走过来对我说:‘姑娘,你的眼神儿好,请帮我纫上这针。’我抬起头来,眼前的老人白发苍苍,他那苍老的手,颤颤巍巍地捏着一枚小针。

“那一刻,我再也忍不住突然在那老人面前哭了。我突然不再想死,就因为那老人称我姑娘,就因为我其实永远是这世上所有老人的‘姑娘’。生活还需要我,而眼前最具体的需要便是帮助这老人纫上针。我甚至觉出方才我那‘尽情的绝望’里有一种做作的矫情。

“我纫上了针,并且替老人缝好邮包。我离开邮局离开那靠海的城市回到了自己的家,我开始了新的生活,后来不久便找到了新的爱情。”

讲到这里,她的眼睛湿润了,接着她说她终生感激邮局里遇到的那位老人,不是她帮助了老人,而是老人帮助了她,帮助她把即将断掉的生命接了起来,如同针与线的连接才缝好了开着的邮包。她还说那以后的日子里有了什么不愉快,她总是想起老人那句话:“姑娘,你的眼神儿好,请帮我纫上这针。”(1008字)

(选自《懂得选择不要放弃》,李昊编著,京华出版社,有改动)

缩写后：

莫兰是我的一个邻居，我们从小一起长大，关系非常好。但后来中学毕业后她就不再上学，去了她父亲的工厂上班，再后来，她搬了家，我们便失去了联系。有一天，我去邮局寄东西，无意中遇到了她。我们就坐在一家冷饮店里聊起了天儿。

莫兰给我讲述了她痛苦的往事。

“搬家后，我和程杰认识了，他是一个工程师，人长得很帅气，我们相处一年就结了婚。

“结婚后一年，我们就有了儿子。儿子本来身体很好，可是三岁的时候，有一次生病去医院检查，竟被查出是艾滋病毒携带者。我们根本不能接受这个事实，虽然后来经查证是孩子出生时在医院的手术室感染上的，但我们还是不能互相原谅。孩子四岁的时候又患上白喉，死掉了。没有了孩子，我们也离了婚。

“离婚以后，我感到了痛苦和绝望，想一死了之。

“于是我坐火车到了一个靠海的城市，在这个城市的一个邮局里给父母写诀别信。我的心情已经绝望到了极点。就在我写信的时候，一位老人拿着邮包走过来，对我说：‘姑娘，你的眼神儿好，请帮我纫上这针。’

“那一刻，我再也忍不住了，在老人面前放声大哭。我再也不想去死了，因为老人叫我姑娘，因为这个世界还有人需要我，眼前这最具体的需要就是帮老人纫上针。

“我帮老人纫上针，并缝好邮包。离开邮局后，我回到了自己的家，开始了新的生活，不久又找到了新的爱情。”

莫兰讲到这里，眼睛湿润了。她说她终生感激在邮局里遇到的那位老人，不是她帮助了老人，而是老人帮助了她，把她从死亡线上拉了回来。那以后的日子里有了什么不愉快，她总会想起老人的那句话：“姑娘，你眼神儿好，请帮我纫上这针。”(641字)

文章13

外婆去了内蒙古

记忆关键词：外婆　杭州　内蒙古　生活舒适

外婆是个老杭州了，在南星桥住了二十多年，然后搬迁住到了拱北小区，又住了五年。在拱北小区，外婆失去了外公，一个人又住了一年。

两个舅舅都想从呼和浩特搬到杭州来，在杭州找份工作，照顾年迈的外婆。首先是大舅舅来杭州考察，他可是高级知识分子，退休前是内蒙古一家机关刊物的编辑，精通蒙文、俄文。他非常顺利地找到了一份工作，但上了几个月班后，大舅开始叹气，说他有一个问题一直想不明白：“你们浙江人到底活着是为了工作，还是为了生活？”大舅的意思是，杭州一带的工作节奏太快了，没有让人喘息的机会，整天为了一份工作忙得像陀螺一样。早上六七点钟出门，晚上七八点钟回家，然后缩在每平方米八千多元的房子里睡觉；第二天又开始新一轮的挤公交、上班、回家。

而外婆也在生闷气，她本来以为儿子从内蒙来，可以在家和她说说话，谁知到了杭州，一天到晚连个人影儿也见不到。而且因为工作劳累，大舅的脸色越来越差。

远在内蒙的舅妈不太相信，她也体验来了。舅妈在内蒙的工作是检察官，到了杭州，住了一周，整天拉肚子、吃不下饭，连体验的机会也没有，赶紧乘飞机飞回内蒙了。舅妈一到内蒙，所有症状都消失了，舅妈叹息："人间天堂不肯留我。"

大舅本来是有迁居计划的，这番体验让他摇摆不定。

在内蒙做生意的二舅不相信，也来考察来了。二舅住了一个星期，得出一个结论：生活成本太高。

两兄弟一商议，还是把外婆接到内蒙去吧。外婆听说两个儿子要把她弄到内蒙去，吓得不轻，说她无论如何也是不会去的。但人老由儿，外婆再怎么不情愿，也作不了主，机票买好了，在杭州的住房也准备出售了。

外婆很难过，和街坊一说起自己要到内蒙去了，就会掉泪。街坊邻居就劝她。而大舅也极尽说事之能，给外婆描绘在内蒙的幸福生活：那里的菜很新鲜，价格很便宜，住房很宽敞，空气很清新……

外婆乘机前，仍然很伤心。毕竟是老杭州了，坚持要挖一把拱北小区绿化带里的泥土带去。

外婆就这样告别了杭州。

我们以为外婆到了内蒙，肯定不适应。谁知她如鱼得水，喜极了内蒙那有条不紊的生活节奏，还有内蒙清新的空气。她打来电话说，这里的人工作不像杭州人那样拼命，这里的人特别和气，这里你大舅二舅的工作也轻松。

最近，外婆不光赞美内蒙古，也开始游说我们有机会要到内蒙去工作。她这样建议："你们把杭州的房子卖了，在这里至少可以买三四幢别墅。这里的工作压力不大，你们可以买辆车，带着孩子，到草原上去兜风，哎呀，那个草原啊，一眼都望不到边……"

我仍然没日没夜地工作着，那点儿工资维持着房贷啊、水电费啊什么的。

外婆的那个建议成了我的梦。有时候工作劳累，实在捱不住的时候，我就会恨恨地说："索性就去了内蒙古。"

说完之后，我苦笑不已。

我的家在这里，亲人在这里，我怎么逃脱得了这样的生活和工作节奏？（1119字）

（作者：流沙，摘自《杂文报》2007年12月7日，有改动）

缩写后：

我的外婆一直在杭州居住，是个老杭州。后来外公去世，外婆一个人生活。

我的两个舅舅想从呼和浩特搬到杭州，在杭州找份工作，顺便照顾年迈的外婆。

先是大舅从内蒙古来杭州考察，大舅是高级知识分子，退休前是一家刊物的编辑。他精通蒙文、俄文，所以很顺利地找到了一份工作。但好景不长，工作了几个月后，大舅就开始叹气，说这里的人工作节奏太快，每天没有喘息的机会，忙得跟陀螺似的。早上六七点出门，晚上七八点回来，第二天又是如此，周而复始。

而外婆也不高兴，她原以为儿子来了，能陪她说说话，但是现在儿子一天到晚忙，别提说话了，连人影儿也见不着。

第二个来体验的是舅妈。舅妈以前是检察官，在杭州住了一周，每天拉肚子，吃不下饭。根本没机会体验，赶紧又坐飞机回内蒙了。一到内蒙，身上的各种症状都消失了。

第三个来考察的是二舅，他在杭州住了一周，说："杭州的生活成本太高！"

如此一来，大舅和二舅商量，决定把外婆接到内蒙去。外婆一听要到内蒙，很不情愿，但架不住两个儿子的劝说，还是决定把杭州的房子卖了，去内蒙。

临走前，因为舍不得这个地方，还带走了一把杭州的泥土。

我们以为外婆到了内蒙，一定不适应。没想到，外婆一到内蒙，如鱼得水。她跟我们描述说那里的人工作轻松，节奏平稳，空气也好，人也和气，等等。外婆还劝我们，有机会去内蒙工作，把杭州的房子卖了，在内蒙能买别墅，因为那里的房价便宜；还能买车，可以开着车带着孩子在草原上兜风……

唉，我不是不想去内蒙，可是这里有我的家、我的亲人，我怎么能离开这里呢？所以我还在杭州依然拼命地工作，为了房贷，为了水电费。(654字)

文章 14

奔跑的小狮子

记忆关键词：妈妈　死亡　自立　成长

她常回忆起八岁以前的日子：风轻轻的，太阳暖暖的，天蓝得像大海。妈妈给她梳漂亮的小辫子，辫梢上扎蝴蝶结，大红，粉紫，鹅黄；给她穿漂亮的裙子，裙摆上镶一圈白色的滚边儿；还给她穿鞋头上缀着花朵的红皮鞋。妈妈带她去动物园，看猴子爬树，给鸟喂食。妈妈给她讲童话故事，讲公主一睁开眼睛，就看到王子了。她问妈妈："我也是公主吗？"妈妈答："是的，你是妈妈的小公主。"

可是有一天，她睁开眼睛，一切全变了样。妈妈一脸严肃地对她说："从现在开始，你是大孩子了，要学着自己做事。"妈妈给她端来一个小脸盆，脸盆里，泡着她换下来的衣裳。妈妈说："自己的衣裳，以后要自己洗。"

正是大冬天，水冰凉彻骨，她瑟缩着小手，不肯伸到水里。妈妈在一边，毫不留情地把她的小手，按到水里面。

妈妈也不再给她梳漂亮的小辫子了，而是让她自己胡乱地用皮筋扎成一束，蓬松着。她去学校，别的小朋友都笑她，叫她小刺猬。她回家对妈妈哭，妈妈只淡淡说了一句："慢慢就会梳好了。"

她不再有金色童年。所有的空闲时间，她都被妈妈逼着做事，洗衣，扫地，做饭，甚至去买菜。第一次去买菜，她攥着妈妈给的钱，胆怯地站在菜市场门口。她看到别的孩子，牵着妈妈的手，一蹦一跳地走过，那么的快乐。她小小的心，在那一刻，涨满疼痛。她想：我肯定不是妈妈亲生的。

她回去问妈妈，妈妈没有说是，也没有说不是。只是埋头挑拣着她买回来的菜，说："买黄瓜，要买有刺的，有刺的才新鲜，明白吗？"

她流着泪点头，第一次懂得了悲凉的滋味。她在心里对自己说："我要快快长大，长大了去找亲妈妈。"

几个月的时间，她学会了烧饭、炒菜、洗衣服；她也学会了一分钱一分钱地算账，能辨认出哪些蔬菜不新鲜；她还学会了钉纽扣。

一天，妈妈对她说要出趟远门。妈妈说这话时，表情淡淡的。她点了一下头，转身跑开。等她放学回家时，果然不见了妈妈。她自己给自己梳漂亮的小辫子，自己做饭给自己吃，日子一如寻常。偶尔，她也会想一想妈妈，只是觉得很遥远。

再后来的一天，妈妈成了照片上的一个人。大家告诉她，妈妈得病死了。她听了，木木的，并不觉得特别的难过。

半年后，父亲再娶。继母对她不好，几乎不怎么过问她的事。这对她影响不大，基本的生存本领，她早已学会。她自己把自己打理得很好，如岩缝中的一棵小草，一路顽强地长大。

她是在看电视里的《动物世界》时，流下热泪的。那个时候，她已嫁得好夫婿，生活安稳。《动物世界》中，一头母狮子拼命踢咬一头小狮子，直到它奔跑起来为止。她就在那会儿，想起了妈妈。当年，妈妈重病在身，不得不硬起心肠对她，原是要让她迅速成为一头奔跑的小狮子，好让她在漫漫人生路上，能够很好地活下来。(1077字)

(作者：丁立美，选自《杂文报》2008年1月14日，有改动)

缩写后：

她常回忆起八岁以前的日子：妈妈把她像公主一样看待，给她梳漂亮的辫子，让她穿漂亮的衣服，带她去动物园，给她讲故事。她觉得自己太幸福了，以为这种生活永远都不会结束。

可是有一天，一切全变了。妈妈一脸严肃地对她说："从现在开始，你是大孩子了，要学着做事。"妈妈给她端来一个小脸盆，强迫她洗自己的衣服。

不仅如此，妈妈也不再给她梳头，而是让她自己给自己梳头。她不会梳，所以梳不好，到学校去，小朋友们都嘲笑她。她回家给妈妈说，妈妈也不安慰她。

除了洗衣服，妈妈还让她做其他的事情，比如扫地，做饭，买菜等。第一次买菜的时候，她看见其他的孩子拉着妈妈的手，她想，自己肯定不是妈妈亲生的。她为此还问过妈妈，但妈妈并没有告诉她答案。所以她在心里说："我一定要快快长大，长大了去找我的亲妈妈。"

几个月的时间，她学会了烧饭、炒菜、洗衣服等很多事情，已经能自己照顾自己了。

有一天，她放学回家的时候，不见了妈妈，但她并不太想妈妈，因为她自己能给自己梳漂亮的小辫子，自己做饭给自己吃。

再后来的一天，妈妈得病死了。她听了以后也不觉得特别难过。

爸爸再次结婚后，继母对她不好，但她也不在意，因为那时的她完全能照顾自己了。

真正理解妈妈的做法是在她结婚后，在看电视《动物世界》的时候。当时，电视画面是一头母狮子正在拼命踢咬一头小狮子，直到小狮子起来奔跑为止。这一刻，她想起妈妈所做的一切都是为了让她成为那头能奔跑的小狮子，好让她在以后漫长的人生道路上，很好地活下来。(611字)

文章15

看病记

记忆关键词：腰间盘　诊所　老太太　乡下　城市　药费暴涨

离京前踢了场球，在一次跳起头球落地时感觉腰部咯噔一下，回来便感觉不适。猜测是腰椎间盘可能又出来了。三年多前也有过类似的情况发生，开始并不觉得怎么疼，可是在大运动或劳累时便感觉腰很痛，却又找不到具体的痛点。后来去远郊接骨的一个老太太那儿，才知道是有一节关节垫出来了。老太太让人按住我盘坐的双腿，她从我身后左右摇晃我的双肩，然后突然用力一扳，只听咔嗒一声，那块突出的就回位了。然后老太太用长长的银针给我腰间肌肉针灸了一下，给了一包药，教了几个体操动作就好了。只收了我20块钱。

这次我又寻到那儿，却发现大门紧锁，敲了半天门出来个老头儿，说老太太她们进城了，她和女儿在城里开了个诊所，晚上才回来呢。我问清她们诊所的地址又返回城里。

找到了那家诊所，出来的是老太太的女儿，上次我也见过她，那次在她家里她还是蛮亲切热情的。这次却是一张木乃伊的脸，毫无表情，看都不看就让我去大医院拍片子去，否则不予接待。我解释几年前曾让老太太看过，掰一下就好了，我只是想让老太太再给掰一下而已，不想那么麻烦又到大医院去排队拍片再等待片子出来。但那木乃伊冷若冰霜地一口回绝："不行，麻烦也得去！"

悻悻地走出来，觉得有点儿恼火。不明白乡下人怎么一进城就翻脸了呢！

数日后我拿着拍的片子再去她那，她只粗粗地扫了一眼就把它扔到一边。拿出包一次性银针，说要复位加针灸，又对我说："你先拿320块钱吧！"

她收完钱就把我扔给老太太和老头儿，自己走开了。老太太已经70多了，有一只眼睛玻璃体混浊了。她让老头儿按住我盘坐的双腿，还是像上次一样用力一扳，咔嗒一声，就好了。然后依然是把背部肌肉针灸一下。

最后，我从那木乃伊手中拿到跟上次一模一样的一小包药面。只是这点药面从三年前的20元暴增到了320元。

恍然明白那木乃伊为什么一定要我拍片的原因了，那个毫无用处的拍片就要我100多块，那么她收这320块就不算什么了。有了前面的铺垫，她就可以理所当然、理直气壮地多要钱了。

我承认城市的生活成本远高于乡下，多收点儿医药费也在情理之中，然而这种飙升的幅度似乎有些离谱。究竟这种幅度是代表了城市生活成本的提高，还是人的欲望指数的膨胀？过度的欲望，让人丧失快乐。那张木乃伊的脸上写满了对城市的怨恨和不满足。

看着依然亲切地送我出来的老太太，她那开始混浊的眼睛里透出的不知是困惑还是悲哀。（948字）

（作者：吴文善，有改动）

缩写后：

离京前，踢了一场球，结果一不小心把腰椎间盘给踢出来了。三年前我也有过类似症状，为此我专门去了远郊一个擅长接骨的老太太那儿。老太太的治疗方法很简单，她让人按住我的双腿，她自己则摇晃着我的双肩，然后突然一用力我的腰椎间盘就回位了。然后老太太针灸了一下，给了点儿药，教了几个动作就好了，整个过程就只收了我20元钱。

这次我又去乡下，却发现原先老太太的诊所关着门，后来一问才知道老太太和女儿把诊所开到了城里。于是我又返回城里去找她们。

接待我的是老太太的女儿，不同的是，我在乡下看到她时，她对我还是蛮亲切的，但这次看见我，她面无表情，什么都不问，先让我去大医院拍个片子。我对她解释说我是这里的老病号，只需要老太太给掰一下就行，不需要那么麻烦。但老太太的女儿却根本不理睬我，还是坚持让我到大医院去拍片子。

无奈的我只好悻悻地离开。

过了几日拿着拍好的片子再次找到老太太的女儿，她看都不看，让我拿出320元钱做复位和针灸。她拿着钱走了，给我做治疗的还是老太太，程序还是和上次一样，唯一不同的是收费金额暴涨。我也明白了老太太女儿坚持让我拍片的原因，我拍了片她就可以理直气壮地多收我的钱了。尽管城市的生活成本高于乡下，多收医药费也合情合理，但是从20元涨到320元我还是不能接受。依我看，这不是城市生活成本提高的缘故，而是人们太想挣钱了。

这种太想挣钱的欲望让人们失去了很多快乐。（571字）

文章16

尊严是生命的基石

记忆关键词：外祖父　帮助别人　面子　尊严

我的外祖父已经去世二十多年了，我至今依然很清晰地记得，在给外祖父出殡的时候，村子里几乎所有的人都来给外祖父送行。从家门口到坟地三公里的路上，满满的都是悲伤的人们。

现在想来，这在时处文革时期的年代里，简直是难以想象的。因为，外祖父的成分是地主。当时我还很小，十多岁的年龄，我为此不解地询问母亲。母亲告诉我，还有一件事也是在当时独一无二的。土改均贫富的时候，村子里时兴抢大户。意思就是政府圈定了是地主和富农的人家，就要敞开大门，任凭村里的穷人把财产拿光，然后再把房子分给他们。村子里把外祖父的土地分给了穷人，到了抢家的时候，外祖父也敞开了大门，却没有一个人来抢。母亲每一次给我讲这个故事的时候，总是说，我们家现在还有的铜盆、红木家具、瓷器，要是被抢过，就不会有了。

母亲跟我说，外祖父家最兴旺的时候，有将近一百亩土地，有两进两出的院子，仓库里的粮食有十几囤。正巧在解放前后的那几年，天灾人祸多，村子里有很多人家吃不上饭。外祖父的粮食自然就成了那些穷人偷盗的对象。母亲说，她还记得，有时一个晚上有几个人来偷。偷粮食，偷地窖里的地瓜，偷家什。外祖父都知道，他甚至因而辞退了帮助看家的雇工。来偷粮食的，他就装作没看见。偷家什的，他就悄悄地对人家说，不要拿家什，拿粮食吧。有一次邻墙的邻居来偷地瓜，结果装得多了，自己怎么也翻不过墙去，外祖父干脆自己从后面托他过去。

母亲说，因为外祖父的慷慨，外祖母与外祖父生过好多次气，但是每一次都以外祖父的胜利而结束。因为外祖父的哲学是，他们因为没有办法才来偷的，要是还过得去，谁愿意做贼？他知道我们发现了他，却没有声张出去让他丢人，保全了他的面子，他就不会再来偷了，人都有尊严啊！

外祖父用这种方式资助过多少穷人，连母亲也不知道。母亲说外祖父这样做的原因是源于一件事。在外祖父年轻的时候他曾经跟人做生意，有一次他的父亲病了，急需用钱，他趁老板不在的时候偷了5块大洋。结果被正好回来的老板看到了，外祖父极其尴尬难堪。但是老板说，我忘了给你了，那正是你应得的红利，赶快拿去吧。外祖父知道他刚刚拿了红利不久，而最近的生意又不好，哪里还有红利啊，那是老板保全他的面子啊。外祖父从此卧薪尝胆，终于创下了一片家业。

外祖父常说的一句话是，一个人懂得了面子尊严的时候，还能够沉沦，还能够再不奋起吗？

外祖父的村子里后来盗贼几乎绝迹，外祖父的家里后来也几乎可以夜不闭户了。村里人家的日子也渐渐都好转起来。

这个故事，母亲给我讲了很多年。我在每一次回老家陪母亲给外祖父上坟的时候，还常常听那个村子里的老人说起。我常常面对这个故事沉思：尊严是一个人生命中最重要的，如果你懂得了维护别人的尊严，你的尊严就无处不在了。(1104字)

(作者：鲁先圣，选自《杂文报》2008年1月29日，有改动)

缩写后：

我的外祖父已经去世二十多年了。我至今依然记得，外祖父出殡的时候，在从家里到坟场三公里的路上，满满都是悲伤的人群。

这在当时那个文革年代，是不可想象的，因为外祖父家是地主，成分不好。母亲还告诉了我一件事情。土改均贫富的时候，村子里实行抢大户，就是说政府认为是地主和富农的家，要敞开大门，任凭村子里的人把房子里的东西拿走。到了抢家的时候，外祖父家也敞开了大门，但没有一个人来抢，这是很不可思议的。

外祖父家最兴旺的时候，有许多房子、土地和粮食。解放前后那几年，经常有天灾人祸，村子里许多人家吃不上饭，所以好多人来外祖父家偷粮食。有时一天晚上有几个人来偷，外祖父都知道，但他从来不声张。偷粮食的，他装作没看见；偷家具的，他还反过来劝人家偷粮食；偷得多了，翻不过墙去，外祖父还从后面托一把。

因为偷粮食的事情，外祖母和外祖父多次争吵，但外祖父自有他的道理。他说，来偷东西的，都是被逼无奈才偷的。来偷我们的东西，我们发现了，而没有声张出去，这就保全了他的面子；保全了他的面子，他就不会再来偷了，因为人都是有尊严的。

外祖父为什么要这样做呢？那是在外祖父年轻的时候，跟人做生意，当时他的父亲生病，急需用钱。外祖父趁老板不在，偷了5块大洋。正巧被老板看到了，外祖父很尴尬，但老板若无其事地说："那5块大洋是给你的红利。"外祖父知道那是老板在给他留面子，不想让他难堪。从那以后，外祖父卧薪尝胆，终于创下了一片家业，并且用这样的方法去保全别人的面子。

每次一想到外祖父的事，我就想：如果你维护了别人的尊严，你的尊严就无处不在了，因为尊严是一个人生命中最重要的。（666字）

文章17

你就不怕这是个骗局吗？

记忆关键词：女孩儿　住院　急需用钱　手机号码　汇钱

有个女孩儿，出差到了另外一个城市，因为腹部剧痛，来到医院就诊。医生正在为她检查，她却骤然疼得不行了，躺在医院急诊室的病床上，疼得直打滚。

医生初步诊断是肠梗阻，必须立即住院，施行手术，不然会有生命危险。可是，女孩儿身上带的钱不够，在这个陌生的城市，她也没有任何朋友和熟人。

情况很紧急，疼得几乎说不出话的女孩儿，吃力地将自己的手机扔给医生，断断续续蹦出几个字："帮……帮我随便……找个人，请……请他给我救……救急……"

医生打开她的手机，里面储存了很多号码，打哪个呢？医生犯了难。

犹豫了片刻，医生随便选择了一个手机号码，按了下去。对方的手机关机。医生又找了一个固定号码，按下去，电话通了，却一直没有人接。这时，女孩儿疼得哇哇直哭，苍白的脸上，冒出豆大的汗珠。焦急的医生，慌乱之中，赶紧又按下了一个手机号码。

电话通了。接电话的是个男人，医生急促地说："我是医生，现在我身边躺着个急诊病人，肠梗阻，必须立即进行手术。这是她的手机，她需要你的帮助。"

电话那头，短暂的沉默，对方说："你这个号码我不熟悉，她叫什么名字啊。"医生赶紧翻出病历本上女孩儿的名字，告诉了对方。又是短暂的沉默。电话那头说："可是，这个名字我也不熟悉,我想不起来。"

医生急了:"她的手机里面有你的号码,我想,你应该是她的朋友,或者至少是熟人吧。她急需手术,她带的钱不够,请你无论如何先帮帮她。"医生一口气说完,时间来不及了。

又是短暂的令人窒息的沉默,隐约听到对方的手机里有人说:"这一定是个骗子,这样的骗术太多了,千万别相信他!"

女孩儿的哭声撕心裂肺,再不抢救,会有生命危险,来不及再解释了。"我们必须立即将她送进手术室,不能再等待了!等会儿护士会将我们医院的账号发短信给你,请你先代你的朋友汇一万元到账上。她一定是你的朋友,请你帮助她,也请你相信我!"说完,医生关上手机,将手机交给了身边的护士,就将几乎痛昏了的女孩儿,向手术室推去。

先救人再说!医生也知道,仅凭一个电话,如今谁会相信你啊?

可是,半个小时后,医院的账号上,真的打进了一万元。女孩儿得救了。

术后清醒过来的女孩儿,问医生,给她哪个朋友打了电话?医生从女孩儿的手机里找出了那个手机号码。女孩儿看着号码和名字,都很陌生。想了半天,才模模糊糊想起来,因为一次聚会,和对方有过一面之缘,记下了他的号码,后来再也没有联系过。女孩儿没想到,在自己手机里储存的那么多朋友的号码中,医生打的电话,竟然是一个和自己并不怎么熟悉的人,而对方却在危急时刻,相信了医生的话,并帮助了她。女孩儿很感动。

康复后的女孩儿,找到了他。

女孩儿好奇地问他:"你怎么就相信了医生那个电话?现在类似这样骗人的骗术很多的。你就不怕这是个骗局吗?"

他笑了,没有回答她的问题,却反问她:"将你的号码储存到手机里面的,会是个骗子吗?或者说,你会将骗子的号码,储存到你的手机里吗?"女孩儿摇摇头,也笑了。

听朋友说起女孩儿的故事,我的心里暖暖的。我打开了我的手机,我的手机里也储存了很多电话号码,大部分是亲人的、朋友的、同事的,当然,也有一些还不是很熟悉的人的号码。每一个号码后面,都是一张张亲切的、熟悉的面孔,或者正在交往努力熟悉逐渐亲切的面孔。关键时刻,我任意按下其中的一个号码,都会被信任,得到他们的帮助吗?我不敢确定,但我希望能够。(1355字)

(作者:孙道荣,选自《杂文报》2007年12月25日,有改动)

缩写后:

一个女孩儿,出差到了另一个城市,突然腹部剧痛,来医院就诊。医生正在为她检查,女孩儿却突然疼得在病床上打滚。

医生初步断定是肠梗阻,需要立即手术,不然会有生命危险。可是女孩儿身上带的钱不够,而且她也没有亲人和朋友。

这个时候,女孩儿掏出身上的手机,扔给医生,断断续续地请医生帮她打电话,随便找谁都行。

医生随便按下了一个手机号码，电话关机。医生又按下了一个号码，没有人接听。焦急的医生慌忙之中又按下了一个号码。

这次电话通了，接电话的是个男人。医生急促地说："我是医生，我身边躺着个女孩儿，她需要你的帮助，她是肠梗阻，需要立即手术。"

电话那头儿的男人说："这个号码我不熟悉，这个女孩儿叫什么名字啊？"医生翻了翻病历，告诉了男人女孩儿的名字。男人说："可是这个名字我也不熟悉啊！"

医生说："她的手机上既然有你的号码，所以你应该是她的朋友，她现在急需手术，带的钱不够，请你帮帮她。我们必须马上进行手术，不然她就有生命危险。请你先将一万元钱汇到我们医院的账户上，请你一定要帮她。"医生说完，就把女孩儿推进了手术室。

其实，医生自己也知道，凭一个电话，很难让人相信。但是半个小时过后，医院的账户上真的汇进了一万元钱。女孩儿得救了。

苏醒后的女孩儿问医生打了哪个电话。医生告诉她手机号码，女孩儿看着这个手机号码，感觉很陌生，半天才模模糊糊想起来，是在一次聚会上和对方认识的。没想到仅有一面之交的人，并没有把她当成骗子，还在关键时候救了她的命。

这个故事，让我感觉很温暖。我常想我的手机里也有很多号码，如果关键时候，我按下其中的一个，我也希望能得到对方的帮助。(666字)

文章18

一件小事

记忆关键词：打针　失败　教训

15岁那年，我很迷恋打针，找到母亲一位在医院工作的朋友做老师，跟她学会了注射术。

自从我学会了打针，便开始期盼眼前有病人，不论是家人或外人。我备齐针具，严格按照程序一次次操作着。一天，有位邻居来找我，说她每天都要去医院注射维生素B12，我若能为她注射，便可免去她每天跑医院的麻烦。我愉快地接受了她的请求。

这位邻居本是天津知青，因病没有下乡，大约在天津又找不到工作，才到我们的城市投奔她的姨母，并在一家小厂谋到了事做。她好像是那种心眼儿不坏但生性高傲的姑娘，学过芭蕾，很惹男性注意。这样的邻居求我，弄得我心花怒放。

每天下午，我放学归来，便在家里像迎接公主一样迎接我的病人。一连数日，事情进行得都很顺利，我的手艺也明显地娴熟起来。熟能生巧，巧也能使人忘乎所以乃至贻误眼前的事业。这天我的病人又来了，我开始做着注射前的准备：把针管、针头用纱布包好放进针锅(一个小饭盒)，再把针锅放在煤气灶上煮。煮着针，我就和病人聊起天儿来，聊着小城的新闻，聊着学生的前途。不知过了多久，我才突然想起煤气灶上的事。

有句很诙谐的俗语形容人在受了惊吓时的状态，叫做"吓出了一脑袋头发"，这正好用于形容我当时的状态。我已意识到我受了很大的惊吓,那针无疑是大大超过了要煮的时间。我飞奔到灶前关掉煤气,打开针锅观看,见里面的水已烧干,裹着针管的纱布已微煳,幸亏针管、针头还算完好。

我不想叫我的病人发现我被吓出的"一脑袋头发"和这煮干了的针锅,装作没事人似的,又开始了我的工作。我把药抽进针管,用碘酒和酒精为病人的皮肤消过毒,便迅速向眼前那块雪亮的皮肤猛刺。谁知这针头却不帮我的忙了,它忽然变得绵软无比。我一次次往下扎,针头一次次变做弯钩。针进不去,我那邻居的皮肤上,却是血迹斑斑。我心跳着弄不清眼前到底发生了什么事,但注射的失败是注定的了。这实在是一个大祸临头的时刻,唯有向病人公开宣布我的失败,我才能尽快从失败里得以解脱。我宣布了我的失败,半掖半藏地收起我那难堪的针头,眼泪已噼里啪啦地掉下来。

我的邻居显然已知道背后发生了什么事,穿好衣服站在我面前说:"这不是技术问题,是针头退了火,隔一天吧,这药隔一天没关系。"

邻居走了,我哭得更加厉害,耳边只剩下"隔一天吧,隔一天吧……"难道真的只隔一天吗? 我断定今生今世她是再也不会来打针了。

但是第二天下午,她却准时来到我家,手里还举着两支崭新的针头。她像什么事情也没有发生过一样,微笑着对我说:"你看看这个号对不对? 六号半。"

这次我当然成功了。一个新的六号半,这才是我成功的真正基础。

许多年过去了,每当我因为一件小事的成功而飘飘然时,每当我面对旁人无意中闯下的"小祸"而忿忿然时,眼前总是闪现出那位邻居的微笑和她手里举着的两支六号半针头。

许多年过去了,我深信她从未向旁人宣布和张扬过我那次的过失。一定是因为她的不张扬,才使我真正学会了注射术,和认真去做一切事。(1181 字)

(作者:铁凝,选自《读者》2007 年第 08 期,有改动)

缩写后:

15 岁那年,我因为爱好打针,跟一位在医院工作的朋友学会了注射术。

学会了之后,我就盼着给别人打针。每次打针,我都准备好针具,严格按照程序操作。

有一天,一个邻居来找我,想让我为她注射维生素 B12,这样她就不用每天往医院跑了。我很愉快地接受了她的请求。

每天下午,我放学回来,便在家里等候我的病人。一连数日,事情进行得都很顺利,我的手艺也明显地娴熟起来。熟能生巧,我感觉自己的注射术一点儿也没问题了。可谁知,就在这个时候出事了。

这天我的病人又来了,我开始做着注射前的准备:把针管、针头用纱布包好放进针锅,再把针锅放在煤气灶上煮。煮着针,我就和病人聊起天儿来。不知聊了多久,我才突然想起煤气灶上的事。

我飞奔到灶前关掉煤气,打开针锅观看,只见里面的水已经烧干了,纱布也煳了,幸亏针管、针头还算完好。可是这已经把我吓得魂飞魄散了。

但我不想叫我的病人发现这种情况，因此我装作没事人似的，又开始了我的工作。我把药抽进针管，为病人消毒，然后迅速把针扎下去。谁知这回却不行了，长时间的蒸煮让针头变软了。我一次次往下扎，却一次也扎不进去，而邻居的皮肤上却是血迹斑斑。我惊慌失措，不知道该怎么办，只好告诉病人我的失败。

我的邻居却若无其事地说："没关系，改天再打也是一样的。"虽然她说得轻描淡写，但我却大哭起来，我觉得她今生今世再也不会来找我打针了。但是第二天下午，她却准时来了，手里还举着两支崭新的针头，微笑着对我说："你看看这个号对不对？六号半。"

我欣喜加感激，认真地为她打针，当然我成功了。

这件事深深触动了我。许多年过去了，每当我因为一件小事的成功而飘飘然时，眼前总是闪现出那位邻居的微笑和她手里举着的两支六号半针头。是她让我学会了认真去做一切事。（710字）

文章19

爱在注意事项中

记忆关键词：注意事项　父亲　丈夫　儿子　爱和亲情

我要去北戴河疗养了，那是我心仪已久的地方，时间半个月。

我像是等待过儿童节的孩子，兴奋的情绪早早晚晚跳动着，准备工作紧锣密鼓地进行着：打扫卫生，采购食品，恨不得把15天的饭菜全部做好。老公说："你干脆给我们每人做张大饼套在脖子上吧。"其实，我真有这样的念头。

因为，我的父亲已经85岁了，他常常把水壶忘在煤气灶上，任壶哨恣意地鸣叫，直到溢出来的水把火焰浇灭；他常常开着太阳能热水器的水阀而忘记关闭，让卫生间的墙壁挂上"湍急的瀑布"；他常常将自己关在门外，被邻居收留；他常常忘了吃药的时间……他常常的故事很多，包括常常生点儿病，让女儿我把他作为重点照顾对象。有的"常常"还不打紧，有的却很危险，我想起来就后怕。如果我半个月不在家，老公和儿子这两个粗人能把父亲照顾好吗？我终于发现自己太重要了，"家不可一日无我"呀！

我试探着征询老公和儿子的意见，想大公无私地放弃这次疗养。他俩异口同声地表示，宁可苦了他们，也不能让我有遗憾，这样的好同志怎不叫人感动呢？

于是，我未雨绸缪，每天把开门七件事一件不落地交代一遍，重要的地方反复强调，看他们仨听得还算认真，解了我些许心结。

临走前一天，我对老中青三位同志分别进行了口头考试，要求他们把自己的岗位责任制复述出来。老爸只记得"不忘关气"，老公记得每天给太阳能热水器加水，儿子满不在乎地回答："不就是出门带钥匙吗？烦不烦？"呜呼！我所有的苦口婆心多被他们当耳旁风吹过，怎么办呢？

晚上辗转反侧，突然计上心来，不如给他们每人写一张注意事项，放在他们的床头柜上，让他们早早晚晚都看到。

好长时间没有白纸黑字地给家里人写信了，一铺开纸竟觉得有点儿陌生，有点儿兴奋，还有点儿搞笑。笔走龙蛇地写上他们各自的称呼后，就因人而异写下每日必须注意的事项。所思所想像开了闸的水，一泻便收不住，竟给每人写了两大张纸。儿子说："我的妈呀，你就是出去十年也不需要写这么多呀！"可我还是觉得没有写全。看着一沓纸，不免感到有点儿痴愚，有点儿可笑，但我的心却踏实多了。

在火车上，接到老公和儿子的短信："注意事项——安全、平安、开心。"为人妻为人母，我感动那躲在细微深处，欲呼无声，欲觅无形，偏又无时无处不在的爱的回报。

打开装满食品的袋子，飘出一张纸片，捡起一看，是老爸中规中矩的小楷："女儿的注意事项：一、不要玩儿得太累；二、危险的地方不要去；三、吃东西要讲究卫生；四、与同伴搞好团结……"同伴笑我："你在你老爸心中还是小朋友哎。"

这就是生活，这就是爱，她不需要很博大，她蕴涵在日常细节之中，就犹如散落在泥沙中的珍珠不能淹没。血浓于水的亲情，让我们同时拎起满装着生活琐碎的大小袋子，肩负着相互属于对方的责任和关切，手牵着手，心连着心踏实地前行。(1114字)

(作者：张鹰，选自《八小时以外》2007年11月，有改动)

缩写后：

我要去北戴河疗养半个月。在去之前，我恨不得把家里的事情都做完，打扫卫生，买东西，就连做饭也想做够半个月的。

我之所以要这样，是因为我的父亲已经85岁了，他做事情常常不让人放心，因为他好遗忘，而且有的时候，后果还很危险。比如忘了关煤气灶，忘了吃药，等等。所以我担心我不在家时，丈夫和儿子是否能照顾好父亲。我觉得我在这个家太重要了。因为担心丈夫和儿子不能照顾好老人，我甚至想放弃去北戴河疗养。但家里人对我很支持，一致同意让我去疗养。

于是在出发前，我把家里我所有能想到的事反反复复全都交代给他们老中青三代人。为了以防万一，在临出发前一天，我对三个人还进行了口头考试，要他们每人把自己应该做的事说出来。让我遗憾的是，他们每个人都记得心不在焉，只能说出个大概，这让我又着急又无奈。

我连夜想出来一个办法，那就是把他们每人要做的事情都写在纸上，然后我把纸放在他们的床头柜上，这样他们就不会遗忘了。我在写的时候，越写越兴奋，所以给每个人都写了很多，但即使如此我感到还没写完。不过这样做完之后，我放心多了。

我终于坐在了火车上。这时我收到了丈夫和儿子给我的短信，提醒我注意安全。然后又在食品袋里看到父亲写给我的一张纸条儿，上面也写满了一二三四等等的注意事项。此时此刻，我觉得自己幸福极了。这就是丈夫、儿子和爸爸对我的爱，它无时无处不在。

生活中的爱不见得有多么伟大，但时时刻刻存在于日常生活中，我们就在日常生活的点点滴滴中体会到了亲情和力量。(608字)

文章 20

100 美元的故事

记忆关键词:奶奶　购物　帮助　善良　镇上的人

约翰的奶奶是德国人,爷爷是美国人,他们在一起幸福地生活了大半辈子。奶奶不懂英语,只会说德语,除了爷爷和家人,她不愿意跟别人交流。更糟糕的是,她患有白内障,视力非常差。去年,爷爷去世了,奶奶不愿意离开他们共同生活过的地方。约翰和父母都放心不下奶奶,他们不知道,孤单的奶奶将来该如何生活。给爷爷办完丧事,约翰父母临走时给奶奶留下了一个可以异地存款的存折和 100 美元现金。

一年后,约翰来看奶奶,奶奶非常高兴,她挎上菜篮子说:“我去买你最爱吃的鳕鱼。”然后她去了窗台,约翰看到窗台上放了一大把钱,有零有整,奶奶把钱全部拿在手里就出去了。

“钱怎么能放在窗台上呢?只要窗子一开,路人随手就能拿走。”约翰想。等奶奶回来,他就让奶奶把钱放到电视柜上面。奶奶说:“没必要,我这一年还从没丢过钱呢。”但她还是采纳了孙子的建议。

第二天,奶奶买了东西回来,还是顺手把钱丢在了窗台上,约翰再次帮她收拾好了。

第三天,奶奶依然如故。约翰知道这是习惯使然,他再次从窗台上拿起奶奶买东西找回的钱放到了电视柜上,并顺便把那些钱整理了一下。在整理的时候,他发现了一个奇怪的现象:奶奶的钱增加了!他记得第一次整理的时候是 368 美元,可现在 3 天过去了,奶奶买了不少东西,钱数却变成了 405 美元。

难道奶奶口袋里还有钱?可他明明看到,奶奶每次出门前都是从窗台或电视柜上把钱全部拿走,回来后再全部丢在窗台上,她身上应该不会有钱,增加的钱是从哪儿来的呢?

晚上,约翰接到了爸爸的电话。爸爸说,他前几天查了一下奶奶的账户,发现奶奶从没取过他们存的钱。奶奶手里只有他们走时留下的 100 美元现金,这一年来她是怎么生活的呢?约翰知道,小镇上的生活费标准每月最低也得 1000 多美元,就算奶奶再节约,也不可能 100 美元用一年啊!

约翰把爸爸的疑问说了一遍,奶奶茫然地看着那沓钱说:“我也不知道是怎么回事,我不会从银行取钱。我也不认识美元,我不知道那是多少。”

奶奶不懂英语,不认识美元,约翰是知道的,他不明白的是,奶奶是怎么用钱买东西的。奶奶说:“我每次买东西时总是把手里的钱全部给卖东西的人,让他们自己拿钱和找钱,我想别人是不会坑我这个老太太的。”哪有这样买东西的?约翰感到很可笑。他决定跟踪奶奶一次,看她究竟是怎么买东西的。

第二天,约翰悄悄地跟在奶奶后面。果然,奶奶买水果时,一下子把钱全拿出来,让卖水果的人自己拿钱。约翰发现卖水果的人从奶奶手里拿出了一张 10 美元的钞票,却放回了两张 5 美元的,他等于没收奶奶的钱!接下来,他看到的情况都差不多,有不收奶奶钱的,还有多找奶奶钱的……

约翰的眼睛湿润了。他明白了,这都是小镇上的人们在帮助无依无靠的奶奶!

约翰找到了镇长。感谢小镇人一年来对奶奶无声的照顾。镇长说:"以前都是你爷爷跟别人打交道,他去世后,你奶奶开始进入社会生活中。刚开始小镇的人还感到这个老太太真是奇怪,后来才知道她根本不认识钱。没人愿意欺骗一个不认识钱且完全信任别人的人,于是就出现了这种现象。其实,不是我们在帮她,而是她在帮我们,小镇上原来也有坑蒙拐骗现象,自从碰到你奶奶后,这种现象就没有了。我们应该感谢你奶奶才对啊!"(1271字)

(作者:一冰,选自《读者》2007年第18期,有改动)

缩写后:

约翰的奶奶是德国人,爷爷是美国人。爷爷去世以后,约翰和父母非常放心不下奶奶,想带奶奶离开,因为奶奶既不会说英语,视力也不好。但奶奶不愿意离开他们共同生活的地方,所以约翰父母临走时给奶奶留下了一个存折和100美元现金。

一年后,约翰来看奶奶,奶奶看到约翰非常高兴,对约翰说:"我去买东西",然后从放着钱的窗台上把钱全部拿在手里就出去了。

奶奶买东西回来,约翰说不要把钱放窗台上,因为容易丢。他让奶奶把钱放好。奶奶却说:"没必要。"

第二天,奶奶买了东西回来,还是顺手把钱丢在了窗台上,约翰再次帮她收拾好了。

第三天,奶奶依然如故。约翰再次把奶奶买完东西的钱放到了电视柜上,并顺便把那些钱整理了一下。在整理的时候,他发现了一个奇怪的现象:奶奶的钱增加了!

这让约翰感到奇怪,钱怎么会多出来呢?

晚上,约翰接到了爸爸的电话。爸爸说,奶奶从没取过他们存的钱。奶奶手里只有他们走时留下的100美元现金。

约翰更奇怪了,问奶奶,奶奶也不知道是怎么回事。奶奶只是说:"我每次买东西时总是把手里的钱全部给卖东西的人,让他们自己拿钱和找钱,我想别人是不会坑我这个老太太的。"约翰听了之后感到很可笑。他决定跟踪奶奶一次,看她究竟是怎么买东西的。

第二天,约翰悄悄地跟在奶奶后面。果然,奶奶买水果时,一下子把钱全拿出来,让卖水果的人自己拿钱。约翰发现卖水果的人拿了一张10美元的钞票,却放回了两张5美元的!接下来,他看到的情况都差不多,有不收奶奶钱的,还有多找奶奶钱的……

约翰明白了,小镇上的人们在用自己独特的方式帮助无依无靠的奶奶!

约翰找到了镇长。感谢小镇人一年来对奶奶的照顾。镇长说:"不用感谢我们。你奶奶不认识钱,但她非常信任别人,有谁会去欺骗一个善良的老太太呢?其实,是你奶奶在帮我们,小镇上再没有了坑蒙拐骗现象。我们应该感谢你奶奶才对啊!"(751字)

第2单元　说明文的缩写

一、说明文的基本知识

（一）什么是说明文

说明文是以说明为主要表达方式来解说事物、阐明事理而给人知识的文章体裁。说明文一般介绍事物的形状、构造、类别、关系、功能，解释事物的原理、含义、特点、演变等。

（二）说明文的种类

说明文实用性很强，应用很广，包括广告、说明书、提要、提示、规则、章程、解说词、科学小品等。广告、说明书、规则、解说词等说明文是实用性的；科学小品这一类说明文带有一定的文艺性，即通过文艺的形式介绍科学知识；另外还有科普性的说明文。

依据说明对象的不同，还可把说明文分为：事物说明文和事理说明文。事物说明文是以介绍各种具体事物为主的文章，如《凡尔赛宫》（见第 94 页短文 7）、《辣椒》（见第 95 页短文 8）等；事理说明文是解释事物所蕴涵的内在道理的文章，如《辐射到底可不可怕》（见第 107 页文章 5）等。

（三）说明文的特点

说明文的特点是“说”，而且具有一定的知识性。这种知识，或者来自有关科学研究资料，或者是亲身实践、调查、考察的所得，都具有严格的科学性。为了要把事物说明白，就必须把握事物的特征，进而揭示出事物的本质属性，即不仅要说明“是什么”，还要说明“为什么”是这样。

除了科学性之外，说明文的语言还要具备准确性，简练明确。表示时间、空间、数量、范围、程度、特征、性质、程序等，都要求准确无误。说明文的实用性很强，稍有差错，会失之毫厘，谬以千里。在准确的前提下，说明的语言有的以平实见长，有的以生动活泼见长。文学性说明文还要求生动性、形象性。

在结构上，说明文最大的特点是条理性。事物和事理有时往往是比较复杂的，为了给读者以明确的认识，说明其特征时必须有一定的条理和顺序。

(四)说明文的说明顺序

说明文的说明一定要有条理，说明的顺序是按照事物本身的条理和人的认识规律来安排的。说明对象的特点决定了说明顺序的选择。比如介绍景物、建筑，一般是根据地理环境、方位布局来安排，即通常是按照空间顺序来安排的，或由前到后，或由上而下，或由外及里，或由中间到四周，或按东西南北方位顺序。介绍事物源出、演变或事物各个阶段的特点或制作过程，一般是按照时间顺序来安排；阐述事理又多按照事物的逻辑顺序来安排。表现为在介绍事物、事理时采用总分、主次、层进等方式，从现象到本质、从简单到复杂、从原因到结果、从概述到具体地揭示事物特征的过程。总之，说明文都是有一定的说明顺序的。当然必要的时候，也可以在顺序上进行调整。

(五)说明文的说明方法

为了把事物特征说清楚，或者把事理阐述明白，必须有相适应的说明方法。常见的说明方法有举例子、分类别、列数据、作比较、画图表、下定义、作诠释、打比方、摹状貌等。写说明文要根据说明对象和写作目的，选用最佳的方法。

各种说明方法的作用如下：

(1)举例子：使文章更加具体，更有说服力，更客观地说明事物。

(2)作比较：说明某些抽象的或者是人们比较陌生的事物，可以用具体的或者大家已经熟悉的事物和它比较，使读者通过比较得到具体而鲜明的印象。

(3)下定义：用简明的语言对某一概念的本质特征作规定性的说明叫下定义。下定义能准确揭示事物的本质，是科技说明文常用的方法。

(4)画图表：为了把复杂的事物说清楚，还可以采用图表法，来弥补单用文字表达的缺欠，对有些事物解说更直接、更具体。

(5)作诠释：从一个侧面，就事物的某一个特点作些解释。

(6)打比方：利用两种不同事物之间的相似之处作比较，以突出事物的性状特点，增强说明的形象性和生动性。

(7)摹状貌：为了使被说明对象更形象、具体，可以进行状貌摹写。

(8)引资料：为了使说明的内容更充实具体，可以引资料说明。引资料的范围很广，可以是经典著作、名家名言、公式定律、典故谚语等。

(9)分类别：将被说明的对象，按照一定的标准划分成不同的类别，一类一类地加以说明。

(10)列数字：为了使所要说明的事物具体化，还可以采用列数字的方法，以便读者理解。需要注意的是，引用的数字，一定要准确无误，即使是估计的数字，也要有可靠的根据，并力求接近。

二、说明文的阅读方法

（一）把握说明对象及特征

阅读说明文，首先要准确地把握说明对象，对全文要有一个整体的感知，从而区分事理说明文和事物说明文。接着还要重点把握说明对象的特征，这是分析一篇说明文的关键。只有准确地把握说明对象的特征，才能深入理解说明对象，进而理清文章的结构层次、中心内容。要准确把握说明对象的特征，可先看题目，如果从题目中看不出说明对象，就要抓住首句和中心句以及文章中反复出现的句子。

（二）理清结构，分析说明顺序

说明文的结构并不复杂。通常分为三部分：开头引出说明对象，中间详细说明对象，结尾总结说明对象。常见的结构形式有：

（1）“总（概说）—分（具体）”式，如《生物入侵者》（见第 92 页短文 5）；“总（概说）—分（具体）—总（概说）”式；“分（具体）—总（概说）”式，如《植物也有喜怒哀乐》（见第 84 页例文）。在说明事物或事理时，段落（层次）之间有一个总分关系，表现为由总到分、由分到总、由总到分再到总。

（2）并列式。各层之间的关系是平行并列的。例如《记忆，神奇又神秘的“家伙”》（见第 85 页例文）一文，在说明各种记忆类型的时候采用的就是并列式说明方式。

（3）递进式。后边在前边的基础上进一步说明，各层之间的关系是由浅入深。例如《中国的饺子文化》（见第 100 页文章 1）一文，采用递进式，说明了中国的饺子文化。文章先说春节吃饺子这个习俗的形成年代；然后说中国人为什么要在春节回家吃饺子，阐释中国饺子文化的吸引力；最后说人们吃饺子的讲究，点明中国饺子文化的精髓所在。

（4）承接式。各层之间按照事物的发展过程，或者按时间、因果、条件等关系安排，前后相互承接。例如《交通信号灯的产生》（见第 98 页短文 10）一文，按时间顺序有详有略地介绍了交通信号灯产生的历史过程。

理清结构可以帮助我们了解作者的思路，更清晰地领会内容要领。那么如何才能理清说明的顺序呢？

说明文的结构和说明顺序密不可分，相辅相成。说明文采用的说明顺序通常有空间顺序、时间顺序和逻辑顺序三种。我们在阅读的时候也要从这些顺序入手。

在阅读时要注意把握语言标志，“读”出说明的顺序。说明文语段中往往借助一定的词句表明层次和顺序，连接内容。例如，时间顺序多用表时间变化的词语，空间顺序多用表方位的词语，逻辑顺序多用表逻辑层次的关联词等。所以，把握这些语言“标志”，可顺利地理清说明的顺序。例如：文章中出现的“以前……后来……、前后左右、上下、之所以……是因为……、一方面……另一方面……”等标志性词语都是大家在阅读时应该特别注意的。

当然,有时不仅采用一种说明顺序,而是将几种方式揉合起来,从而达到说明透彻的效果。这就要求分析时分清主次,综合归纳。

(三)分析说明方法

为了说明清楚事物的特征,须采用恰当的说明方法。阅读说明文,一定要了解它采用的是哪些说明方法,有什么作用。

我们以下面一篇文章为例来具体说明。

植物也有喜怒哀乐

日本的生物学教授三和广行等科学家曾经做过如下实验:将电极插入植物的叶片内,并连通到电流表上,借以测量叶片所释放的生物电能,然后再将所测得的电能放大,再用扩大器播放出来,就听到了植物发出的声音。如果将植物的枝叶折断,或者让昆虫咬它们的叶子,植物同样会因为“疼痛”而呜呜“哭泣”。

当西红柿生长缺水时,它们也会发出“呼喊”声,若“呼喊”后仍得不到水“喝”,“呼喊”声就会变成“呜咽”声。这种声音是那些从根部向叶子传导水分的导管在萎缩时发出的。当它们缺水时,导管内的压力明显上升,直到相当于轮胎碾压的25倍,造成这些导管破裂而发出“哭泣”声。

近年来,植物学家通过现代科技,还发现了植物的一个奇特现象:每当有凶杀案在植物附近发生时,植物会产生一种特殊的“愤怒”反应,并记录下凶杀过程的每个细节,可以说是一个不为人注意的现场“目击者”。

对此,美国植物学家柏克斯德博士曾进行过多次实验:在一盆仙人掌前组织几个人搏斗,结果,接在仙人掌上的电流,会把仙人掌的整个反应记录全部变成电波曲线图。博士就是通过这些电波曲线图来判读“植物语言”,从而了解凶杀打斗全部过程的。

美国科学家们预言:用不了几年,一些凶杀案件的侦破就可求助于凶杀现场的植物了。植物可充当“目击者”,由植物语言学家充当翻译,译出植物记录下的凶杀过程,为判断死者是自杀或他杀提供重要线索。

没想到吧,植物也有喜怒哀乐,这可是科学家深入研究后的发现。所以,我们没有理由漠视每株植物的存在,因为它们也是有知觉感情的。(634字)

(作者:方圆,选自《文摘报》2007年12月13日,有改动)

这篇文章介绍的是植物的喜怒哀乐,这里“喜怒哀乐”代表的是植物的各种感情或感觉,是一篇事理说明文,是要说明一个道理。文章采用的结构是典型的“分—总”式:

第一段:分说——介绍某些植物受到伤害后会“哭泣”。

第二段:分说——介绍西红柿由于缺水也会哭泣,并告诉读者西红柿发出声音的原因何在。

第三、四、五段:分说——某些植物遇到凶杀情况时会有愤怒的反应,借助植物愤怒的反应可以帮助我们侦破凶杀案。

最后一段：总结——植物有各种各样的感情，所以不能漠视植物的存在。

这篇文章采用的说明方法有举例子，如作者为了说明植物缺水后的反应，举西红柿为例来说明；还有打比方，如作者把植物比喻成凶杀现场的“目击者”。

我们再看下面一篇文章：

记忆，神奇又神秘的“家伙”

记忆按照保持时间的长短可以分为短期记忆和长期记忆。大致若干小时后就会忘记的记忆叫“短期记忆”，比如现在是上午，记得早餐吃过什么，这种记忆就是短期记忆。超过若干小时仍然能够记住的记忆叫“长期记忆”，比如记住上小学时郊游的情景，这种记忆就是长期记忆。

记忆不仅可以按照保持时间的长短加以分类，而且也可以根据记忆的内容进行分类。回想起早餐吃过什么和儿童时期的郊游，都是对个人在某时某地经历过的事物的一种记忆。这种记忆叫做“情景记忆”。

记住一切知识的记忆，则是另一种记忆。比如别人问：“地球是圆的吗？”我们马上就可以回答：“是的。”然而，真正有幸乘坐宇宙飞船到太空亲眼目睹地球形状的人，其实只有极少数的宇航员。我们一般人关于地球为圆形的东西，其实是听别人讲过以后而记住的。对于这种记忆的知识，究竟是在什么时候和什么地方记住的，我们通常是不会知道的。这种记忆被分类为“意义记忆”。

学会骑自行车之类，这是对身体动作的记忆。几乎所有的人都是通过练习才记住骑自行车的动作的。之后即使多年不骑，脑中仍然会记得骑自行车的方法。这叫做“过程记忆”。

此外，根据记忆是有意识的还是无意识的，还可以分为“外显记忆”和“内隐记忆”；根据脑内的记忆是否可以用语言来表达，则可分为“陈述性记忆”和“非陈述性记忆”。

以上这些不同种类的记忆形式，据研究认为，都有各自不同的记忆机制。然而，不论哪一种记忆，其物质基础都是脑内的神经细胞——神经元。

神经元与记忆之间是如何关联的？主要的解释模型认为，若要形成记忆，细胞必须重复地接受刺激，以形成两细胞之间永久性的关联。研究人员举例说明，学生在考试前狼吞虎咽背进去的东西，只能停留在短暂的记忆之中；若要将之记牢，唯有重复阅读书本内容。

这就是奇妙的记忆。（738字）

（作者：柯娑，选自《都市文化报》2008年1月17日第432期，有改动）

从题目上，就可以知道这篇文章说的是记忆，是一篇事物说明文。文章介绍了记忆的各种不同的种类，最后谈到了记忆产生的机制。

第一段：从保持时间的长短对记忆进行的分类。

第二段：从保持的内容上对记忆的分类。

第三段:从知识的角度对记忆的分类。

第四段:又一种记忆的分类方法。

第五段:根据记忆有无意识进行的分类。

第六、七段:介绍记忆产生的机制。

最后一段:对说明对象——记忆的总结。

我们再看一下这篇文章各段之间是怎么关联的,是用哪些关联词来充当衔接手段的。

文章第一段说的是记忆按照保持时间长短可分为短期记忆和长期记忆。然后第二段作者用了一对关联词“不仅……而且……”引入另一种记忆分类方法。第三段作者又用了“则”这个词引入记忆的第三种分类方法。第五段作者用“此外”来告诉读者第五种分类方法。第六段作者用“以上”这个词作为对上述各分类方法的总结,又用“然而”这个转折连词引出记忆的产生机制。为了加深读者的理解,作者还对各种记忆举例说明。整篇文章就这样衔接成一个整体。

三、短篇说明文的缩写

上文我们分析了说明文的阅读方法,知道了说明文的文章结构,那么如何对说明文进行缩写呢?

说明文重点在于介绍事物的性质、特点。在缩写说明文时要抓住事物的特征和本质。记住,说明文最重要的是语言的准确性和科学性,所以缩写时,一定不要用那些夸张的描写性语言,任意发挥。缩写时,还要按照原文的顺序,不能任意更改。因为说明文是一种条理性极强的文章,一旦任意更改顺序,就会打乱整篇文章的结构。

我们以上文提到的《植物也有喜怒哀乐》一文为例进行缩写。

缩写后:

日本的生物学教授曾经做过一些实验,这些实验能借助一些仪器听到植物发出的声音。通过实验,科学家们发现,如果将植物的枝叶折断,或让昆虫咬植物的叶子,植物就会发出“呜呜”的哭泣声。

这段在原文中提到了许多科学术语,比如电极、电流表、电能等,这些术语大家可能会感到很陌生,所以在缩写时可以略过这些词,只需要概括地说是科学仪器或科学实验就可以了。

西红柿缺水时,会发出呼喊的声音。如果发出呼喊声后仍然得不到水,它们也会哭泣。呼喊声是由于传输水分的导管萎缩时发出的;而哭泣声是由于缺水时,导管内压力增大导致导管破裂而发出的声音。

科学家们还发现,植物不仅会哭泣,还能成为凶杀现场的“目击者”。每当有凶杀案发生时,植物会产生一种“愤怒”的反应,它们会记录下凶杀过程的细节。美国科学家的实验证明了这一点。他们让几个人在一盆仙人掌前打斗，然后用特殊仪器记录下仙人掌的反应，从仙人掌的反应了解打斗的全过程。

植物的这种反应为凶杀案的侦破提供了有益的帮助。科学家们预言，也许以后可以借助植物来记录下凶杀过程，为人们提供重要线索。

现代科学告诉我们，植物也有喜怒哀乐，这是许多人都想不到的事。这提醒我们再也不能忽视植物的存在。

（416字）

以上几段都是分说，这一段是总结，同时也和题目相照应。

我们再把上文分析过的《记忆，神奇又神秘的“家伙”》加以缩写。

缩写后：

按照保持时间的长短我们可以把记忆分为短期记忆和长期记忆。若干小时后就会忘记的记忆叫“短期记忆”，比如记得你的早餐吃过什么；超过若干小时仍然能够记住的记忆叫“长期记忆”，比如还记得小学时郊游的情景。

我们还可以根据记忆的内容进行分类。比如回想起早餐吃过什么和儿童时期的郊游，都属于对经历过的事情的记忆，这种记忆叫做“情景记忆”。

记住一切知识的记忆，叫做“意义记忆”。比如别人问：“地球是圆的吗？”我们马上就可以回答：“是的。”然而，我们并没有真正到太空中看过地球。我们之所以知道地球是圆的，是因为这是别人告诉我们的知识。

还有一种记忆叫“过程记忆”，比如学会骑自行车之类这种对身体动作的记忆。

记忆的分类方法还有很多。根据记忆是有意识的还是无意识的，可以分为“外显记忆”和“内隐记忆”。根据记忆是否可以用语言来表达，可分为“陈述性记忆”和“非陈述性记忆”。

不论哪一种记忆，其物质基础都是脑内的神经细胞“神经元”。若要形成记忆，细胞必须重复地接受刺激，才能形成细胞之间永久性的关联。比如，学生在考试前临时背进去的东西，是记不长的；要想长时间牢记，只有重复阅读才行。

这就是奇妙的记忆。（486字）

请大家对下面的短篇说明文进行缩写。

短文1

中国古代的普通话

现代汉语中的普通话是以北京语音为标准音、北方话为基础方言、典型的现代白话著作为语法规范的现代汉民族共同语。

古时候,不同地区的人聚在一起时,是如何进行语言沟通和交流的呢?

事实上,中国历朝历代跟现在一样,各地都有本地方言,但古人十分重视各地方言的统一,并出现了一种名为“雅言”的共同语。雅言就是中国最早的古代通用语。

据史料记载,中国最早的“雅言”是以周朝地方语言为基础的,周朝的国都丰镐(今西安西北)地区的语言为当时的全国雅言。由于周朝采取分封制,周王室把亲戚分到各地,成为诸侯国,于是周朝的王公贵族便把“雅言”带往各地并逐渐传播开来。此后,周王室迁都洛邑(也就是东周的开始),雅言又在洛邑进一步得到传播。而其后的孔子在鲁国讲学,他的三千弟子来自四面八方,孔子正是用雅言来讲学的。《论语·述而》中说:“子所雅言,《诗》、《书》、执礼,皆雅言也。”可以说,孔子是中国推行“普通话”的先驱。

秦始皇统一中国后,承袭了周朝的雅言并把它作为官话;西汉建都长安和东汉建都洛阳,皆以雅言为官话。此后随着各朝国都不断迁移,雅言的基础方言也不断随之修正,但多数仍以京城语言为标准,这就是所谓的“官话”、“京腔”。(503字)

(作者:王蕙利,选自《知识窗》2007年第3期,有改动)

缩写后:

现代汉语中的普通话是以北京语音为标准音、北方话为基础方言、以典型的现代白话著作为语法规范的现代汉民族共同语。

> 先说明什么是现代汉语的普通话,从而引出下文古代的普通话是什么。

但古代的普通话是什么呢?

> 这是一个设问句,设问就是自问自答,答案在下文揭晓。

据史料记载,雅言是中国最早的古代通用语。中国最早的“雅言”是以周朝地方语言为基础的。由于周朝采取分封制,周王室把亲戚分到各地,成为诸侯国,于是“雅言”就被带往各地并传播开来。以后,周王室又迁都洛邑,雅言又在洛邑得到传播。孔子讲学,就是用“雅言”来进行的,孔子也成为推行普通话的先驱。

> 介绍古代汉语普通话——雅言的产生及推广。

秦始皇统一中国后,承袭了周朝的雅言并把它作为官话;到了西汉,也是以雅言为官话。随着各朝不断迁移,雅言的基础方言也不断修正,但仍以京城语言为标准,即所谓的“官话”和“京腔”。(293字)

> 雅言的发展。

短文2

恐龙

没有人看到过一只真正的恐龙,因为最后一批恐龙大约在6500万年以前,也就是在最早的人类出现以前,就已灭绝了。恐龙骨骼的化石和栩栩如生的模型可以帮助我们想象这些奇异的动物当年是什么样子。恐龙是从蛋里孵出来的,用不了几年它们就能长得十分高大。恐龙是陆地上曾有过的最大动物。

恐龙最初定名是大约200年以前的事了。自那时起,人们就开始对恐龙产生了极大的兴趣。恐龙种类繁多,这吸引着很多人来研究恐龙。已经发掘出来的恐龙化石有数千根,属于几百种恐龙。

已发现的恐龙化石非常稀少,因为它们死亡后只埋藏在某种岩石里。恐龙在白垩纪末期灭绝,所以,在这个时期以后形成的岩石中,便不会有任何恐龙化石。最后一批恐龙是在大约6500万年以前灭绝的,但是对恐龙灭绝的原因我们只能作些猜测。也许是一场大灾难,使所有的恐龙一下子全部灭绝。也有科学家认为,有一颗巨大的小行星与地球相撞,这颗小行星的巨大撞击力可能给恐龙带来了厄运。还有科学家认为,恐龙可能并不是突然之间消失的,世界上的气候很可能是在几百万年的时间里冷下来,并慢慢地使恐龙灭绝的。(456字)

缩写后:

恐龙是陆地上曾有过的最大动物，它在人类出现以前就已经灭绝了，但是从出土的化石和科学家所做的模型当中我们还是能够想象出这些庞然大物当初是什么样子。

大约200多年以前，人们就对这种动物发生了极大的兴趣,他们给这种动物定名为恐龙。恐龙种类很多,已经发掘出来的恐龙化石有数千根,几百个品种。

> 说明文的特点之一是语言准确、科学,所以大家在缩写时尽量记住这些数字。比如:200多年前、数千根、几百个等,记不住就不要写,千万不能凭空捏造。

恐龙的化石非常稀少,因为它们只埋藏在某种岩石里。恐龙灭绝是在白垩纪末期,最后一批恐龙大约是在6500万年前灭绝的。灭绝的原因我们还不清楚,人们推测恐龙灭绝的原因有以下几种:第一是一场大灾难使所有的恐龙消失了；第二是有一颗巨大的小行星和地球相撞使恐龙灭绝；第三是因为地球气候逐渐变冷，从而使恐龙走向灭亡。

> 对恐龙灭绝原因的推测。

(292字)

短文3

中国戏曲的主要特点

戏曲经过无数代艺人的不断丰富、探索与发展,形成了自身显著的特点。

戏曲的角色分为生旦净丑四大行当,每一种行当内又有进一步的细致分工。“生”是除了大花脸以及丑角以外的男性角色的统称,又分为老生(须生)、小生、武生、娃娃生。“旦”是女色角色的统称,又分为正旦、花旦、闺门旦、武旦、老旦、彩旦(摇旦)。“净”,俗称花脸,大多是

扮演性格、品质或相貌上有些特异的男性人物，化妆用脸谱，音色洪亮，风格粗犷。“净”又分为以唱功为主的大花脸，如包拯；以做功为主的二花脸，如曹操。“丑”，扮演喜剧角色，因在鼻梁上抹一小块白粉，俗称小花脸。

中国戏曲的又一特点是“虚拟（没有实物的）表演”，尽管舞台上没有崇山峻岭、河流湖泊，没有狂风骤雨、似火骄阳，但演员可以凭借虚拟的表演，使观众产生身临其境的感觉。如京剧《三岔口》，仅有一张桌子两把椅子，靠演员的精湛技艺，就表现出了摸黑打斗的真实情景。这些虚拟动作，都有一些基本固定的格式，它们是从生活中提炼、经过艺术夸张的规范性动作。中国戏曲就用“唱念做打”四种艺术手段和“手眼身法步”五种技术方法来表现人物。另外，戏曲中的唱腔、龙套（三五步行遍天下，七八人百万雄兵）、脸谱、服饰以及演出场地所设计的露台、庙台、舞台等也有它们的韵味，在这里不一一赘述。（542字）

缩写后：

中国戏曲有着显著的特点。戏曲的角色分为生旦净丑四大行当，每一种行当内又有细致的分工。“生”是除了大花脸以及丑角以外的男性角色的统称，又分为老生（须生）、小生、武生、娃娃生。“旦”是女性角色的统称，又分为正旦、花旦、闺门旦、武旦、老旦、彩旦（摇旦）。“净”，俗称花脸，大多是扮演性格、品质或相貌上有些特异的男性人物，化妆用脸谱，音色洪亮，风格粗犷。“净”又分为以唱功为主的大花脸，如包拯；以做功为主的二花脸，如曹操。“丑”，扮演喜剧角色，因在鼻梁上抹一小块白粉，俗称小花脸。

> 中国戏曲的第一个特点——戏曲角色的分工及诠释。

中国戏曲的又一特点是“虚拟（即没有实物的）表演”，尽管舞台上没有崇山峻岭、河流湖泊、狂风骤雨、似火骄阳这些真实的情景，但演员可以凭借虚拟的表演，使观众产生身临其境的感觉。这些虚拟动作，都有一些基本固定的格式，是从生活中提炼、经过艺术夸张的规范性动作。中国戏曲就用“唱念做打”四种艺术手段和“手眼身法步”五种技术方法来表现人物。（399字）

> 对中国戏曲的第二个特点——虚拟的详细解释。

短文4

未来体育运动——极限运动

极限运动是人类在与自然融合的过程中，借助现代高科技手段，最大限度地发挥自身潜能，向自身挑战的娱乐体育项目。除了追求“更高、更快、更强”的奥林匹克精神外，极限运动更强调参与和勇敢精神，以及在跨越心理障碍时所获得的愉悦感、成就感。同时，它还体现了人类回归自然、保护环境的美好愿望，因此被世界各国誉为“未来体育运动”。

极限运动的项目大都是近几十年刚诞生的、方兴未艾的体育项目，深受青少年喜爱。极限运动项目主要分为夏季和冬季两大类，运动领域涉及“海、路、空”多维空间。夏季极限运动项目有难度攀岩、速度攀岩、空中滑板、高山滑翔、滑水、激流皮划艇、摩托艇、冲浪、水上摩托、蹦极跳、滑板（轮滑、小轮车）的 U 台跳跃赛和街区障碍赛等。冬季极限运动项目有滑板滑雪、攀冰、雪地越野自行车、穿越、花式滑雪、雪地越野摩托以及坡道滑雪板等多项复合式运动。与传统体育项目相比，极限运动更富有挑战性、观赏性，科技含量更高。

1994 年，国际滑联将滑板滑雪定为冬奥会正式比赛项目，1998 年日本长野冬奥会首次举行了滑板滑雪比赛。2003 年 6 月，经国际奥委会正式批准，小轮车将在 2008 年北京奥运会上首次亮相。目前，国际奥委会正在就是否将滑板项目列入 2012 年伦敦奥运会正式比赛项目一事与国际自行车协会进行商讨。尽管大多数极限运动项目还没有被列为奥运会正式比赛项目，但是随着极限运动的发展，我们相信越来越多的极限运动项目将有可能出现在奥运会赛场上。（600 字）

（选自《科学画报》2008 年第 1 期，有改动）

缩写后：

极限运动是人类借助现代高科技手段，最大限度地发挥自身潜能，向自身挑战的娱乐体育项目。极限运动更强调参与和勇敢精神，以及在跨越心理障碍时所获得的愉悦感、成就感。同时，它还体现了人类回归自然、保护环境的美好愿望，因此被世界各国誉为“未来体育运动”。

> 这一句话点明什么是极限运动。

> 这一句话说的是极限运动的特点。

极限运动的项目大都是近几十年刚诞生的，深受青少年喜爱。极限运动项目主要分为夏季和冬季两大类。夏季极限运动项目有攀岩、空中滑板、高山滑翔、滑水、激流皮划艇、摩托艇、冲浪、水上摩托、蹦极跳、滑板（轮滑、小轮车）的 U 台跳跃赛和街区障碍赛等。冬季极限运动项目有滑板滑雪、攀冰、雪地越野自行车、穿越、花式滑雪、雪地越野摩托以及坡道滑雪板等多项复合式运动。与传统体育项目相比，极限运动更富有挑战性、观赏性。

> 这一段说的是极限运动都有哪些项目，或者说什么项目属于极限运动。

从 1994 年，滑板滑雪被定为冬奥会正式项目以来，陆续将有其他极限运动项目进入奥运会比赛中。虽然大多数极限运动项目还没有被列为奥运会正式比赛项目，但是随着极限运动的发展，会有越来越多的极限运动项目将有可能出现在奥运会赛场上。（430 字）

> 这一段说的是极限运动和奥运会比赛项目的关系。

短文 5

生物入侵者

如果一个物种在新的生存环境中不受同类的食物竞争以及天敌伤害等诸多因素制约,很可能会无节制地繁衍。1988 年,几只原本生活在欧洲大陆的斑贝(一种类似河蚌的软体动物)被一艘货船带到北美大陆。当时,这些混杂在仓底货物中的"偷渡者"并没有引起当地人的注意,它们被随便丢弃在五大湖附近的水域中。然而令人始料不及的是,这里竟成了斑贝的"天堂"。由于没有天敌的制约,斑贝的数量急剧增加,五大湖内的疏水管道几乎全被它们"占领"了。到目前为止,人们为了清理和更换管道已耗资数十亿美元。来自亚洲的天牛和南美的红蚂蚁是另外两种困扰美国人的"入侵者",前者疯狂破坏芝加哥和纽约的树木,后者则专门叮咬人畜,传播疾病。

"生物入侵者"在给人类造成难以估量的经济损失的同时,也对被入侵者的其他物种以及物种的多样性构成极大威胁。二战期间,棕树蛇从一艘军用货船落户关岛,这种栖息在树上的爬行动物专门捕食鸟类,偷袭鸟巢,吞食鸟蛋。从二战至今,关岛本地的 11 种鸟类中已有 9 种被棕树蛇赶尽杀绝,仅存的两种鸟类的数量也在与日俱减,随时有绝种的危险。一些生物学家在乘坐由关岛飞往夏威夷的飞机上曾先后 6 次看到棕树蛇的身影。他们警告说,夏威夷岛上没有任何可以扼制棕树蛇繁衍的天敌,一旦棕树蛇在夏威夷安家落户,该岛的鸟类将在劫难逃。(545 字)

缩写后:

如果一个物种在新的生存环境中不受同类的食物竞争以及天敌伤害等诸多因素制约,很可能会无节制地繁衍。

> 这一段是总说,通过这句话我们知道下文要举例说明某个物种是怎样不受食物竞争和天敌伤害从而大量繁殖的。

1988 年,几只原本生活在欧洲大陆的斑贝被带到北美大陆。它们被随便丢弃在五大湖附近的水域中。然而令人始料不及的是,由于没有天敌的制约,斑贝的数量急剧增加,它们占据了五大湖内的疏水管道, 导致人们为了清理和更换管道已耗资数十亿美元。除了斑贝,来自亚洲的天牛和南美的红蚂蚁是另外两种生物"入侵者",天牛疯狂破坏芝加哥和纽约的树木,红蚂蚁则专门叮咬人畜,传播疾病。

"生物入侵者"在给人类造成难以估量的经济损失的同时,也对其他物种以及物种的多样性构成极大威胁。

> 这句话很关键,起到了承上启下的作用,承上说的是生物入侵者给人类造成的经济损失,启下说的是对物种多样性造成的威胁。所以下文举例说明了某些生物入侵者是如何威胁到物种多样性的。

二战期间,棕树蛇落户关岛,这种栖息在树上的爬行动物专门捕食鸟类,偷袭鸟巢,吞食鸟蛋。关岛本地的 11 种鸟类中已有9种被棕树蛇赶尽杀绝，仅存的两种鸟类的数量也在与日俱减，随时有绝种的危险。一些生物学家警告说，夏威夷岛上没有任何可以扼制棕树蛇繁衍的天敌，所以一旦棕树蛇在夏威夷安家落户，鸟类将在劫难逃。(420字)

举例说明了棕树蛇对鸟类的袭击，鸟类在这种蛇的袭击之下，数量减少并有可能灭绝。

短文6

火焰山

火焰山位于吐鲁番盆地的北缘，古书上称之为“赤石山”，维吾尔语称“克孜勒塔格”(意为红山)。火焰山由红色砂岩构成，东起鄯善县兰干流沙河，西至吐鲁番桃儿沟，形成一条赤色巨龙，由西向东，横卧于吐鲁番盆地中。它全长98公里，南北宽9公里，一般高度为500米左右，最高峰在鄯善县吐峪沟附近，海拔831.7米。

火焰山是天山东部博格达山坡前山带短小的褶皱，形成于喜马拉雅山运动期间。山脉的雏形形成于距今1.4亿年前，基本地貌格局形成于距今1.41亿年前。它经历了漫长的地质岁月，跨越了侏罗纪、白垩纪和第三纪等地质年代。火焰山荒山秃岭，寸草不生。每当盛夏，红日当头，地气蒸腾，焰云缭绕，赭红色的山体形如飞腾的火龙，十分壮观。

火焰山是全国最热的地方，夏季最高气温达47.8度，地表最高温度在70度以上。由于地壳运动断裂与河水切割，山腹中尚留下许多沟谷，主要有葡萄沟、桃儿沟、木头沟、吐峪沟、连木沁沟、苏伯沟等。在这些沟谷中，绿荫蔽日，风景秀丽，流水潺潺，瓜果飘香。

明人吴承恩的著名神话小说《西游记》，以唐僧师徒四人西天取经的故事而脍炙人口，名闻天下。第五十九回和六十回写“唐三藏路阻火焰山，孙行者三调芭蕉扇”的故事，使火焰山披上一层神秘的色彩，成了一座奇山。

《西游记》写道：“西方路上有个斯哈哩国，乃日落之处，俗呼‘天尽头’。这里有座火焰山，无春无秋，四季皆热，那火焰山有八百里火焰，四周寸草不生。若过得山，就是铜脑袋、铁身躯，也要化成汁哩！”这段文字显系夸张，但高温和寸草不生这些基本特征，与火焰山实际情况完全符合，并不是凭空臆造的。(646字)

缩写后：

在明人吴承恩的小说《西游记》中有关于火焰山的描写，书中写的是唐僧师徒四人西天取经途中经过火焰山而被火所阻，后又借芭蕉扇把火扑灭才得以前行。吴承恩在书中描写火焰山是个寸草不生的地方，而且温度很高，四季皆热。由于吴承恩的描写，火焰山成了一座神秘的山。那么火焰山到底在哪里呢？火焰山真的那么可怕吗？

为了增加文章的趣味性，吸引大家的注意力，可以把吴承恩对火焰山的描写放在开头。

火焰山并不是吴承恩捏造出来的。它位于吐鲁番盆地的北部，由红色砂岩构成。它东起鄯善县，西至吐鲁番，全长98公里，宽9公里，平均高度500米左右，最高峰在鄯善县吐峪沟附近，海拔831.7米。

火焰山的地理位置。

火焰山形成于喜马拉雅山运动期间，经历了漫长的地质岁月，跨越了多个地质年代。一到夏天，火焰山温度极高，是全国最热的地方，夏季最高气温达47.8度，地表温度可以高达70度以上。这么高的温度，当然草木难以生长了。在强烈阳光的照耀下，地面空气像火焰一样蒸腾缭绕着，整个山体像一条火龙。

这一段说的是火焰山的形成和外貌。原文对火焰山温度的描写分布在第二段和第三段，我们在这里为了紧凑合并在一段里。

由于地壳运动与河水切割，火焰山的山腹中有许多沟谷。别看火焰山很热，但这些沟谷里却是绿荫蔽日，风景秀丽，而且盛产瓜果。(424字)

火焰山的物产。

短文7

凡尔赛宫

驰名世界的凡尔赛宫坐落在巴黎西南18千米处的凡尔赛镇，它是人类艺术宝库中一颗灿烂的明珠。

凡尔赛宫建于路易十四时期，1661年动土，1689年竣工，至今已有300多年的历史。全宫占地111万平方米，其中建筑面积为11万平方米，园林面积100万平方米。宫殿气势磅礴，布局严密、协调。正宫东西走向，两端与南宫和北宫相衔接，形成对称的几何图案。宫顶建筑摒弃了巴洛克的圆顶和法国传统的尖顶建筑风格，采用了平顶形式，显得端庄而雄浑。宫殿外壁上端，林立着大理石人物雕像，造型优美，栩栩如生。

凡尔赛宫宏伟、壮观，它的内部陈设和装潢富于艺术魅力。500多间大殿小厅处处金碧辉煌，豪华非凡。内部装饰，以雕刻、巨幅油画及挂毯为主，配有17~18世纪造型超绝、工艺精湛的家具。宫内还陈放着来自世界各地的珍贵艺术品，其中有远涉重洋的中国古代瓷器。由皇家大画家、装潢家勒勃兰和大建筑师孟沙尔合作建造的镜廊是凡尔赛宫内的一大名胜。它全长72米，宽10米，高13米，连接两个大厅。长廊的一面是17扇朝花园开的巨大的拱形窗门，另一面镶嵌着与拱形窗对称的17面镜子，这些镜子由400多块镜片组成。镜廊拱形天花板上是勒勃兰的巨幅油画，挥洒淋漓，气势横溢，展现出一幅幅风起云涌的历史画面。漫步在镜廊内，碧澄的天空、静谧的园景映照在镜墙上，满目苍翠，仿佛置身在芳草如茵、佳木葱笼的园林中。

正宫前面是一座风格独特的法兰西式大花园。园内树木花草的栽植别具匠心，景色优美恬静,令人心旷神怡。站在正宫前极目远眺,玉带似的人工河上波光粼粼,帆影点点,两侧大树参天,郁郁葱葱,绿荫中女神雕塑亭亭而立。近处是两池碧波,沿池的铜雕塑丰富多态,美不胜收。(676字)

这是一篇事物说明文,介绍的是一座宫殿。建筑物的介绍通常是按照空间顺序来安排的,即或由前到后,或由上而下,或由外及里,或由中间到四周,或按东西南北方位顺序。

缩写后:

凡尔赛宫坐落在巴黎西南18千米处的凡尔赛镇。

> 首段介绍凡尔赛宫的地理位置。

凡尔赛宫建于路易十四时代,至今已有300多年的历史这一段。全宫占地111万平方米,其中建筑面积为11万平方米,园林面积100万平方米。宫殿正宫东西走向,两端与南宫和北宫相衔接,形成对称的几何图案。宫顶采用了平顶形式,显得端庄而雄浑。宫殿外壁上端,林立着大理石人物雕像,造型优美,栩栩如生。

> 这一段交代了凡尔赛宫的建设时间,至于动工和竣工的时间,如果记不住不写也无妨。先介绍宫殿的外部,下文由外到里,介绍宫殿的内部。

凡尔赛宫内部500多间大殿小厅处处金碧辉煌,豪华非凡。内部装饰主要有油画和挂毯,还有许多精美的家具。宫内还有许多珍贵的艺术品,包括中国古代瓷器。宫殿内最著名的是镜廊,它是由勒勃兰和大建筑师孟沙尔合作建造的,全长72米,宽10米,高13米,连接两个大厅。长廊的一面是17扇朝花园开的巨大的拱形窗门,另一面镶嵌着与拱形窗对称的17面镜子,这些镜子由400多块镜片组成。镜廊天花板上是勒勃兰的巨幅油画,气势横溢,展现出一幅幅风起云涌的历史画面。漫步在镜廊内,仿佛置身在园林中。

> 这一段介绍的是宫殿的内部,主要是宫殿内部的装饰品,其中重点介绍了宫殿内的镜廊。原文中有许多描写作者在镜廊内感受的词,如满目苍翠、芳草如茵等,在缩写时都可以删掉。

正宫前面是一座法兰西式大花园。园内有许多树木花草,还有一条人工河,河流两侧是参天大树和女神塑像。花园近处是两池碧波,景色非常优美。(449字)

> 最后一段又回到宫殿外面,介绍了宫殿外的园林建筑风光。

短文8

辣椒

世界上有些国家吃辣椒很厉害,如墨西哥、印度、匈牙利、朝鲜……我国某些省,如四川、湖南等也以吃辣椒出名。有些人嗜辣椒已经到了"无辣不吃饭"的地步。美国宇航员威廉·勒努瓦在宇宙飞行时也带着辣椒。有一位指挥家,他走到哪里,辣椒就带到哪里,就连参加英国女王宴请时,也照例带着辣椒酱,他解释说:"没有辣椒的饭菜好比是病号饭。"

辣椒原产美洲,17世纪传入我国,故亦称"番椒",又名"秦椒"、"大椒"、"辣茄"。辣椒有几千个品种,仅我国四川的干辣椒就有100多种。辣椒有辣与不辣之分,甜椒不辣。云南有一种辣椒,奇辣无比,只要舌尖稍微碰一下,就会使人辣得难受,疼痛万分。美国制药专家斯克维尔于1912年制定了测量辣度的方法,后来人们就以他的名字作为辣度的单位。植物病理学家曾用这种方法,测出甜椒的辣度为零,最辣的辣椒有30万斯克维尔。

辣椒能把人辣出眼泪,辣出鼻涕,辣出汗水。不爱吃辣椒的人不禁要问:"人们何苦要吃辣椒?"这是因为吃辣椒有三个好处:一是它的营养丰富,二是能驱风散寒,三是能增进人的食欲。每100克辣椒的维生素含量大于100毫克,在蔬菜中占首位。此外,辣椒还含有维生素B1、B2、胡萝卜素以及其他营养物质。谚语曰:"三个辣椒,顶件棉袄。"辣椒中的辣椒素对人体具有刺激作用。辣椒素一旦和舌头及嘴里的神经末梢接触,神经就迅速把"烧灼"信息传给大脑,大脑便让身体处于戒备状态,使心跳和脉搏加快,皮肤血管扩张,从而使人感到"发热"。大脑还同时指挥胃液和唾液的分泌,使胃肠蠕动加快,这就有利于消化,增进食欲。

据心理学家分析,吃辣椒后,"烧灼"信息使大脑把身体作为"受伤"对待,从而促进身体释放一种自体止痛剂。这种自体止痛剂就像少量麻醉剂,能起到一种轻微的欣快作用,使人产生精神快感,专家称之为"辣椒微醉"。这也许是人们对辣椒越吃越爱吃的主要原因。

(755字)

这篇文章是按照逻辑顺序来说明的。

缩写后:

世界上有些国家吃辣椒很厉害,如墨西哥、印度、匈牙利、朝鲜等,中国的四川、湖南等地也以吃辣椒出名。有些人嗜辣椒已经到了"无辣不吃饭"的地步。美国一位宇航员威廉·勒努瓦在宇宙飞行时也带着辣椒。有一位指挥家,他走到哪里,辣椒就带到哪里。

辣椒原产美洲,17世纪传入我国,故亦称"番椒",又名"秦椒"、"大椒"、"辣茄"。辣椒品种很多,仅我国四川的干辣椒就有100多种。辣椒有辣与不辣之分。美国制药专家斯克维尔于1912年制定了测量辣度的方法,后来人们就以他的名字作为辣度的单位。植物病理学家曾用这种方法,测出甜椒的辣度为零,最辣的辣椒有30万斯克维尔。

辣椒这么辣,人们为什么还要吃呢?因为吃辣椒有三个好处:一是营养丰富,辣椒中有许多维生素等营养元素;二是能驱风散寒,辣椒中的辣椒素对人体具有刺激作用,辣椒素一旦和舌头及嘴里的神经末梢接触,神经就迅速把"烧灼"信息传给大脑,大脑便让身体处于戒备状态,使心跳和脉搏加快,皮肤血管扩张,从而使人感到"发热";三是能增进食欲,大脑还同时指挥胃液和唾液的分泌,使胃肠蠕动加快,这就有利于消化,增进食欲。

吃辣椒后,"烧灼"信息使大脑把身体作为"受伤"对待,从而促进身体释放一种自体止痛剂。这种自体止痛剂就像少量麻醉剂,能起到一种轻微的欣快作用,使人产生精神快感,专家称之为"辣椒微醉"。这也许是人们对辣椒越吃越爱吃的主要原因。(571字)

文章第一段说的是有些国家、有些人以吃辣椒而出名。指挥家的话只是为了进一步说明他嗜好辣椒,缩写时可以省略。

第二段说的是辣椒的起源和辣度分级。

第三段说的是食用辣椒的好处。这一段里有许多关键词可以帮助我们理清文章顺序，比如："一是……；二是……；三是……"。此外，阅读时注意把握这些关键词。

最后一段说的是人们爱吃辣椒的原因。

短文 9

南半球外有企鹅

在南极的海洋里，有着丰富的鳞虾资源，为企鹅的繁衍生息创造了得天独厚的条件。正因为如此，那儿的企鹅长得又肥又大，数量多达 4700 万只。尽管企鹅是南半球的生物，但在目前全球已经发现的 17 种企鹅中，只有帝王企鹅和阿德利企鹅在南极，而其余的却与冰雪的世界无缘。

在澳大利亚墨尔本正南 128 公里的菲利普岛上，生活着世界最小的热带企鹅——小仙企鹅。它高 30 厘米左右，喜欢游到很远的地方。每天清晨，它们数十只成群结队地出发，以每小时 8 公里的速度游到五六十公里远的菲利普海湾深水海域里觅食，吃的是小鱼、小虾、乌贼和鱿鱼等，晚上再返回家中。小仙企鹅天天如此，风雨无阻，从不间断。如果遇上企鹅生了蛋，则"夫妻"轮流，隔天出海，留一个在家中孵化小企鹅。在当地，菲利普岛又叫"企鹅岛"。

厄瓜多尔有"赤道之国"的称号，在它的加拉帕戈斯岛上有一种热带企鹅——加拉帕戈斯企鹅。它的作息很有规律，能够根据季节的变化和日落的早晚调整自己返回的时间。冬天日落较早，下午 5 点就会回家。夏季日落晚一些，便在海上多待几个小时，直到晚上 9 点才回来。加拉帕戈斯企鹅真像忠于职守的"农夫"，做到了"日出而作，日落而归"。

非洲南端的海南企鹅以森林为家，它们先挖洞，然后铺上小树枝，把巢穴搭建好。有趣的是，虽然数千企鹅居住在一起，但各有各的家，从来不会弄错。海南企鹅讲究清洁，黎明即起，来到一两公里之外的海边，在海水中痛快地洗一个澡，将身上的污垢清除掉。然后再排成 V 字队形出海捕鱼，直到太阳下山时才会上岸。解散之后，它们一边"呷呷呷"地叫着，一边高高兴兴地回家。

企鹅天生有一种辨认能力，并且可以根据地磁场来调整方向，所以无论在海洋里游得多远，都能准确无误地返回。它走路的姿势左右摇摆，看上去好像失去平衡。然而生物学家研究发现，这种行走的方法最能节省能量。当企鹅向一边摆动到极限而停顿时，它的部分能量就被储存起来成为潜能，随着向另一方摆动的时候这种潜能再度释放出来。被储存的能量与前进一步所耗能量的比例，称为"恢复率"。企鹅步行时的"恢复率"比地球上任何别的动物都高，达到了 80%。(857 字)

(作者：李忠东，摘自《知识窗》2007 年第 6 期，有改动)

这篇文章是按照企鹅所在的地点，即空间的顺序来介绍企鹅的。首先介绍的是澳大利亚的菲利普岛的企鹅，其次是厄瓜多尔的加拉帕戈斯企鹅，最后介绍的是非洲南端的海南企鹅。在文章的结尾还谈到了企鹅的一种独特的返家本领。

缩写后：

在南极洲，企鹅非常多，多达4700万只。人们通常认为只有南极才有企鹅，事实上在目前全球已经发现的17种企鹅中，只有帝王企鹅和阿德利企鹅在南极，而其余的分布在其他地方。

在澳大利亚墨尔本的菲利普岛上，生活着世界上最小的热带企鹅——小仙企鹅。它高30厘米左右，喜欢游到很远的地方。每天清晨，他们数十只成群结队地出发，到五六十公里远的菲利普海湾深水海域里觅食，晚上再返回家中。天天如此，从不间断。如果遇上企鹅生了蛋，则“夫妻”轮流，一个出海，一个在家中孵化小企鹅。所以在当地，菲利普岛又叫“企鹅岛”。

厄瓜多尔有“赤道之国”的称号，在它的加拉帕戈斯岛上有一种热带企鹅——加拉帕戈斯企鹅。它的作息很有规律，能够根据季节的变化和日落的早晚调整自己返回的时间。冬天日落较早，下午5点就会回家。夏季日落晚一些，便在海上多待几个小时，直到晚上9点才回来。

非洲南端的海南企鹅以森林为家，数千企鹅居住在一起。它们早上起来后，来到一两公里之外的海边洗一个澡，然后再排成V字队形出海捕鱼，直到太阳下山时才会上岸回家。

企鹅之所以能顺利返家是因为它们天生有一种辨认能力，并且可以根据地磁场来调整方向。而且它们左右摇摆的行走方法最能节省能量。当企鹅向一边摆动到极限而停顿时，它的部分能量就被储存起来成为潜能，随着向另一方摆动的时候这种能量会再度被释放出来，所以它们走路并不费劲儿。(564字)

短文10

交通信号灯的产生

19世纪初，在英国中部的约克城，红、绿装分别代表着女性的不同身份。其中，着红装的女性是已婚者，而着绿装的女性则是未婚者。后来，英国伦敦议会大厦前经常发生车辆撞人的事故，交通三天两头堵塞，有时一堵就是一两个小时，市民对此意见很大。英国政府为减少交通事故，便在议会大厦门前增派了警察，但由于人多车多，警察也显得力不从心，效果并不明显。

当时，一位名叫德尔·哈特的机械师每天上下班都要经过议会大厦门前，因交通堵塞经常迟到。他受约克城妇女着红绿服装的启示，经过近三个月的潜心研究，设计制造出信号灯。1868年12月10日，城市街道的第一盏信号灯安装在伦敦议会大厦广场上。这种信号灯灯柱高7米，上面挂着一盏红、绿两色的煤气提灯。在灯的脚下，一名手持长杆的警察可以牵动皮带转换提灯的颜色，行人和车辆按照“绿灯行、红灯停”的规定有序行驶。

信号灯的出现，极大地缓解了议会大厦前的交通拥挤现象。然而，好景不长，23天后这盏信号灯突然发生爆炸，使一位正在执勤的警察断送了性命。从此，城市的交通信号灯被取缔了。

1914年，美国的克利夫兰市政府面向社会征集解决交通拥堵问题的方案，几名科学家想到40多年前在英国街头出现的信号灯。于是，他们分析了煤油信号灯自爆的原因，研制出“电气信号灯”，并安装在市区的主要交通路口。这种信号灯的优点一目了然，该灯一出现就得到了社会的认可，没多久，在纽约和芝加哥等城市也陆续出现了这种交通信号灯。

1918年，中国的胡汝鼎怀着“科学救国”的抱负到美国深造，在大发明家爱迪生为董事长的美国通用电器公司任职员。一天，他站在繁华的十字路口等待绿灯信号，当他看到绿灯亮正要过去时，一辆转弯的汽车呼地一声擦身而过，吓得他出了一身冷汗。回到宿舍，他反复琢磨，终于想到在红、绿灯中间再加上一个黄色信号灯，用以提醒人们注意危险。他的建议立即得到有关方面的肯定，并很快研制出样品，安装在纽约市五号街的一座高塔上。至此，红、黄、绿三色信号灯正式诞生。（811字）

（作者：袁文良，摘自《知识窗》2007年第6期，有改动）

这篇文章按照时间发展的顺序介绍了红、黄、绿三色信号灯的产生。所以在阅读或缩写时一定要以时间为序，把文中几个关键的时间记清楚，比如：1868年——1914年——1918年，并把每次时间出现的重要事件说清楚。

缩写后：

交通信号灯的产生是由于英国伦敦议会大厦前经常发生车辆撞人或交通堵塞事件，市民对此十分不满。虽然增派了警察，但效果并不明显。

一位名叫德尔·哈特的机械师每天上下班都要经过议会大厦，也因交通堵塞而经常迟到。他一直在想怎么解决这个问题。当时，英国中部约克城中的妇女穿不同颜色的服装代表不同的身份。穿红装表示已结婚，而穿绿装表示未结婚。哈特受妇女着装的启发，设计出信号灯，并把它安装在伦敦议会大厦广场上，这就是第一盏信号灯。警察可以牵动皮带让信号灯转变颜色，从而使行人和车辆有序行驶。

但好景不长，23天后，这盏信号灯突然爆炸，还让一位警察送了命。从那以后，交通信号灯被取缔了。

1914年，美国的克利夫兰市政府面向社会征集解决交通拥堵问题的方案，几名科学家想到了40多年前在英国街头出现的信号灯。于是，他们经过分析和改进，研制出“电气信号灯”。这种信号灯的优点很明显，一出现就得到了社会的认可，没多久，在美国其他城市也陆续出现了这种交通信号灯。

1918年，中国人胡汝鼎到美国深造。一天，他站在繁华的十字路口等待绿灯信号，当他看到绿灯亮正要通过时，一辆转弯的汽车擦身而过，吓得他出了一身冷汗。他反复琢磨，终于想到在红、绿灯中间再加上一个黄色信号灯，用以提醒人们注意危险。他的建议立即得到有关方面的肯定，并很快研制出样品。至此，红、黄、绿三色信号灯正式诞生。（563字）

四、长篇说明文的缩写

文章1

中国的饺子文化

饺子成为中国人春节的当家食品定型于汉代。经过战国和秦朝末期的社会大动荡，西汉初期推行"休养生息"政策，社会生产得到恢复和发展，社会秩序稳定。新年日期确立，正月初一吃饺子的习俗也最终形成。从汉代以后，过年习俗愈演愈烈。明朝的《明宫史·史集》记载了除夕吃饺子的情景，"五更起……饮椒柏酒，吃水点心，即扁食也。或暗包银钱一二于内，得之者以卜一岁之吉。"

春节是最富诗意的节日，以春季之始作为一年的开头，迎接新年也就是迎接春天。所以过年是中国人生命中最重要的节日，既喜悦又神圣，人们把春的播种、夏的耕耘、秋的收获、冬的收藏一起酿成浓酽的喜悦与香甜。四季企盼和期待都凝缩在这一天，父母把积攒了一年的快乐和盘托出。出门在外的儿女们不管阳光明媚，还是大雪抹平江河、坚冰封盖山川，无论天涯之远还是咫尺之近，都要"奔年"回家吃团圆饺子。为了这顿饺子，人们日出而作，日落而息，辛苦着并希望着，一次次回家，一次次上路。除夕年夜的饺子是终点，也是起点。"纵有珍肴万席，不如饺子一垫(一种类似高粱的作物秆制成双层排列的圆垫子)。"

除夕的饺子有许多讲究：一是馅必清素，不能放荤，寓意素净、顺利。二是包必人多，能干活儿的人都凑前，寓意亲和人气旺。三是烧必秸秆，不用风箱吹，只能用芝麻秆、棉花秆等秸秆烧，意为生活节节高。四是吃必守规，依辈分次序吃，辈分高的先吃；吃时吃偶数不能吃奇数，奇数不吉利；吃前先放炮，意为除邪驱恶；吃时尽量缩短时间，饺子盛在大盘里，家人相拥而就；吃时不蘸汁，小孩儿不上桌，寓意稳妥、平安、吉祥。

饺子形如元宝，有招财进宝之意，符合人们祈求财富的心理。饺子有馅儿，馅儿的内容千变万化，各式各样。一家人围案包饺子，把面皮儿放在掌心，圆圆的皮儿上放上馅儿，是一种变化和神秘，表达一种祝福。吃时全家老幼围着热气腾腾的饺子，品味着祖母、母亲的辛苦，共同体验时光流逝。温暖、祥和的气氛烘托着家园意识，亲情的感召力比食物的诱惑力大得多，吃下去的不仅仅是美味，更重要的是享受亲情和母爱。"没有饺子不过年，不吃饺子过不去年。"俗语说得虽有些偏颇，但从一个侧面反映出人们的渴望与向往。小小的饺子，包着人们对来年幸福、平安、吉祥、希望的祈盼，是新一年丰硕与收获的象征。它与中国传统文化完全融合，也铸造了中华民族炎黄子孙的灵魂，渗透到每个人生活中。(964字)

这篇文章介绍的是中国一种特殊的节日食品——饺子，以及这一食品特殊的文化内涵。

文章的第一段介绍了饺子的起源和发展。

第二段说的是中国人为什么对饺子这种食品情有独钟。

第三段说的是吃饺子的诸多讲究。

第四段说的是饺子这种食品包含的文化意蕴。它已经不仅仅是一种食品了,它代表的是人们对新生活的渴望和向往,代表的是中国的传统文化。

这篇文章阅读的难点在于文章中用到了许多文言词,这使文章具有浓郁的书面语色彩。

缩写后:

饺子成为中国人过年固定的食品是在汉代形成的。那时,经过了战国和秦末的战乱和动荡,到西汉时期,人们休养生息,生产力发展,社会逐渐稳定。新年日期的确定,就形成了正月初一吃饺子的习俗。从汉代以后,吃饺子的习俗愈演愈烈,史书上详细记载了除夕夜吃饺子的情景。

春节是中国人生命中最重要的节日。人们把春季作为一年的开始,所以春节代表着春天,代表着新的开始。人们把一年四季的期望和期盼都浓缩在了这一天。为了这一天,儿女们不管离家多远,也不管气候有多么严寒,都要回家过年,吃团圆饺子。这顿饺子既是告别过去,更是迎接未来。饺子已经成了中国人过年必不可少的食物。

除夕吃饺子有许多讲究。一是包饺子的馅儿要用素的,这象征着素净和顺利。二是包饺子的时候,人要多,越多越好,这象征着人气旺。三是煮饺子的时候,一定要用秸秆烧,意思是生活节节高。四是吃饺子的时候,有一定的规矩。长辈先吃,吃的时候吃偶数不吃奇数,因为奇数不吉利;吃饺子前先放炮,驱走邪恶;吃的时间要短,饺子盛在一起,一家人围在一起吃,这象征着吉祥和平安。

饺子的形状像元宝,意味着招财进宝。饺子的馅儿各种各样。一家老小围坐在一起吃着热气腾腾的饺子时,体验到的是家庭的祥和和温暖,感受到的是伟大的母爱和亲情。饺子已经不仅仅是一种食物,它反映了人们对新生活的渴望,象征着人们对来年幸福、平安和希望的追求。饺子已经成为中国传统文化的一部分,融入到了每个炎黄子孙的生活中。(567字)

文章2

红色影响获胜几率和生命机能

红色的果蔬含有丰富的植物化学成分,包含抗细胞因子、抗氧化剂和番茄红素。健康学家发现,这些成分能够预防癌症,特别是肺癌、前列腺癌和消化道癌。它们同时还可以延缓衰老,并且有利于防止黄斑变性,黄斑变性是导致老年人失明的主要诱因。

鲜红的草莓含有80%的水分、丰富的维生素C、少量膳食纤维和钾。大量抗坏血酸、凝集素和果胶使它成为降低胆固醇含量的理想食物。中医将它视为润肤剂、净化剂和利胆剂,认为它具有镇咳和抗风湿的作用,可以有效促进机体生长。苹果不仅可以抗腹泻、贫血和哮喘,还可以缓解神经系统紧张,促进睡眠。实验证明,每天吃一个苹果可在两个月内显著降低胆固醇含量。辣椒所含的膳食纤维能够控制血液中的胆固醇和葡萄糖,还可以改善肠道功能。

番茄则具有提神、助消化和抗炎等作用。

红色还能使人联想到爱情和激情,是一种与心脏、大脑和泌尿系统的健康有关的颜色。最主要的是它能激励人们奋勇直前,夺取胜利。

英国达勒姆大学的人类学家乌赛尔·希尔和罗伯特·巴顿研究了几届奥运会中的拳击、跆拳道、古典式摔跤的比赛结果,然后得出了一个结论:当比赛双方势均力敌时,穿红色运动服的一方取胜的可能更大。

球类运动也可以佐证这个事实。工作人员把所属不同的球类运动员随机组合在一起,抓阄组成红蓝两队。本来身体状况和技术水平相差无几的运动员,一旦穿上了红衣服,胜利的机会便会增加。

英国动物学家乔安娜·赛切尔对此推测深有同感。她早就注意到,耀眼的红色可以使雄性山魈在交配时处于有利地位。所以,炫耀自己臀部的红色,是雄山魈求偶的本能动作。

无独有偶,赛切尔在对动物观察中还发现,在雄性白腰文鸟的腿上套上红色塑料环能增加它们的统治力,连不同群落的雌性白腰文鸟,也对它表现得俯首帖耳。

科学家认为,性选择很可能影响了进化过程中人类和动物对颜色的反应。他们一致认为人类愤怒时会脸红,恐惧时脸色苍白,这在某种意义上便为红色作了注脚。

至于红色球衣为何增加了体育比赛的胜算,需要我们搞清楚,究竟是参赛者通过看到自己和队友身上的红色服装,兴奋的情绪提高了自身睾丸素水平,还是他的对手看到红色抑制了自己的激素分泌呢,抑或两者都发生了改变?

在分析研究足球队在本土和国外作战的表现时,科学家发现,东道主一方的睾丸素有所提高,因而表现上佳,而红色也会产生类似的效果使人的精神和斗志都达到顶点,甚至对一般的伤痛失去知觉。

好神奇的红色!(987字)

(作者:卓然,选自《知识窗》2008年第9期,有改动)

从题目看,文章谈的是颜色中的红色对两方面的影响,一是对生命机能的影响,一是对胜利的影响,阅读时要从整体上把握这两个方面。如果再详细说,对生命机能的影响体现在:红色能预防癌症,延缓衰老,辅助治疗各种疾病,等等。对胜利的影响体现在比赛中穿红色衣服更容易获胜;在动物的求偶过程中,红色也能助一臂之力。

文章第一段和第二段说的是红色果蔬对人体机能的影响。第一段总说果蔬中的红色所起的作用,第二段以草莓、苹果、辣椒、番茄为例说明红色果蔬给人带来的益处。

第三段总说红色在比赛竞争中的作用。

第四、五段说的是在体育比赛中穿红色衣服会更有可能获胜。

第六、七段进一步用例子来说明动物王国中红色也是有着积极的作用。

最后三段是解释红色影响获胜几率的原因。

缩写后：

红色的果蔬含有丰富的植物化学成分，这些成分能够预防癌症，特别是肺癌、前列腺癌和消化道癌；还可以延缓衰老，防止黄斑变性，黄斑变性是导致老年人失明的主要原因。

比如，鲜红的草莓含有丰富的水分、丰富的维生素C、少量膳食纤维和钾，还有其他能降低胆固醇含量的化学成分。中医认为草莓具有镇咳和抗风湿的作用，可以有效促进机体生长。苹果可以抗腹泻、贫血和哮喘，缓解神经系统紧张，促进睡眠。辣椒能够控制血液中的胆固醇和葡萄糖，还可以改善肠道功能。番茄则具有提神、助消化和抗炎等作用。

红色除了可以影响生命机能以外，还能激励人们的奋斗精神，增加人的获胜几率。

这句话承上启下，既总结上文又引起下文。

英国达勒姆大学的人类学家通过研究了几届奥运会中的拳击、跆拳道、古典式摔跤的比赛结果，得出了一个结论：当比赛双方势均力敌时，穿红色运动服的一方更有可能获胜。

球类运动也是如此。本来身体状况和技术水平相差无几的运动员，一旦穿上了红衣服，胜利的机会就会增加。

人类是这样，动物又如何呢？英国动物学家乔安娜·赛切尔注意到，红色可以使雄性山魈在交配时处于有利地位。所以，雄山魈在求偶的时候，会炫耀自身的红色。不仅山魈，鸟类也是如此，红色能增强雄鸟的统治力。

这是为什么呢？科学家认为，人类和动物对颜色的反应是进化过程中性选择的结果。

至于红色球衣为何增加了体育比赛的胜算，科学家发现，红色会使人的睾丸素有所提高，进而使人的精神和斗志都达到顶点，甚至对一般的伤痛失去知觉，从而增加了获胜的几率。（604字）

文章3

原始森林的奇观

年轻的达尔文随贝格尔号环球航行时，美洲的原始森林给他留下了非常深刻的印象：“那些深深铭记在我的脑里的景象中，没有什么能比未被破坏的原始森林更壮观的了……。”

从那时起，美洲的原始森林以惊人的速度被人为破坏，乃至毁灭。这也促使一些人奋起保护。在旧金山北边约20公里处，还奇迹般地保留着一片约2平方公里的原始森林，主要是美国红杉。

在红杉林里是很容易感受到原始森林的壮观的。红杉的大小仅次于它的近亲——同样生长在加州的巨杉，名列第二。但是其高度却超过了巨杉，是最高的植物，现存最高的一棵高达116米。

红杉这个名字是一名西班牙传教士取的，因为它的新鲜树皮为亮丽的红褐色。它的树皮非常厚，可以达到30厘米。这层又厚又软的树皮缺少树脂，保护了红杉不容易被森林火灾烧毁。在森林中经常可以见到曾被火烧、树干黝黑然而仍然茁壮成长的红杉。红杉的树皮中含有丰富的丹宁酸，能保护它不受昆虫的伤害。这些都使得红杉异乎寻常地长寿，能够活到2000年以上。

但是在这片森林中，还是能看到不少正在或者已经死去的红杉。有一棵红杉熬过了几次火灾之后，终于被烧死，剩下一截焦黑的树桩还屹立不倒。不过残桩是终究要倒下的。还有几棵巨大的红杉整个倒在了地上。

森林的工作人员介绍说，以前为了预防火灾，他们会把倒地的死树清理掉。现在则认识到死树也有其生态作用，顺其自然了。

的确，这些死去的大树也是森林的重要成员，发挥着难以替代的作用。红杉树皮含有休眠芽。树干倒下、死去会刺激这些休眠芽开始发育，长出树苗。它们是老树的克隆，将各自逐渐长成大树。它们或者在倒下的树干上整齐地排成一排，或者以老树的残桩为中心，组成一个“家庭小圈子”。

如果倒下的大树没有留下克隆，也不会浪费掉。蘑菇将在它们上面生长、繁衍，昆虫将以它们为食或在那里栖息，两栖动物、鸟类和哺乳动物也会在那里筑巢，甚至北美山猫也被发现住在红杉残桩的洞中。如果大树倒在溪流中，会形成水坑，鲑鱼将在那里产卵。缪尔森林中的溪流是濒危的野生鲑鱼最后的繁殖地之一。

倒地的树干能吸收雨水，保持土壤的潮湿。落叶和球果也容易在倒地树干的周围聚集。在它们逐渐腐烂后，其含有的营养素就逐渐释放进了土壤，因此，死树周围的土壤变得特别肥沃，掉在那里的种子很容易生根发芽。

如果你在森林中看到一棵大树倒下，无须为此伤感。一棵大树的倒下，不仅仅是一个旧生命的结束，更是无数新生命的开端。而这，不过是原始森林的一个小小奇观。(995字)

(作者：方舟子，选自《青年文摘》，有改动)

这篇文章介绍的是美洲的原始森林中，一种奇特的植物——红杉。文章的开头是以达尔文在一次航行中见到美国的原始森林开始的。

第二段说的是目前存在于美国的一小片原始森林，这片森林主要是红杉林。

第三、四段说的是红杉的高度、红杉的得名及红杉的寿命。

第五至九段说的是死去的红杉还在发挥着作用：成为老树的克隆，成为其他动物的栖息地，保持土壤的潮湿，等等。而这些作用就是一种奇观。

最后一段是总结，呼应了文章的标题。

缩写后：

达尔文在一次环球航行中，看到了美洲的原始森林，他被原始森林的壮观深深地震撼了。遗憾的是，从那时起，原始森林就遭到了人为的破坏，以惊人的速度在消失。地球上的原始森林已经所剩无多。幸运的是，在美国旧金山北约 20 公里处，还有一小片原始森林，主要是红杉林。

红杉是一个西班牙传教士命名的，主要是由于它的树皮是红色的。在这片红杉林里，生长着许多高大的红杉，最高的一棵高达 116 米，这是地球上最高的植物。红杉的树皮非常厚，达 30 厘米，能保护它不被火烧。此外，红杉的树皮中含有丹宁酸，能保护它不受昆虫的伤害。这些因素都使红杉成为长寿树种，寿命可达 2000 岁。

尽管如此，在森林中依然可以看到被烧毁的以及不知什么原因而倒下的红杉树。千万别小看这些死去的红杉树，它们还发挥着巨大的作用。

首先，红杉的树皮中含有休眠芽。树干死去会使这些休眠芽开始发育，长出树苗。它们将逐渐长成大树。

其次，如果休眠芽没有长成大树，也没关系。这些死去的树将会成为其他动物的家园。死去的树上将会生长蘑菇，昆虫将以它们为食或在那里栖息，两栖动物、鸟类和哺乳动物也会在那里筑巢。

第三，如果大树倒在溪流中，会形成水坑，鲑鱼将在那里产卵。

第四，倒地的树干能吸收雨水，保持土壤的潮湿。当这些树木逐渐腐烂后，它们所含有的营养物质就到了土壤里。因此，死树周围的土壤会变得特别肥沃，掉在那里的种子也很容易生根发芽。

所以，死去的树不仅仅是一个旧生命的消失，更是许多新生命的开始，这就是原始森林的奇观。（610 字）

文章 4

追溯奥林匹克运动会

希腊宗教圣地——奥林匹亚是奥林匹克运动会的发祥地。奥林匹亚位于雅典城西南 360 公里的阿尔菲斯山谷，古希腊人把这块土地叫做阿尔菲斯神城，也称“圣地奥林匹亚”。当初就是在这里举行祭神竞技赛会。

从公元前 8 世纪开始，当地每四年举行一次宗教节日，奥林匹亚竞技会是节庆活动之一，它象征着和平和友谊。最初这项活动分散在各地，也不定期。公元前 884 年，奥林匹亚所在的伊利斯城邦国王，联络其他几个城邦的国王，达成了一项定期在奥林匹亚举行运动会的协议，并规定在运动会举行期间，实行“神圣休战月”。“神圣休战月”期限三个月，在此期间，任何人不得发动战争，就是正在交战的双方也要停止战争，参加奥林匹亚运动会。

首次比赛是在公元前776年，运动员从祭坛点燃火炬，奔赴希腊各个城邦。他们高擎火炬，一边奔跑，一边呼喊：“停止一切战斗，参加运动会去！”火炬到达哪里，哪里的战火就熄灭了，全希腊又恢复了和平的生活。人们忘记了战争，都准备参加另一场战斗——奥运会竞技。此后每隔四年举行一次，因最初比赛地点在奥林匹亚，所以称奥林匹克运动会。

奥林匹克运动会，最初只有赛跑一项，后来又增加了铁饼、标枪、跳远、拳击、摔跤和马车赛等项目，以后项目越来越多。

1896年，在希腊国王赞助下，现代第一届奥运会在希腊雅典特建体育场举行。此后除第二次世界大战期间外，每四年一届，分别在世界各地举行。1924年，首届冬季奥运会在法国举行。

《奥林匹克宪章》的精神是：相互了解、友谊、团结和公平竞争。奥林匹克运动会的口号是：更快、更高、更强。国际奥林匹克总部设在瑞士的洛桑，是奥林匹克运动的最高权力机构，领导奥林匹克运动会。

1949年，中华人民共和国成立后，当时国际奥委会个别领导人企图制造两个中国的局面，在未经过任何会议和表决的情况下，承认台湾体育组织，迫使中华人民共和国奥委会于1958年8月与国际奥委会中断联系。1975年，我国奥委会正式向国际奥委会提出申请，要求恢复中华人民共和国在国际奥委会中的合法权利。1979年11月26日，我国在国际奥委会中的合法席位得到恢复。2001年7月13日，在莫斯科举行的国际奥委会第112次会议上，经过全体国际奥委会委员表决，北京以56票获得2008年夏季奥运会的主办权。(894字)

这篇文章介绍的是奥林匹克运动会的起源及发展。文章大体上是按时间顺序来安排的。

第一段是奥林匹克运动的发源地——奥林匹亚的简介。

第二段介绍的是这项运动产生的原因。

第三段说的是奥林匹克运动会的首场比赛。

第四段说的是运动会的比赛项目的逐渐增多。

第五段说的是现代奥运会比赛日趋完善和正规，且增加了冬季奥运会。

第六段介绍的是和奥运会相关的一些知识。

最后一段简单介绍了中国参与奥委会组织的过程。

缩写后：

奥林匹克运动会的发祥地是在希腊的奥林匹亚。该地是希腊的宗教圣地，位于雅典城西南360公里的阿尔菲斯山谷。当初在奥林匹亚地区举行的还不是运动会，只是祭神竞技会。

最初这项活动分散在各地，时间也不固定。公元前884年，奥林匹亚所在的伊利斯城邦国王，联络其他几个城邦的国王，达成了一项定期在奥林匹亚地区举行运动会的协议，并规定在运动会期间，任何人不得发动战争，就是正在交战的双方，也要停止战争，参加奥林匹亚运动会。

首次比赛是在公元前776年，运动员点燃火炬，奔赴希腊各个城邦。他们高擎火炬，号召人们参加竞技会。这个时候，人们忘记了战争，都投入到奥运会竞技中。所以奥林匹亚竞技会成了和平的象征。因最初比赛地点在奥林匹亚，所以得名为奥林匹克运动会。

奥林匹克运动会的项目最初只有赛跑一项，后来又增加了铁饼、标枪、跳远、拳击、摔跤等其他项目，以后运动项目越来越多。

1896年在希腊雅典体育场举行了现代第一届奥运会，此后每四年一届，分别在世界各地举行。1924年，又增加了冬季奥运会，比赛地点在法国。

《奥林匹克宪章》的精神是：相互了解、友谊、团结和公平竞争。奥林匹克运动会的口号是：更快、更高、更强。国际奥林匹克总部设在瑞士的洛桑。

1949年，中华人民共和国成立后，当时国际奥委会个别领导人企图制造两个中国的局面，承认台湾体育组织，中华人民共和国被迫退出奥委会。1975年，我国正式向国际奥委会提出申请。1979年，我国在国际奥委会中的合法席位得到恢复。2001年7月13日，在莫斯科举行的国际奥委会会议上，北京以56票获得2008年夏季奥运会的主办权。（639字）

文章5

辐射到底可不可怕

最近，科学家对20多年前苏联的切尔诺贝利核灾难的幸存者进行了调查，结果发现，辐射对人体健康的危害被严重夸大。对这座前苏联核反应堆爆炸后果的研究指出，低水准的辐射并非人们所认为的那样危害人体健康，甚至可能是有益的。

此外，从暴露于放射性环境中的人群和动物身上收集到的证据也让科学家确信，辐射的危害表现远比人类预料的更为复杂。就一般情况而言，辐射剂量的增加将直接导致危险系数的上升。但上述新理论认为，实际上存在一个临界值，某一剂量以下的辐射可能是安全的。新理论的出现将使有关核能安全性的争论变得更加激烈。英国政府希望借新理论之力获得大众对建设新一代核电厂的支持。

参与此项研究的科学家表示，越来越多的证据显示，让辐射和核能背负危害人体的恶名是不公正的。人们一听到辐射这个词，往往联想到原子弹和数千人的丧生。在他们看来，切尔诺贝利的核灾难与日本的原子弹爆炸是相同的，而实际上这种想法是完全错误的。

最初的预测曾认为，切尔诺贝利核灾难将导致几十万人丧生。但20多年过去了，死亡人数仍停留在56人。据联合国切尔诺贝利论坛统计，放射性微尘直接导致的死亡人数不会超过4000人，辐射可能导致另外5000人丧生。虽然这些估计的死亡人数过高，但切尔诺贝利地区发现的甲状腺癌患者已有4000例，死亡人数为15人。由于灾难发生后播放了电视录像，患病的人数还会上升。切尔诺贝利核灾难对人体健康的危害主要不是来自辐射，而是人们内心的恐惧。

世界卫生组织辐射处的迈克·科帕科利指出:“我们知道,很多人遭到了低剂量的辐射,我们不是要淡化灾难的影响,但我们必须清楚对辐射的恐惧和忧虑才是更可怕的因素。正是恐惧,才导致大量健康问题的出现。”

低数量的死亡人数和不利的健康影响显示,切尔诺贝利周边居民受到的低水准辐射并没有人们想象中的那么危险。从这座核反应堆周围污染最严重地区的野生动物身上,科学家收集了进一步的证据。研究发现,每天吸收 8~15 毫西弗特辐射(相当于 8000 次胸部 X 光透视)的哺乳动物,并没有出现任何基因受损的情况。

辐射,即使在我们的测量中发现的高水准辐射,都不足以导致终生生活在这一地区的动物体内出现任何可检测的 DNA 损伤现象。其他有关天然辐射的研究也显示,低水准的辐射不会导致基因受损或者癌症。总之,辐射本身的危险性并没有人们想象中的可怕,真正可怕的是人们对辐射的恐惧。(960 字)

(作者,丁永明,选自《知识窗》2007 年第 7 期,有改动)

这是一篇事理说明文,题目是用问句的形式出现的。整篇文章围绕着切尔诺贝利核反应堆爆炸事故造成的核辐射是否对人体有危害这个问题来进行说明。文章第一段就开门见山地告诉了我们答案,即辐射不但不可怕,低水准的辐射还是有益的。为了证明这一点,作者在下文中一步步地以各种方式论证。

第二段指出,新理论认为,某一剂量以下的辐射是安全的。

第三段说明其他证据也显示辐射对人体没有那么大的危害。

第四段用数据说明辐射造成的死亡人数并不算多,真正导致人死亡的是人们对辐射的恐惧。

第五段引用某一名人的话说明上一段的观点。

第六段用证据证明核辐射没有人们想象的危险。

最后一段作总结,并呼应开头,告诉人们辐射并不可怕。

缩写后:

最近,科学家对 20 多年前苏联切尔诺贝利核灾难的幸存者进行了调查,结果发现,辐射对人体健康的危害被夸大了。低水准的辐射并非人们所认为的那样危害人体健康,甚至可能是有益的。

此外,从核辐射周围地区的人群和动物身上收集到的证据也让科学家确信,就一般情况而言,辐射剂量的增加将直接导致危险系数的上升。但新理论认为,实际上存在一个临界值,某一剂量以下的辐射可能是安全的。如果这一理论是正确的,那就说明建核电站是安全的。

参与此项研究的科学家表示,越来越多的证据显示,辐射对人体的危害并没有人们想象的那么大。人们一听到辐射这个词,往往联想到原子弹和数千人的丧生,而实际上这种想法是完全错误的。

最初的预测曾认为,切尔诺贝利核灾难将导致几十万人丧生。但20多年过去了,死亡人数仍停留在56人。虽然说患某种疾病的人数仍在增加,但这不是辐射造成的,而是人们看完电视录像后,内心恐惧造成的。所以世界卫生组织辐射处的迈克·科帕科利说:许多人遭到了辐射,以为辐射是一场灾难,人们对辐射的恐惧和忧虑才是危害人体健康的主要原因。从切尔诺贝利核反应堆周围污染最严重地区的野生动物身上,科学家收集到了进一步的证据。他们发现,每天吸收8~15毫西弗特辐射(相当于8000次胸部X光透视)的哺乳动物,并没有出现任何基因受损的情况。

所以,即便是高水准辐射,都不足以损伤生物体的DNA,低水准的辐射也不会导致基因受损或者癌症。

总之,辐射本身不可怕,真正可怕的是人们对辐射的恐惧。(607字)

文章6

斑驴

在南非从好望角到奥兰治的辽阔草原上,曾生活着一种前半身像斑马、后半身像驴的奇异动物,这种动物最初被人发现时,曾被误认为是斑马的一种。事实上,它们并不是我们熟知的斑马,而是一种陌生的动物——斑驴。

斑驴的体形与斑马大致相同,但它们身上的条纹不像斑马那样遍布全身,只是头到身体的前半部有条纹,而且脖颈上的条纹延伸到短而立直的棕毛上。它的身体后半部为黑色,而腹部和四肢却为白色。

为了能在草原上更好地生活,斑驴常常与牛羚、鸵鸟混群吃草。这几种动物组合之后,凭借鸵鸟的视力、牛羚的嗅觉、斑驴的听力,取长补短,就能够有效地防御它们共同的敌人——狮子!

虽然体重达400余公斤,无比健壮的斑驴却很少成为天敌口中的饕餮大餐。但由于它肉质鲜美,因此一直是非洲人主要的猎食对象。不过,原始的狩猎方式并没有给斑驴以致命性的打击,真正给斑驴带来灭顶之灾的,是19世纪初期布尔人的到来。

布尔人是到南部非洲殖民的荷兰人后裔,早在1652年就已侵入南非,成了这里的"主人"。但好景不长,1795年,随着殖民地遍及世界各个角落、实力最强大的英国军队的到来,布尔人不得不被迫向北迁移,于是便来到了斑驴的栖息地。

布尔人虽然斗不过英国人,但他们在"手无寸铁"的斑驴面前却成了绝对的强者。他们虽然并不像当地人那样喜欢吃斑驴肉,但却看中了斑驴亮丽的皮毛。他们骑着马,利用火器和套索,大肆猎杀斑驴,然后剥下皮做成标本运到欧洲出售。在巨额利润的诱惑下,当时的布尔人大多以此为业,将他们所能看到的斑驴赶尽杀绝。

为了"拯救"已濒临灭绝的斑驴,欧洲人特别是英国人开始捕捉活斑驴运回欧洲,试图人工饲养繁殖。他们把斑驴驯为家马的夜间守护者,或让它们看门守夜。英格兰还曾兴起用斑驴拉车的风气,在伦敦周围,郡长的马车后便拴着两头斑驴。可惜,作为一种野生动物,斑驴生性桀骜不驯、宁死不屈,伦敦就发生过一起斑驴撞墙而亡的悲壮事件。

野生斑驴灭绝的命运在人类的疯狂捕猎下已无可挽回，而人工饲养的斑驴也难逃灭绝的厄运,于是斑驴的彻底灭绝便成为必然。1878 年,随着非洲草原上最后一头野生斑驴被射杀,以及 1883 年世界上最后一头被饲养在荷兰阿姆斯特丹动物园中的雌斑驴在孤苦伶仃中死去,斑驴这种曾一度在地球上种群兴旺的动物已万劫不复。

斑驴灭绝 100 年后的 1984 年,美国科学家曾从一家德国博物馆所收藏的斑驴皮肤标本上获取足够的样本,成功地对其 DNA 序列进行了克隆。然而,这一成功离细胞和组织的克隆还很远很远——克隆的基因片段只占十万分之一，并且即使每个基因片段都克隆出来也不能修复细胞。这意味着想克隆出一头真正的斑驴,几乎是一件“不可能完成的任务”。

(1063 字)

(作者:郭燕,选自《知识窗》2007 年第 11 期,有改动)

第一段介绍斑驴的生活地和外形。

第二段介绍斑驴和斑马的异同之处,也就是斑驴的特点。

第三段介绍斑驴的生存方式。

第四至六段说的是斑驴是如何走到濒临灭绝地步的。

第七段说的是英国人拯救野生斑驴的行动及结果。

第八段说明斑驴的最终灭绝。

最后一段提出科学家们想克隆出斑驴的愿望虽然是美好的,但实际上根本不可能实现。

缩写后:

在南非的辽阔草原上,曾生活着一种前半身像斑马、后半身像驴的奇异动物,这种动物并不是我们熟知的斑马,而是一种陌生的动物——斑驴。

斑驴和斑马有相同之处也有相异之处。相同之处是两者体形大致相同,不同之处是斑驴身上的条纹不像斑马那么遍布全身，只是头到身体的前半部有条纹，它的身体后半部为黑色,而腹部和四肢却为白色。

斑驴并不是单独生活的。它们在草原上与牛羚、鸵鸟混群吃草。凭借各自的特长,取长补短,它们就能够共同有效地防御狮子。

斑驴很健壮,也因为肉质鲜美,而成为非洲人主要的猎食对象。但是,非洲人的原始猎食方式并不会导致斑驴的灭绝,真正让斑驴遭受灭顶之灾的是布尔人的到来。

布尔人是到南部非洲殖民的荷兰人后裔,因为英国军队的到来,布尔人被迫向北迁移到了斑驴的栖息地。

在斑驴的栖息地,他们任意妄为。布尔人不是食用斑驴的肉,而是想要斑驴的皮毛。他们猎杀斑驴以后,剥下皮运到欧洲,并高价卖出。一时间斑驴几乎被赶尽杀绝。

为了“拯救”濒临灭绝的斑驴，英国人开始捕捉活斑驴运回欧洲，试图人工饲养繁殖。但是作为一种野生动物，斑驴生性桀骜不驯，它们宁死也不接受人类的驯化。1878年，非洲草原上最后一头野生斑驴被射杀，1883年世界上最后一头被饲养在动物园中的雌斑驴死去，这宣告着斑驴彻底灭绝。

斑驴灭绝后，美国科学家曾从一家德国博物馆收藏的斑驴皮肤标本上获取足够的样本，成功地对其DNA序列进行了克隆。然而，这并不意味着就能克隆出一头真正的斑驴。因为克隆的基因片段只占十万分之一，并且即使每个基因片段都克隆出来也不能修复细胞。所以要想克隆出一头真正的斑驴，几乎是不可能的。（662字）

文章7

基因组改变人类未来

“人类基因研究能为我们带来什么？”“今后能不能利用基因药物、基因疗法攻克现在的顽症？”“通过对人体基因的研究，我们都能长寿吗？”“科学家会不会利用拼接DNA造出新生命？”现在人类基因组测序工作已经进入尾声，人们更关心的是人类基因组研究将会如何改变我们的生活。

人类10万个基因的信息以及相应的染色体位置被确定后，将成为医学和生物制药技术创新的源泉。从目前研究来看，一些困扰人类健康的主要疾病，例如心脑血管疾病、糖尿病、肝病、癌症等都与基因有关。依据已知的基因序列和功能来设计新药，基因药物将成为21世纪医药中的一支新锐。也正因如此，各大生物医药公司对于基因药物的争夺才日趋白热化。

美国国家基因组研究所所长柯林斯博士说，今后10年内，基因检验将成为预测个体对疾病敏感性的例行手段。到2010~2020年，基因疗法将成为一种普通的治疗方法。

科学家们认为，人类有一个共同的基因组。任意挑出两个人，他们的基因序列99.9%以上是相同的。不同种类、不同个体间基因序列的差异不到0.1%，但正是因为这极少数基因上的序列差别，形成了地球上千差万别的芸芸众生。

也许三四十年以后，你去看病，医生会问你是否带上了自己的基因图谱档案。或许在一二十年后，基因组测序所需的时间和成本就能降低到个人可以接受的程度。届时，医生可根据这些信息对某些疾病作出正确的基因诊断和预测某些疾病发生的可能性，人活到100岁将不成问题。

随着基因和基因组研究的进展，许多疾病在发作之前就能在分子水平上得到治疗，对人类“衰老基因”和“长寿基因”的详细了解也将激发人类为延长自己的寿命而努力。

目前，一些国家的人平均寿命已突破80岁，中国人也突破了70岁。柯林斯预测说，到2050年，人类的平均寿命将达到90~95岁。中国工程院院士巴德年教授说，再过20年人类有望攻克癌症，心脑血管疾病也将会得到有效防治。到2020~2030年，可能出现人口平均年龄突破100岁的国家。

去年,美国发现的益智基因引起了不小的轰动。人人都希望自己、希望下一代更聪明。能否通过基因修改而使自己更聪明,甚至凭空制造出一个聪明的新生命,这种想法很可能在若干年后变为现实,科学家或许能够将DNA碱基因连在一起,生成基因和基因组。

柯林斯说,如果创造出的基因能够在其周围制造出细胞,生成的细胞又能够可靠地繁殖,那么就有可能凭空制造出全新的生命。我们可以想象,由此带来的社会伦理问题绝对不比克隆少。

今天的基因组计划将如何改变我们的未来?人类基因组研究的知名专家、美国塞莱拉公司的首席科学家范特教授说的一句话是最好的答案:"破译基因组密码的意义,就如同在刚发现电的那个年代就没有人能想象出个人电脑、互联网一样。"未来是难以预料的,但它已经越来越多地掌握在人类自己的手中。(1111字)

文章第一段中的三句问话是我们阅读下文的关键,也是提纲,记住了这三句话,文章的全局就能把握住了。

第二至五段说明的问题和第一段中的"今后能不能利用基因药物、基因疗法攻克现在的顽症?"这句话相照应。

第六、七段说明的问题与第一段中的"通过对人体基因的研究,我们都能长寿吗?"这句话相照应。

第八、九段说明的问题和第一段中的"科学家会不会利用拼接DNA造出新生命?"这句话相照应。

最后一段是总结性段落。

缩写后:

人类对基因组的研究已接近尾声,那么基因组究竟能在哪些方面改变我们的未来呢?

第一方面,利用基因药物、基因疗法攻克目前难以治愈的疾病。

从目前的研究来看,一些困扰人类健康的主要疾病,例如心脑血管疾病、糖尿病、肝病、癌症等都与基因有关。如果能依据已知的基因序列和功能来设计新药,那么这些基因药物将能够治愈人类的疾病顽症。

而基因疗法的前景也很乐观。今后10年内,基因检验将成为预测个体对疾病敏感性的例行手段。到2010~2020年,基因疗法将成为一种普通的治疗方法。

人与人之间的基因序列存在着小小的差别,这种差别造成了人类个体的不同,也成为医生检测疾病的手段。所以将来如果你去看病,医生会问你是否带上了自己的基因图谱档案。届时,医生可根据这些信息对某些疾病作出正确的基因诊断和预测某些疾病发生的可能性。

第二方面,通过对基因的研究,人类的平均寿命将延长。

基因研究可以使我们预防很多疾病,中国科学家说再过20年人类有望攻克癌症,心脑血管疾病也将会得到有效防治。基因研究还有助于了解人类衰老的原因,从而使长寿成为可能。科学家预测说,到2050年,人类的平均寿命将达到90~95岁。到2020~2030年,可能出现人口平均年龄突破100岁的国家。

第三方面,利用拼接DNA,人类将造出新生命。如果创造出的基因能够在其周围制造出细胞,生成的细胞又能够可靠地繁殖,那么就有可能凭空制造出全新的生命。当然由此也会带来很多的伦理问题。

总之,基因研究一定会改变人类的未来,尽管究竟如何改变还难以预料,但毫无疑问,基因是掌握在人类自己手中的。(632字)

文章8

漫话扇子

我国是扇子的故乡,扇子在我国有着悠久的历史。很早以前,古代的能工巧匠就开始制作扇子,而且由于时代不同,扇子的样式也发生着变化。

> 这句话告诉我们,这篇文章运用的说明顺序是时间顺序,说明的对象是扇子。

最初的扇子叫羽扇,是用鸟的羽毛做成的。工匠们采集飞禽羽毛,选用其中又长又漂亮的,按颜色配在一起,制成一把美丽的羽扇。不过羽扇刚诞生时,并不用于扇风解暑,而是由侍者手持,为帝王遮风蔽日,有时也作为仪仗。只是到了汉代,羽扇才有了今天的用途。羽扇出现后,很快就成为文人武将的爱物。《三国演义》中足智多谋的孔明军师,手中常常轻挥一把鹅毛扇,神态潇洒地运筹于帷幄之中。这鹅毛扇就是羽扇的一种。苏东坡在词中这样描写周瑜:

“羽扇纶巾,谈笑间,樯橹灰飞烟灭。”

寥寥数语,为我们描绘出一位风流倜傥的都督形象。由此可见,羽扇在三国时期已经普遍被人们使用。

> 介绍了第一种扇子——羽扇。羽扇是用鸟的羽毛做成的。最初它并不用于扇风解暑,而是由侍者手持,为帝王遮风蔽日。到了汉代,羽扇才有了今天的用途。

大约在汉代,又出现了一种新扇子——团扇。用竹木或兽骨做柄,竹篾或金属丝做成圈,蒙上白色的绢、纸而成。聪明的艺术家又在扇面上题诗作画,团扇就更精美了。

唐朝杜牧的《秋夕》中有“轻罗小扇扑流萤”的诗句,这里的“轻罗小扇”应该就是指这种小扇子。随着历史的发展,团扇渐渐只成为小姐贵妇们的宠物。《红楼梦》里的“宝钗扑蝶”中,薛宝钗拿的就是这种扇子,只不过扇面上的图案是用五彩丝绣成的。团扇的图案或是花鸟虫鱼,或是古代仕女,件件都是精美的工艺品。

> 团扇是用竹木或兽骨做柄,竹篾或金属做成圈,蒙上白色的绢、纸而成的。

大概在唐代,折扇从朝鲜传入我国,开始得到一些官僚贵族、文人墨客的喜爱。这种扇子是由竹木、象牙等做骨架,上面蒙上纸或绢做成。可以折叠,打开有30~40厘米宽,而折上只有2~3厘米宽、30厘米长。它比较耐用,携带方便,因而久盛不衰,我们今天也大多使用这种扇子。折扇有几十种,最常见的扇面是纸的,上面或题诗、或绘画、或诗画俱全。在扇面上作画,宋朝时就有这种风气。北宋画家郭熙年迈时曾在扇面上画了一幅风景画,后来这把扇子被苏东坡得到。苏东坡对郭熙的绘画技术赞叹不已,亲自为画题诗,成为宋朝一段佳话。

折扇是从朝鲜传入我国的,开始得到一些官僚的喜爱。这种扇子用竹木、象牙等做骨架,上面蒙上纸或绢做成。可以折叠,较为耐用,携带方便,至今还被广泛使用。

随着扇子的发展,扇子艺术产生并发展起来。明朝画家唐伯虎经常在扇面上做画题诗。他做画题诗的扇子,成为后人收藏的艺术珍品。

到了近代,有许多画家还举办了扇画展览。朱孔阳先生是我国现代杰出的画家、书法家。他当年在上海卖艺时,曾与陶冷月先生合办扇展。陶先生作画,朱先生挥毫作书。"陶朱公卖扇",一时传为美谈。

除了上面介绍的几种扇子,我国劳动人民多用植物的茎叶做成扇子,如葵扇、蒲扇等。这些扇子虽不能登"大雅之堂",但物美价廉,经久耐用,又能就地取材,因而受到人们的普遍喜爱。

另外一种劳动人民常常使用的扇子。

扇子的制作体现了我国古代劳动人民的智慧,扇子艺术也是我国古代优秀文化的一部分。(1062字)

缩写后:

我国是扇子的故乡,扇子在我国有着悠久的历史。

由于年代不同,扇子种类也发生着变化。最初的扇子叫羽扇,顾名思义,羽扇是用鸟的羽毛做成的。不过羽扇刚诞生时,并不用于扇风解暑,而是由侍者手持,为帝王遮风蔽日,有时也作为仪仗。只是到了汉代,羽扇才有了今天的用途。羽扇出现后,很快就成为文人武将的爱物。《三国演义》中足智多谋的孔明军师,手中常常轻挥一把鹅毛扇,这鹅毛扇就是羽扇的一种。苏东坡在词中描写周瑜时也提到羽扇。由此可见,羽扇在三国时期已经普遍被人们使用。

汉代的时候,又出现了一种新扇子——团扇。团扇是用竹木或兽骨做柄,竹篾或金属丝做成圈,蒙上白色的绢、纸而成。如果在扇面上题诗作画,团扇就更精美了。随着历史的发展,团扇渐渐只成为小姐贵妇们的宠物。也就是说团扇的欣赏价值重于其实用价值,是很好看的精美的工艺品。

大概在唐代，折扇从朝鲜传入我国，开始得到一些官僚贵族、文人墨客的喜爱。这种扇子是由竹木、象牙等做骨架，上面蒙上纸或绢做成。可以折叠，比较耐用，携带方便，因而至今还在使用。折扇种类也很多，最常见的扇面是纸的，上面或题诗、或绘画、或诗画俱全。

扇子的发展带动了扇子艺术的产生和发展，在扇面上题诗作画就是很好的说明。

除了上面介绍的几种扇子，我国劳动人民多用植物的茎叶做成扇子，如葵扇、蒲扇等。这些扇子虽然不名贵，但物美价廉，经久耐用，又能就地取材，因而受到人们的普遍喜爱。

扇子的制作体现了我们古代劳动人民的智慧，扇子艺术也成为我国古代优秀文化的一部分。（622字）

文章 9

血型是怎样发现的

奥地利医生卡尔·兰茨泰纳发现人类的血型共有四种，有些可以安全混合在一起，有些却不能。这一发现拯救了几百万人的生命。兰茨泰纳的成果公布后，手术输血安全了，不再有风险，病人在手术中的存活几率大大提高。由于手术安全有了保障，许多新手术都可以进行了。

兰茨泰纳的发现还大大推进了人们对血液结构及其化学性质的认识，为20世纪早期的许多关键医学发现铺平了道路。

> 文章没有先说明血型是怎么发现的，而是先说明血型发现的重大意义和它们的发现者。

1897年，奥地利的维也纳是一个充满魅力的城市，跟世界上的任何城市一样。卡尔·兰茨泰纳医生在维也纳大学医学部工作，负责死因（验尸）医学检查。

> 介绍血型发现者的工作背景，和医学有关。

那年4月的一天，兰茨泰纳检查了4个因手术死亡的病人。他们的死因相同：血液凝集（凝块）。每个病人都接受过输血，本人的红血细胞和输入的红血细胞凝结成块，造成死亡。

这种情况，兰茨泰纳在几千次的演示中已司空见惯。为什么只是有些病人才发生这种情况呢？他思索着。

那天晚上，他为妻子和几个朋友弹奏钢琴。卡尔觉得只有弹钢琴还算有点儿成就。听过他演奏的人，大多数都劝他弃医从艺。钢琴师可是个前途光明的职业。

他正在弹奏一支熟悉的曲子。兰茨泰纳突然想到原因可能就出在病人的血液上。人人都认为血液是相同的，如果情况并非如此呢？

> 兰茨泰纳在弹奏钢琴时想到人们的血液并非是相同的。

第二天早晨,他从20个病人身上采集血样,想看看自己是否能弄清楚哪些血样可以安全混合。

为了验证头一天的想法,他开始做实验。

他把试管排成一排,把每个病人的几滴血液跟其他每个病人的掺在一起。

他用显微镜观察哪些红血细胞凝结,哪些不凝结。在显微镜下,他查看了还不到一半的试管,就吃惊地发现能轻而易举地把血样分成明显不同的两组。一组中的任何红血细胞跟另一组中的任何红血细胞都凝结成块,但是,细胞却从不黏附到同组中任何其他血样的血细胞上。

他把这两组分别命名为A和B。有些血液是互相排斥的,不同人的血的确是不同的!

兰茨泰纳继续检测,又发现了既不跟A型也不跟B型凝结的血型,属于这一组的人可以安全地给任何人输血。他把这一组命名为O型。

接下来,他发现有一种血样,跟A型和B型都发生凝结。由此看来,还存在第四种血型,跟A型和B型都发生反应,就像O型跟这两种都不发生反应一样。

卡尔把这第四种命名为AB型。

这些说的是四种血型发现的具体过程,这一部分在缩写时是不能省略的。

血液并非都是一样的,有四种不同的类型。要保障输血的安全,医生必须分别测定病人和献血者的血型。道理看似简单,显而易见,然而这一发现却挽救了数百万人的生命。

(944字)

(作者:亥文,选自《青年博览》2008年8月下半月刊,有改动)

缩写后:

血型是由奥地利医生卡尔·兰茨泰纳发现的,他的发现大大增加了病人的手术存活率,增加了输血的安全性,因此而挽救了很多人的生命。

卡尔·兰茨泰纳是某大学医生,负责死因(验尸)医学检查。

1897年4月的一天,兰茨泰纳检查了4个因手术死亡的病人。这4个病人的死因是相同的:血液凝集(凝块)。每个病人都接受过输血,输血使红血细胞凝结成块,造成死亡。这是什么原因造成的呢?这个问题困扰着兰茨泰纳,他苦苦地思索着。

当天晚上,当兰茨泰纳正在家里为客人们弹奏钢琴的时候,突然想到,原因可能就出在病人的血液上。人人都认为血液是相同的,但事实可能并非如此。为了印证他的想法,第二天早晨,他从20个病人身上采集血样,把每个病人的几滴血液跟其他每个病人的掺在一起。

在显微镜下观察的时候,他发现,不同人的血的确是不同的!血液首先能分成两组。一组中的任何红血细胞跟另一组中的任何红血细胞都凝结成块，但是，细胞却从不黏附到同组中其他血样的血细胞上。他把这两组分别命名为A和B。在接下来的检测中，他又发现了既不跟A型也不跟B型凝结的血型，属于这一组的人可以安全地给任何人输血。他把这一组命名为O型。

在接下来，他发现还有一种血样，跟A型和B型都发生凝结。由此看来，还存在第四种血型，跟A型和B型都发生反应，就像O型跟这两种都不发生反应一样。

卡尔把这第四种命名为AB型。

血液并非都是一样的，有四种不同的类型，这一看似简单的道理挽救了数百万人的生命。(598字)

文章10

灾难之中如何求生

当灾难发生的时候，人类有一种反应会大大增加死亡的概率，那就是很多人被吓呆了。他们好像一下子失去了力气，手足无措，呆若木鸡。1994年9月28日，当代欧洲最惨烈的海难出现了，爱沙尼亚号轮船在波罗的海沉没了，当时船上的一些乘客在灾难面前被吓呆了。

当时，这艘巨型轮船离开了它的故乡爱沙尼亚共和国塔林市，驶往斯德哥尔摩，航程15个小时。虽然整夜风雨交加，船员们都没有想到会出什么大问题。乐队正在船上的酒吧中演奏。肯特·哈斯特是其中的乘客之一，当年他29岁，如今已成为瑞典的国会议员。那天晚上，他正在船上的一个酒吧外闲逛，周围大约有50名左右的乘客。凌晨1点左右，爱沙尼亚号的船体突然左倾30度，他附近的乘客、自动贩卖机以及花盆等通通被掀翻在地，滚落到过道的另一边。哈斯特尽全力抓住了船舷上的栏杆，死死握住，结果被悬空吊起。

哈斯特想到自己在军队中所学到的逃生知识，开始考虑该怎么做。然而，哈斯特在艰难地向走廊移动的过程中，发现某些乘客的反应非常奇怪，他们似乎还没有意识到发生了什么，只是呆坐在那里，而且并不是只有一两个人如此，大多数人都静坐着。那些人并没有失去知觉，但他们就是不动弹。跟人们通常预料相反，上面这种情况在很多灾难中都发生过。哈斯特爬进了楼梯间，尽全力拖着沉重的身体爬到了楼梯顶端。在甲板外面，他看到了船上的灯还亮着。让人难以置信的是，哈斯特看到一个男人居然还站在船舷边若无其事地抽雪茄。

大约凌晨1点50分，爱沙尼亚号沉入海中。而就在片刻之前，哈斯特从船上跳下。他爬上了一艘救生艇，在上面坚持了5个小时，直到最终获救。最终，989人中只有137人幸存。幸存的英国籍乘客保罗巴尼记得，当时许多人静静伫立在船上，好像雕塑一样。一些幸存者后来说，他们在逃亡的过程中曾经也想停下来。他们只好在头脑中想想自己所爱的人，特别是自己的孩子，才能让自己不陷入“僵化”的状态。在各种灾难幸存者的故事中，这是一个被广泛采用的思维方式。

进化论心理学家戈登·盖洛普发现，当动物被捕获的时候，也会出现人类在灾难中的那种反应。或许这就是人类在进化过程中保留下来的一种本能,那就是面对敌害装死可以使对方放弃攻击。然而,这种被动求生的"鸵鸟策略"让许多人在海中丧生。在极度紧张的状态下,我们的大脑会自动搜寻一种恰当的反应,但有时候却选择了错误的一种,就好像鹿在看到汽车头灯光时吓得全身僵住了一样。

值得庆幸的是,大脑是可塑的。通过训练,它可以作出比以前更适当的反应。减少恐惧感也可以降低"僵化"状态发生的概率。如果我们能减少自身的恐惧感,哪怕只是一点点,也能做得比之前更好。比如,在燃烧的飞机中,乘务人员对着乘客大声尖叫"快出去!快出去!走!"在灾难中,人们很容易听从指挥,在有人领导的情况下,他们会做得很出色。(1135字)

(作者:陈萍,选自《科学画报》2008年第9期,有改动)

文章第一段说明灾难发生的时候,人们会有一种反应,这种反应会增加死亡概率。为了说明这一点,作者用了举例法。

第二段说明灾难发生的时间和出现的现象。

第三段说明灾难发生时大多数人的奇怪反应,这种反应造成了死亡率的上升。

第四段解释为什么人们在遇到灾难的时候会有异常反应。

最后一段说明当灾难发生的时候,我们应该怎么做才能逃生。

缩写后:

当灾难发生的时候,很多人被吓呆了。这一消极反应大大增加了死亡的概率。爱沙尼亚号轮船的沉没最能说明这个事实。

1994年9月28日,这艘巨型轮船在驶往终点途中,船体突然左倾30度,一名叫哈斯特的乘客(他是这次海难的幸存者)正在闲逛,当他看到这种情况后,他迅速抓住了船舷上的栏杆,死死握住,结果被悬空吊起。为了逃生,他开始考虑该怎么做。当哈斯特在艰难地向走廊移动的过程中,他发现许多乘客的反应非常奇怪,只是呆坐在那里,动弹不了。

在爱沙尼亚号沉入海中之前,哈斯特从船上跳下,爬上了一艘救生艇,在上面坚持了5个小时,直到最终获救。最终,989人中只有137人幸存。幸存的英国籍乘客保罗巴尼后来回忆时说,当时许多人静静伫立在船上,好像雕塑一样。一些幸存者后来说,他们在逃亡的过程中曾经也想停下来。他们只好在头脑中想想自己所爱的人,特别是自己的孩子,才能让自己不陷入"僵化"的状态。

为什么在灾难来临时人会有这种反应呢?进化论心理学家戈登·盖洛普发现,当动物被捕获的时候,也会出现人类在灾难中的那种反应。或许这就是人类在进化过程中保留下来的一种本能,那就是面对敌害装死可以使对方放弃攻击。然而,这种被动求生的"鸵鸟策略"让许多人在海中丧生。

值得庆幸的是,大脑通过训练,可以作出比以前更适当的反应。能减少恐惧感也可以降低"僵化"状态发生的概率。比如,在燃烧的飞机中,乘务人员对着乘客大声尖叫"快出去!快出去!"在灾难中,人们更容易听从指挥,从而避免死亡。(609字)

第3单元　议论文的缩写

一、议论文的基本知识

（一）什么是议论文

议论文，是以议论的方式表明作者的见解和主张的一类文章。议论文也曾被称做“论说文”，因为在许多议论文中，往往有很重的说明的成分，有些解说事理的说明文与议论文很难区分。但是，从写作目的以及主要的表达方式来看，说明文和议论文的区别还是很明显的。说明文要说明的是事物本身的性质、特点，目的是使人明白道理，得到知识。它注重的是客观性。而议论文所提出的观点、主张，一般是在此之前还没有正式成立，或者尚未被人们承认，或者是人们对这些问题在认识上有错误，有偏差，需要加以澄清、论争的。所以，议论文首先必须有明确的理论观点。其次，为了使自己的观点能够成立，或驳倒对方，就需要进行科学的论证或反驳。作者要通过议论来证明自己的理论观点。跟说明文相比，议论文有较强的主观性和论辩性。

（二）议论文的种类

议论文的种类包括政论文、评论、杂感、讲演……但无论哪一类议论文，都是运用分析和综合的方法，通过证明或反驳来阐明见解和主张。

（三）议论文的要素

议论文的三要素是论点、论据和论证。

1. 论点

论点是作者对所议问题提出的见解和主张，是一篇文章的灵魂。任何一篇文章都只有一个中心论点，但可以有分论点。论点应该正确、鲜明、概括，绝不可模棱两可。

论点的位置一般有四个：题目，文章开头，中间和 结尾。

2. 论据

论据是用来证明论点的材料，分事实论据和理论论据两种。

选用事实论据时要注意：

(1) 必须具有典型性，是大多数人所知道的；

(2) 最好具有新颖性；

(3) 论据的表述要准确，叙述要概括，能证明论点即可。

选用理论论据时要注意：

(1) 可以是名言、警句、俗话、谚语、定理、公式等；

(2) 要精确，不能篡改或歪曲；

(3) 和论点要有必然联系，要能证明论点。

3. 论证

论证是使用论据证明论点的过程。

论证的基本类型有立论和驳论两种。

提出并证明自己的论点是正确的，叫立论；证明别人的论点是错误的，叫驳论。也就是说立论从正面论述，驳论从反面论述。

议论文一般按照“提出问题—分析问题—解决问题”的逻辑顺序行文，因而在结构上便形成了议论文的三部分，即引论、本论和结论。这种三段论式的结构，如下所示：

提出问题(是什么)→分析问题(为什么)→解决问题(怎么办)

引论　　　　本论　　　　结论

议论文基本的论证方法有：

(1) 例证法(也叫举例论证)：用典型事例做论据来证明论点。

(2) 引证法(也叫道理论证)：除引用上述介绍的理论论据以外，还可以引用一些古典诗词中的名句，它一方面能加强论证的力量，另一方面也能增强议论文的文学性。

(3) 对比论证(也叫正反论证)：用事例加以比较，突出事物本质，确立论点。这种方法比一般论证包含更丰富的内容，道理也说得更为透彻，可以增强论证的鲜明性，使读者清楚作者赞成什么、反对什么 。

(4)喻证法(也叫比喻论证)：通过打比方来证明论点，是一种形象化的论证方法，使读者容易理解，可增强作品论证的形象性、文学性。

(5)分析法：通过分析问题、剖析事理，来揭示论点和论据间的因果关系，从而证明观点的正确，以确立论点。

以上说的主要是立论的方法，下面谈谈驳论的论证方法。

驳论是一种反证法，作者通过议论，设法证明对方论点是错误的，从而驳倒对方，树立起自己的正确论点。反驳有三种方法：

(1) 反驳对方论点，即直接反驳对方论点的错误。具体写法有：

① 用事实证明对方论点错误。这是例证法在反驳中的运用，但这里不是用事实证明什么对，而是证明什么错。

② 剖析论点的错误及危害性。

③ 引申对方论点，以暴露其谬误。

④ 建立对立的新论点，以驳倒对方论点。

（2）反驳对方论据。错误的论点有时是建立在虚假、错误的论据的基础上的，将对方的论据驳倒了，其论点也就无法成立了。

（3）反驳对方的论证。错误的论点，有为它服务的论据，也有它的论证过程。对方论证过程中的逻辑推理错误一经揭露，其论点也就不攻自破了。

（四）议论文的特点

1. 理论性

议论文的写作目的是以理服人，这就要求议论文要上升到一定的理论层次。议论文的理论性主要表现在两个方面：

第一，要用理性的眼光看待事物，而不能感情用事。议论文要求用语准确，表述严密；而不能像诗歌一类的抒情文体那样，夸张渲染。第二，要明确地表述自己的理论观点，赞成什么，反对什么，必须态度明确，而不能含含糊糊，模棱两可。

2. 逻辑性

议论文是说理的，它必须遵循严密的事理逻辑，必须运用抽象思维的形式，以概念、判断、推理、分析、概括、综合等手段去揭示事物的本质和规律。因而议论文十分强调论说的完整性和条理性。在记叙文中，根据塑造人物、表现主题的需要，结构上可以跳跃，甚至故意造成某种残缺让读者去填补空白。议论文的写作没有这么大的自由度，它必须严格地遵循推理的规则，恰当地运用分析的方法，系统地展开论述。

3. 概括性

议论文的基础是抽象概括，它要求从丰富复杂的具体事物中抽象概括出具有普遍意义的带有规律性的东西。议论文概括的面越广，其理论色彩就越强，事物的本质属性就越能得到充分的显示。

二、议论文的阅读方法

（一）把握论点

中心论点是议论文的灵魂，把握住中心论点，再回过头来阅读分析局部段落，就心中有数了。读完一篇议论文之后，要知道这篇文章的主要观点是什么，或者作者的态度是什么。

怎样把握文章的中心论点呢?

(1)注意议论文的题目。有的议论文题目本身就是中心论点。

(2)了解提出论点的位置。一般说来,文章段落的首句和结论句,通常会点出议论的中心,这对理解文章有重要作用。

(二)掌握论据和论证方法

阅读议论文,还要注意论据的特点、论证的方法。要知道作者所举的例子,是为了论证什么观点。尤其要注意文章中出现的第一、第二、第三这类表示列举的关键性词语、或者是表示总结的词语等;还有每段的开头和结尾,因为主题句往往就在这里。

总之,议论文的阅读方法与其结构是密不可分的。阅读时就是要找出议论文的论点、论据和论证。

三、短篇议论文的缩写

论点部分是作者对所议论的问题提出的见解和主张,所以论点部分是不能缩写的,能缩写的只有论据和论证部分。上文我们已经谈到,论证的方法有例证法、引证法、喻证法、对比法、分析法,要缩写只能在这些方面做文章。具体说来,缩写时要注意:

(1)保持文章作者观点不变,这是最重要的;

(2)保持文章原来结构、脉络不变;

(3)缩写要突出原文重点。

我们以下面这篇文章为例来说明:

"三角地"——北大校园文化的符号

北大"三角地"是一块简陋的空地,却成为几十年来北大的重要公共空间,无数北大学生在这里发表观点,交流信息。"团结起来,振兴中华"等激动人心的口号就是从这里喊出来的。三角地成了北大校园文化的一个符号。

可是这一切已经改变。日前,三角地的信息栏已被拆除,据北大相关负责人称,拆除信息栏是因为上面充斥着各种商业广告与招租信息,与北大环境不符,如今北大的信息交流已经转移到网络上去,所以三角地的意义已经不大。

这样的理由立之无据。三角地本身只是一个平台,并不能够保证其中的内容质量,关键在于学校对这样一个平台的宽容度与北大学生的参与度。三角地虽然不过是几块铁制宣传板,从使用价值上可能不如现代传播工具高效,但是它所蕴涵的巨大的历史寓意,已经具有了某种文物的价值。它是一块永恒的无字碑,铭刻着北大学子心怀天下的豪情,铭刻着改革开放不可或缺的民主和科学的精神追求。包括1977年恢复高考之后的一代代优秀毕业生,他们未名湖畔的沉吟、南门宿舍里的辩论，思想的火花最终汇聚在三角地。这样的公共空间，是一个大学灵魂的象征。

三角地曾经代表着包容、平等、开放的精神，在处理三角地问题上应秉承这种精神。拆与不拆，如何拆，都可以通过公开讨论，反映并尊重大多数人的意见。今天，宽容和批判精神在北大如何得以继承，其实是人们最值得珍惜的，也是人们最想看到的。(570 字)

(作者：方维民，选自《文摘报》2007 年 11 月 11 日，有改动)

这篇文章先叙述后议论。议论的时候采用的是驳论的方法，驳斥北大相关负责人的说法，并提出自己的观点。全文按照“提出问题——分析问题——解决问题”的逻辑顺序行文。

文章第一段先从北大三角地的作用说起，指出三角地的重要性，这也是本文的论点。第二段说明三角地被拆除以及被拆除的原因，这是提出问题(引论)。第三段作者用种种事实批驳了某些不正确的说法，分析说明三角地的重要，这是分析问题(本论)。最后一段说明问题应该如何解决(结论)。

缩写后：

北大“三角地”几十年来一直是北大重要的公共空间，无数北大学生在这里发表观点，交流信息。“团结起来，振兴中华”等激动人心的口号就是从这里喊出来的。可以说三角地代表了北大的校园文化。

可是现在三角地的信息栏已被拆除。据北大相关负责人称，拆除信息栏是因为上面充斥着各种商业广告与招租信息，与北大环境不符，如今北大的信息交流已经转移到网络上去，所以三角地已经失去了它的作用。

这样的说法毫无根据。三角地虽然只是个普普通通的地方，但是北大的学生们可以在这里自由发表言论，它蕴涵着巨大的历史文化寓意，代表着北大学生对自由、科学和民主的追求，是北大灵魂的象征。

> 原文当中，这一段很长，作者用了许多文学描写的语言如“未名湖畔的沉吟”“南门宿舍里的辩论”“思想的火花”等，这些在缩写时都可以不写或略写。

三角地曾经代表着包容、平等、开放的精神，所以在处理三角地问题上也应秉承这种精神。通过公开讨论，尊重大多数人的意见来决定拆与不拆。这种宽容的精神才是最值得我们珍惜的。(353 字)

请大家对下面的文章进行缩写。

短文 1

美丽背后的残酷

新疆的阿尔金山草原上，藏羚羊四蹄腾空奔跑的样子俊美吗？俊美，俊美极了！但你不知道，它的后面追着一辆拍摄者的吉普车。藏羚羊的心里有多么恐慌，有多么委屈，有多么怨恨，无人能知。藏羚羊是否会撞上山丘，是否会误入陷阱，或者力竭身亡？在美丽的电视镜头后面，其实有着我们看不见的血腥。

青海湖的鸟岛上，万鸟齐飞的场面壮观吗？壮观，异常壮观！但你不知道，摄影师为了达到这种效果，甚至放起了鞭炮，把正在孵蛋的鸟儿全部惊动得飞上了天。鸟儿的心里有多么慌张，有多么失措，有多么顾盼，人们一无所知。受惊后的鸟儿是否会重返鸟巢，孵化中的鸟宝宝是否还会降生？在摄影展前流连忘返的人们，无人得知。

动物园里孔雀开屏的样子漂亮吗？漂亮，真的漂亮！但你不知道，有的动物园为了吸引游客，一直给孔雀喂激素。孔雀并非一年四季都开屏，只有在发情期，雄孔雀才大显英姿。一拨又一拨的游客受用开屏的美丽，却不知，孔雀的生理习性正因为经济利益的驱使而受到改变。

我们所欣赏到的美，有时恰恰是一种囚禁，囚禁天然，囚禁自由；有时恰恰是一场杀戮，人为地去获取，人为地去制造。可惜，很多时候我们并不知道。(478 字)

（作者：缪克构，选自《文摘报》2007 年 12 月 9 日，有改动）

这篇文章的题目就是作者的观点，同时在文章的最后一段也提到了：“我们所欣赏到的美，有时恰恰是一种囚禁，囚禁天然，囚禁自由；有时恰恰是一场杀戮，人为地去获取，人为地去制造。”一、二、三段都是事实论据，为了说明一个道理——美丽的背后是残酷。

我们在缩写的时候，可以把论点放在前面，也可以像原文那样把论点放在后面。记住，作者的论点一定要完整地保留下来。

缩写后：

新疆的阿尔金山草原上，藏羚羊奔跑的样子很美，可是这种美的背后是残酷，因为它的后面是一辆拍摄者的吉普车。藏羚羊在奔跑的时候，心中的恐慌是没有人知道的。它还可能落入陷阱，撞上山丘或力竭而亡。

青海湖的鸟岛上，万鸟齐飞的场面也很壮观，这是摄影师为了达到效果燃放鞭炮造成的。鞭炮把鸟儿惊上了天，包括正在孵蛋的鸟。当人们在摄影展前看展览的时候，是否会想到飞上天的鸟还会回来？那些鸟宝宝是否还会出生？

孔雀并非一直开屏，只有在发情期，雄孔雀才会开屏。但动物园为了吸引游客，会不停地给孔雀吃激素，让游客欣赏这种残酷的美丽。

所以，我们欣赏到的美，有时恰恰是一种对自由的囚禁，对动物的杀戮，是人为获得的。遗憾的是许多人并不知道这一点。(306 字)

短文 2

承认的勇气

李小龙在某部电影里有这样一句经典台词："我读的书少，你不要骗我。"但是实际上，在演艺圈为了形象撒谎、造假学历的大有人在。在电影之外，有多少功成名就的明星敢直认自己是文盲？李连杰敢，所以他的勇气很值得我们佩服。

作者引用李小龙这句话是为了说明自己的论点——承认自己不好需要勇气，属于论据部分。

提出论点。

李连杰在拍摄电影《投名状》时，被曝要靠助手帮他把剧本中的对白读出，然后他自己反复复述，死记硬背后才能完成戏份。本来，这绝对是一个负面新闻，但是李连杰在接受采访时却毫不掩饰自己的缺点："小时候我每天练功 8 小时，就是不念书。"这句话有些人或者会解读成李连杰在宣扬"读书无用论"，但在我看来，却另有深意：李连杰中国、美国的电影拍了不少，这些电影如果真的部部都是由他的助手把台词读出来，他再复述死背，虽然显得有点儿笨拙和滑稽，但是不得不承认，他为电影付出的努力肯定要比其他演员多出很多。况且，他现在除了中文之外，连英文都说得甚为流利，以一个文盲，要去掌握一门外语，其难度可想而知。

"不怕出身低，努力加机遇就等于成功。"我想，李连杰是想向大家传达这样的信息。(433 字)

(作者：薛琰，选自《文摘报》2007 年 9 月 30 日，有改动)

缩写后：

在演艺圈很多人因各种原因而撒谎、造假，也很少有人敢承认自己是文盲。但李连杰就这么做了。他的勇气很值得我们佩服。

李连杰在拍摄电影《投名状》时，需要助手帮他把剧本的对白读出，然后他自己再反复死记硬背才能完成戏份。对于这一点，李连杰在接受采访时，毫不掩饰地说："我小时候每天练功 8 小时，就是不念书。"虽然有人认为这是李连杰在宣扬读书无用论，但我认为这恰恰证明了他在拍电影的时候比其他演员付出得更多。何况李连杰现在除了中文之外，还能说流利的英文，这充分证明了他的勤奋和努力。

一个人出身低不可怕，只要努力再加上机遇就可以获得成功。(260 字)

短文 3

7.5 万个大气压下的虫子

有这么一种虫子，它的体长还不到 1 毫米，也许因为在电子显微镜下看上去像一头黑熊，所以人们叫它"熊虫"。以前人们只知道它是缓步动物门中一类小动物，主要生活在淡水的沉渣、潮湿土壤以及苔藓植物的水膜中，而且在喜马拉雅山脉和深海也可以找到它们的踪影。

然而，最近日本冈山大学物理学家小野文久却发现了一个惊人的现象：当 20 只熊虫被放入密封的容器内，在实验室制造的 7.5 万个大气压下，20 只熊虫只有 2 只死亡，其余的 18 只安然无恙。7.5 万个大气压呀！它相当于每平方毫米的大地要承受 745 千克重物的压力，它足可以让淀粉瞬间变性，生米顷刻成为熟饭，自然条件下，地球上也只有 180 千米的地幔深处才拥有如此巨大的压力。

至今没有人弄清楚熊虫为何有如此大的忍受力，不知是出于对这种超强生命力的尊重还是怀疑，有人叫它"地狱之虫"。

一个长度不超过 1 毫米的微不足道的虫子，能承受命运给它的这样的压力，相比较而言，我们这些自称是高级动物、智慧生命、万物之灵的人呢？

在人类现实生活中，有多少小小的心结、小小的打击构成我们所谓的"生存压力"呀！在这样的压力下，又有多少悲观失落之人将美好的人生称做地狱？现在一比才觉得，其实我们的压力就好比是"真空"，我们的"地狱"简直就是天堂中的天堂。

那一刻，我在心里默默地鞠了一躬，不是为熊虫，而是感恩于造物主没有把这样的压力降临人间。(565 字)

(选自《知识窗》2008 年，有改动)

本文运用了对比论证的方法，用一个小虫子来和人作对比，说明和熊虫比起来，人类所面临的压力其实是不值一提的，人类根本就无须悲观失落。

缩写后：

有一种虫子，它的体长还不到 1 毫米，在电子显微镜下看上去像一头黑熊，所以人们叫它"熊虫"。它主要生活在淡水的沉渣、潮湿土壤以及苔藓植物的水膜中，在喜马拉雅山脉和深海中也能找到它们。

最近日本冈山大学物理学家发现了一个惊人的现象：当 20 只熊虫被放入密封的容器内，在实验室制造的 7.5 万个大气压下，20 只熊虫只有 2 只死亡，其余的 18 只安然无恙。7.5 万个大气压相当于每平方毫米的大地要承受 745 千克重物的压力，自然条件下，地球上也只有 180 千米的地幔深处才拥有如此巨大的压力。

至今没有人知道熊虫为何有如此大的忍受力。

一个长度不超过1毫米的微不足道的虫子，能承受命运给它的这样的压力，相比较而言，我们人呢？

在人类现实生活中，我们觉得有很多打击和压力我们难以承受，我们悲观失望地将人生称做地狱。但和熊虫一对比才觉得，其实我们所谓的“地狱”简直就是天堂中的天堂，我们根本没有必要在乎所谓的压力。（379字）

短文4

宽容是最大的风度

发生在美国弗吉尼亚理工大学的校园枪击案已尘埃落定，但随后的另一则消息却又震惊了世界——该校把凶手赵成熙和32名遇害者一起列为了悼念对象。

在这次遇难者悼念仪式上，虽然遇难者是32人，但放飞的气球是33个，敲响的钟声是33声，这其中包括了自杀的枪手赵成熙。在弗吉尼亚校园中心广场的草坪上，其中一块悼念碑上写着“2007年4月16日赵成熙”，旁边放着鲜花和蜡烛。还有一些人留下的纸条，如：“赵，你大大低估了我们的力量、勇气与关爱。你已伤了我们的心，但你并未伤了我们的灵魂。我们变得比以前更坚强更骄傲。我从未如此因身为弗吉尼亚理工学生而感到骄傲。最后，爱，是永远流传的。艾琳。”

对校园枪击案凶手及其家人的宽容，在美国已有先例。1991年就读于美国爱荷华大学的中国博士留学生卢刚开枪杀死包括自己导师在内的5名教师和学生，最后饮弹自尽。在枪击事件发生后的第三天，受害人之一、副校长安妮·克黎利女士的家人就通过媒体发表了一封给卢刚家人的公开信，称卢的家人同样是受害者，希望以宽容的态度分担彼此的哀伤。

杀人凶手，罪大恶极，理应众夫所指、千刀万剐，缘何获此“礼遇”？美国人的解释是，凶手有心理疾病却没得到社会、家庭的关心和及时救治，导致了悲剧的发生，凶手本人也是受害者。

冤冤相报何时了，相逢一笑泯恩仇。只有学会宽容，放下心中芥蒂，才能让一切趋于理性，归于和谐，才能让经历风雨的生命重新进入阳光地带。当我们以博大的胸襟包容了这个世界，我们同时也赢得了这个世界。（615字）

（作者：感动，选自《知识窗》2007年第7期，有改动）

文章头两段是议论的缘起，通过这件事情作者要说明一个观点，那就是对凶手要宽容。

第三段说明对杀人凶手的宽容在美国已有先例。

第四段说明美国人这么做的原因是什么，也是本文的论证部分。

最后一段依然是作者本人的议论，进一步说明待人宽容不仅是个人修养的体现，也是和谐世界的要求。

缩写后：

美国弗吉尼亚理工大学发生了一起震惊世界的校园枪击案。在这次校园枪击案中，凶手在杀死了32名无辜的学生后，自杀身亡。这之后，校园做出另一件让世界震惊的事，他们把凶手和32名死亡的学生一起列为了悼念的对象。校园放飞了33个气球，钟声敲响了33下，在悼念碑上还刻上了凶手的名字和死亡时间，并在旁边放上了鲜花和蜡烛。有些人还留下了自己的感想。他们并没有怨恨凶手，相反却表现出了对凶手极大的宽容。

对凶手的宽容已有先例。1991年中国留学生卢刚在杀死了自己的导师和其他师生后，饮弹自尽。但是学校却认为卢刚本人也是受害者，对他同样表示出宽容。

美国人这么做的原因是什么呢？他们认为凶手杀人是因为有心理疾病，但又没有得到及时的治疗和众人的关心，因此才走上极端道路，所以凶手也是受害者。

这种宽容显示出一种风度，一种博大的胸襟。只有学会了宽容，人与人之间才不会冤冤相报，才能互相理解，才能让世界充满和谐与爱。(386字)

短文5

两份名单

曾经有人做过一个很有趣的实验。他把两份名单给十个人看，问他们对这些人是否熟悉，结果很出人意料。

第一份名单是：傅以渐、王式丹、毕沅、林召堂、王云锦、刘子壮、陈沅、刘福姚、刘春霖。第二份名单是：李渔、洪升、顾炎武、金圣叹、黄宗羲、吴敬梓、蒲松龄、洪秀全、袁世凯。

结果，有七人对第一份名单上的人一个都不知道，而十个人对第二份名单中的大多数人都知道。可以很肯定地说，普通人群中熟悉第二份名单的比熟悉第一份名单的要多得多。

可在当时，第一份名单中的人物——清朝的科举状元，是多么辉煌与显赫啊！而第二份名单中的人物——清朝的落第秀才，是那样门庭冷落，默默无闻。

第一份名单里的人，学习成绩拔尖，考试名列前茅，接下来的披红挂彩，巡街亮相，夸耀四邻，甚至被招为驸马，或成为宰相快婿，等等，自然都在情理之中。可谁能想到，当初风头出尽、光彩照人的一帮状元郎，到后来都平平淡淡，湮没无闻。反倒是昔日那些落第秀才，竟然都成了大气候，或成为影响巨大的著名思想家，或成为千古不朽的文学家，或成为叱咤风云的农民领袖，或成为翻云覆雨的一代枭雄。两相比较，反差巨大，令人不胜感慨。

当然，这两份名单的简单对比，绝不能说明当初学习好的、考试成绩优秀的，将来到了社会上就一定难出成绩；也不能说明，别看我学习不好，考试不行，一到社会上就会如鱼得水，左右逢源。毫无疑问，要达到同样目标，学习不好的肯定要比成绩好的付出更大代价。但这至少能说明一点，只要道路正确，方法得当，锲而不舍，不论是科举失意的秀才，还是高考落第的学子，照样能成为人才，照样可以大展宏图。(654字)

（作者：陈鲁民，选自《文摘报》2007年9月13日，有改动）

这篇文章作者通过一个实验的结果来说明一个道理：当初学习好的，日后不一定做成一番事业，反之，当初默默无闻的，日后也许能功成名就。这就是作者的观点。

文章的第一至四段说的是这个实验的内容。第五段说的是作者发表的议论和感想，也就是作者的观点。最后一段是作者对自己观点的补充论证。

缩写后：

有人曾经做过一个有趣的实验，他把两份名单给十个人看，问他们是否熟悉名单上的人。

第一份名单上的人都是清朝的科举状元，在当时显赫无比；而第二份名单上的人却是当时未考上的落第秀才，在当时默默无闻，这当中有李渔、金圣叹、黄宗羲、蒲松龄、顾炎武、吴敬梓、洪秀全等。

然而这个试验的结果却出人意料：十个人中绝大多数都不熟悉第一份名单上的人。要知道当时这些人考中状元后，披红挂彩，甚至被招为驸马。而十个人对第二份名单上的大多数都知道。这些人有的成为文学家如吴敬梓、蒲松龄，有的成为思想家如黄宗羲，有的成为农民运动的领袖如洪秀全。这真是一个鲜明的对比：当初风光的状元们日后平平淡淡，为世人所遗忘；而当初落第的秀才，却都在史上留名。

当然，这并不是说，当初学习好的，考试成绩优秀的，将来就一定不行；也不是说当初学习不好的，到了社会上就一定行。但是，这至少说明了一个道理，只要锲而不舍，努力坚持，不管是什么样的人，日后一定能做成一番事业。（407字）

短文6

聪明未必是好事

只要不是天生智障，每个人应该都会被称赞过“聪明”。赞扬声有些是出于客套，有些是灵光一现，有些是真心的夸奖，还有些只是说说而已。

然而，年轻的时候，我是不懂得这些的。巴不得全天下的人都夸我聪明，于是不管因果情境，也不理语气里的阴晴圆缺，喜滋滋地一味照单全收。年岁渐长，方才明白聪明未必是好事。

就智力而言，人与人之间是差不多的；一个博士生和一个扫地的工人，智商未必能分出伯仲。形成差距的是机缘和选择，以及能否坚持。

曾经有一个朋友，他自认不够聪明，譬如说学英语总是磕磕绊绊。于是他就不理旁人的嘲笑，背啊背啊，背下了几乎一本字典的单词，背下了所有课本上的课文。突然有一天，他说自己开窍了，英文已似中文一样流利舒畅。那时候他即将大学毕业，此后因之得到了更多机会。他一点儿不开玩笑地说：“我是笨鸟先飞。”一直到如今，他的英文写作也强过一些英文专业毕业的人。

生活就是这样，不以此刻的天分定终身。徐志摩聪明绝顶，又有好的机遇。幼时即打下了相当扎实的国学功底，15岁就写出了引起各方关注的长篇议论文，思想激荡，文采斐然。但他对待一生的事业，总是难“持”，又因情事牵掣太多精力，如今人们已经忘却他是美国名校经济学、英国名校哲学专业出身的高才生，只记得他写过几首新诗，只记得他确实是个“聪明人”。

太聪明，就会以为世界就在自己手里。谁知青春和锐气，是最容易在指缝间流走的，最后只剩下一把哀怨和蹉跎岁月的追悔。

顿悟和坚持，都是修炼的法门。如可兼得，实为造化。如不能，还是“持”吧，总有一日，天眼忽开。(642字)

(作者：东方小四，选自《文摘报》2004年4月29日，有改动)

本文的题目就是文章的论点。所以大家在缩写时应紧紧围绕“聪明未必是好事”这点来进行。

缩写后：

我年轻时，当别人夸我聪明的时候，我就真的以为自己是个聪明的人。并不知道别人的夸奖有时是客套，有时只是说说，有时也可能只是临时的灵光一闪。长大了，逐渐知道被人夸聪明也不一定是好事。

从智力上来说，学历代表不了什么，博士和清洁工是分不出上下的。之所以两者形成差距，在于机会以及能否坚持。

比如我的一个朋友，他觉得自己笨，学不会英语，便采用大家通常认为的笨方法，背单词背课文。突然有一天，他的英文已和中文一样流利。在大学毕业找工作的时候，他理所当然有了更多的机会和选择。用他自己的话说就是“笨鸟先飞”。

我们再来看一个反例。徐志摩聪明绝顶，幼年时就有良好的国学功底，15岁就写出了引起各方关注的长篇议论文，又留学英美。可到最后又如何呢？因为他做事难以坚持，人们除了记得他写过几首诗，是个很聪明的人之外，早就忘了他是何许人了。

一个人太聪明，就会狂妄而不知珍惜青春，以为聪明了就可以无所不为。但是，只有聪明而不能坚持，那还是做不成任何事的。(411字)

短文7

小议中学生高消费

现在我们青少年中出现了高消费的现象。一些人出门打的士，穿名牌，吃的要贵的，用的要高级的，他们只讲铺张浪费，不注意勤俭节约。我认为这是极不适宜的。

> 作者在第一段就表明了自己的观点——中学生高消费是不对的。下文就这一点展开论证。

高消费不符合国情。今天，我们国家的经济虽然有了很大的发展，人民生活也有所改善。但是，国家经济还不发达，人民生活水平还比较低，一些边远地区的儿童没钱上学。在这种情况下，高消费是行不通的。据国家统计，一年里国人用于请客送礼、大吃大喝的钱，能承办两届奥运会。这是多么触目惊心的数字啊！

> 这段的主题句就是第一句话——高消费不符合国情。这也是作者论证的第一个方面。

高消费是一种腐蚀剂。它使青少年挥霍别人的劳动果实,把自己的幸福建立在他人辛勤劳动的基础上。有的青少年为了要一双“耐克”苦求爹妈,这对那些拿工资的家长来说,就变成了一个沉重的负担。我们在学校上课是不创造价值的。这就要求我们,要珍惜别人为我们提供的各种条件。我们青年人正处于人生最适宜播种理想的时候,切莫沉醉于追求物质享受,折断自己理想的翅膀。香港的“船王”包玉刚家财万贯,却依然以俭治家,每天仍坐公共汽车上下班。这似乎有些不可思议:这样一个亿万富翁,买一辆小汽车又算什么,何至于“抠门”到这个地步?其实他并不是吝惜那几个钱,而是时时告诫自己切莫贪图享受,追求奢侈生活。“俭以养德”。方志敏烈士有这样一句话:“清贫,洁白朴素的生活,正是我们革命者能够战胜许多困难的地方。”由此可见,事业离不开俭朴。

这段的主题句也是第一句话——高消费是一种腐蚀剂。

物质生活像一面镜子。它可以映出胸怀大志、情趣高尚者的英姿,也可以显出贪图安逸、浑噩庸碌者的身影。印度著名诗人泰戈尔说过:“鸟翼上系上了黄金,鸟也就飞不起来了。”我们个人的事业想有所成就,我们的国家想要强大,我们的社会想要健康发展,就必须提倡俭朴。尤其是中学生,应该反对高消费。(704字)

缩写后:

对目前中学生中出现的高消费,我认为是极不适宜的,这反映了中学生中存在着铺张浪费、不注意勤俭节约的现象。高消费会带来哪些问题呢?

首先,高消费是不符合国情的。我们国家的经济虽然已经有了很大发展,但总体来说,生活水平还比较低,有些边远地区的孩子连学也上不起。在这种情况下有些人还大吃大喝,这太不符合我们的国情了。

其次,高消费是一种腐蚀剂。它使青少年挥霍别人的劳动果实,把自己的幸福建立在他人辛勤劳动的成果之上。中学生现在还是消费者,是不创造价值的,花的都是父母的血汗钱,因此要更珍惜父母的劳动果实。如果整天沉迷在物质享受里,就会荒废学业,折断奋进向上的翅膀。要想做一番大事业,就要勤俭,“俭以养德”,事业的成功离不开俭朴。香港“船王”包玉刚的故事可能对我们有所启发,他家财万贯,却依然俭朴,每天还坐公共汽车上下班。他这么做是为了告诫自己不要追求奢侈的生活,否则会一事无成。

物质生活就像是一面镜子,它可以映出胸怀大志、情趣高尚者的英姿,也可以显出贪图安逸、浑噩庸碌者的身影。我们的国家想要强大,我们的社会想要健康发展,就必须提倡俭朴。尤其是中学生,更应该反对高消费。(479字)

短文8

兴国还需科教力量

各位老师、同学们:

大家好!今天,我演讲的题目是"兴国还需科教力量"。

提起中国,它的地大物博、人口众多是人们首先想到的。然而,衡量一个国家的强弱兴衰,并不取决于它多么宽广,贮存有多少天然资源。更重要的,是看一个国家国民整体素质的高低,看一个国家经济实力的强弱。国土虽广,但如果没有坚不可摧的国防,说不定就会成为某个虎视眈眈的野兽口中的羔羊。所以,仅凭河山壮阔、地大物博,是不能被称为强国的。

在风云变幻的国际舞台中,只要落后就会挨打。对于我们这个泱泱大国,只有不断增强我们的综合国力,才能巍然屹立于世界。而大力发展我国的科技、教育,则是兴国的根本。

我们曾有过灿烂辉煌的汉唐盛世,四大发明更是有口皆碑,圆周率的精密泽被后世……到了近代,由于我们的闭关锁国,由于我们的妄自尊大,我们的科技一天天落在了别国的后面。西方列强用枪炮打开了我们的国门,从此,我们陷入了任人宰割的屈辱境地。

"前事不忘,后事之师。"今天,科技突飞猛进,随着知识经济的到来,科技在经济生活中的地位更显得举足轻重。美国的"阿波罗号"登上月球,昭示着人类将开辟前所未有的新纪元。从1946年宾夕法尼亚大学研制出第一台电子计算机到"长征号"火箭连续升空,都无时无刻不在告诉世界:国家的发展就是要靠先进的科技。

"落后就要挨打。"近百年来中国历史上深深地烙下了这句刻骨铭心的话语。它时时告诫我们:不要忘记历史的教训,为中国之崛起而奋斗不息。

风雨中,中国傲然屹立在太阳升起的东方,他气势磅礴的力量驱散了乌云,正朝着"发展、富强"前进!我们时时刻刻都要记住:兴国还需科教力量。(667字)

(作者:马瑞,有改动)

这是一篇演讲,演讲是议论文中的一种。同学们缩写演讲稿的时候,要注意格式不能变,还应该是演讲的形式。

缩写后:

各位老师,同学们:

我演讲的题目是"兴国还需科教力量"。

衡量一个国家强弱兴衰的标准不是看其国土面积的大小、天然资源的多少,而要看其国民整体素质的高低和经济实力的强弱。国土再广,没有坚固的国防力量,也不能算是强国。特别是在当今风云变幻、各个国家都争相崛起的国际舞台上,落后就要挨打。只有增强我们的综合国力才能立于不败之地。而增强综合国力的方法就是大力发展科技和教育。

从历史上看,中国的科技和教育都曾领先于世界,并为世界文明的发展作出过杰出的贡献,比如我们的四大发明、圆周率等等。但是,到了近代由于闭关锁国、妄自尊大,我们的科技落在了西方列强的后面,被西方国家用枪炮打开了国门,中国陷入到任人宰割的地步。

历史的教训告诉我们落后就要挨打,所以我们必须要重视科技和教育。特别是在日新月异的现代,科技的力量显得更为重要,无数事实告诉我们,国家要发展必须得有先进的科技发展做后盾。科技在经济生活中的作用举足轻重。

中国这个位于世界东方的大国,摆脱了贫穷落后的地位,正向着发展、富强前进。我们要时刻牢记:兴国还需科教力量。(452字)

短文9

我们应该坚持多久

有一篇文章,谈写作。作者提出了一尺厚的坚持,亦即你的稿纸写了一尺厚,仍然还没有跨进文学门槛的希望时,就应该考虑放弃了。

人生有涯,生命并不可逆,这资源对个体来说,有限而不可再生。我们确实不应该将其耗费于没有或非常微薄收益的奋斗之中。不单说经济效益了,那样有人会说俗气,但至少也应使其综合效益最大化吧。

一尺,定量是否准确,可以商榷。毕竟这不过是个比喻而已。你如觉得不过瘾,不妨再加些尺寸,那就两尺或三尺甚至更厚一些吧。但最好,我认为不要将这厚度趋于无限。

曾经向一位痴迷于文学,付出多多,但并未见成功端倪的朋友兜售过这个"理论"。他听了神色黯然,有几分不快。但我觉得,作为朋友,这样泼冷水的提醒比那些送其上云端的吹捧更具有切实的意义。

既然创作成不了主业,就把它当做副业或业余爱好来做,有何不可?真正可以在文学史上留名者,天下能有几人?

一位成功的企业家在接受记者采访时有一段对话,使我印象深刻。他们谈的是投资的话题。

记者问:"如果失败了,怎么办?"

答曰:"再干。"

记者又问:"如果还是失败呢?"

答曰:"继续干。"

记者愈加残酷了,问:"如果第三次还是失败呢?"

企业家回答:"放弃。"

我一怔之后,忍不住举双手赞成。

我知道第四次、第五次或者是第N次,可能会成功,但时间上你赔不起。经济学上是讲机会成本的,不能这么没完没了地耗下去,所以割舍有时是明智的。更何况,永远也做不成的可能是存在的。有些人,常常会一相情愿地忽视这种存在。那样,决心越大地做下去,则险莫大焉。

做事需要坚持,但前提是必须可行。如果无法确定其可行与否(这种情况并不少见),而自己又经不起诱惑想做,那么坚持,再坚持,直至某一个点仍不见希望或基本可以确定无望时,我们就该考虑与"坚持"说拜拜了。(729字)

(作者:李维明,选自《知识窗》2007年第11期,有改动)

文章的第一段,作者借他人之口指出,写文章不应坚持太久。但这时论点提出得尚不够鲜明,因此作者在第二段明确提出不应该将生命耗费于没有收益的奋斗之中。为了证明这一论点,作者在下文通过正反两方面举例子的方式进行了论证。

缩写后:

有一篇谈写作的文章,作者提出如果你的稿纸写了一尺厚,仍然还没有跨进文学门槛的希望时,就应该考虑放弃了。一尺,只是个比喻。你当然可以写得更多,但最好不要无限制地永远写下去。

为什么呢?

人生是有限的,我们不应该把有限的生命耗费在没有或非常微薄收益的奋斗之中。这对生命来说是一种浪费。

有一位成功的企业家在接受记者采访时,记者曾问他如果失败了,怎么办。他回答说:"再干"。记者又问他:"如果再次失败又如何呢?"企业家回答说:"如果连续失败三次,我就放弃。"

我对企业家的回答深感赞同。

也许在尝试第四次、第五次或者是第N次,可能会成功,但时间是有限的,不能这么没完没了地耗下去。更何况,永远也做不成的可能是存在的。有些人,常常不顾一切地做下去,最终却什么也没有得到。

做事需要坚持,但坚持的前提是必须可行。如果无法确定其可行与否,而自己又经不起诱惑想做,那么坚持,再坚持,直至某一个点仍不见希望或基本可以确定无望时,我们就该考虑放弃了,放弃有时是明智的。(419字)

短文10

做棵永远成长的苹果树

一棵苹果树,经过漫长的分枝抽叶,终于结果了。第一年,它结了10个苹果,但9个被拿走,自己只得到1个。对此,苹果树愤愤不平,干脆自断经脉,拒绝成长。第二年,它只结了5个苹果,4个被拿走,自己依然得到1个。

"哈哈,去年我得到了10%,今年得到了20%! 翻了一番。"这棵苹果树心里平衡了。

另一棵苹果树却恰恰相反。它在第二年更加努力地吸收阳光雨露，努力生长，结出了100个果子，被拿走99个，自己只得了1个，却也乐在其中；第三年它依然蓬勃成长，保持勃勃生机；第五年它结出了1000多个果子，已经成为苹果林中的辉煌一景。

“得到多少果子并不是最重要的。重要的是，自己永远在成长啊！”

在第一棵苹果树枝叶凋敝、行将枯萎的时候，这棵树却清香远溢、根深叶茂。

刚开始工作时，人们又会选择做哪一棵苹果树呢？常常有这样的情况：你意气风发，才华横溢，渴望在岗位上干出一番成绩来，可是现实无情。或许，你为单位作出了很大的贡献，却得不到重视提拔；也或许，你的付出和薪水根本不成正比，还受到别的无所事事的同事的嘲笑——总之，你觉得自己就像那棵正在每年开花结果的苹果树，倾尽全力，结出果实，自己却只享受到了很小的一部分，与你的期望相去甚远。

于是，你愤怒，你懊恼，你牢骚满腹，你怨天尤人……最终，你决定不再那么努力，你开始随波逐流，你变得庸碌无为，在自己的成绩上睡大觉。几年很快过去，你的事业丝毫没有起色，年华却日渐苍老，你回头一看，发现现在的自己，早没有了当初的激情和创造力。

是什么毁了一个才华渐进的好青年？正是你自己。

这样的故事，身边比比皆是。我们有时会忘记，生命不是一段短短的历程，而是一个连贯始终的整体。我们时常会觉得自己已经成长过了，现在是到了该结果的时候，到了该收获的季节，于是我们格外在意一时的得失，比较付出与所得是否成正比，却忽略了成长本身才能带来最大的广阔空间、最美的人生蓝图。

所以，不论遇到什么事情，经历怎样的风雨，我们都要做一棵永远成长的苹果树，并记住：一个人充满趣味和挑战的成长，永远比每月的薪水重要。（841字）

（作者：山水梅子，选自《青年文摘》2007年5月，有改动）

这篇文章从一个寓言故事开始，说的是两棵苹果树因为想法态度不同，最后的结果也不同。通过这个寓言来说明一个道理：做人也应该像第二棵苹果树一样，永远成长。这就是文章要说明的道理，也是作者的论点——做棵永远成长的苹果树。

文章大概分三部分：第一部分从第一段到第五段。说的是一个寓言故事。

第二部分从第六段到第九段：说的是我们有些人也像第一棵苹果树那样因为不努力而最终消沉。

最后一段是总结，作者明确自己的观点。

缩写后：

一棵苹果树，经过漫长的成长，终于结果了。第一年它结了10个苹果，被拿走了9个，自己只得到了1个，它为此愤愤不平。于是第二年，它拒绝成长，只结了5个果，被拿走4个后，还剩下1个。它为此很高兴。因为去年它得到了10%，而今年它得到了20%。

另一棵苹果树恰恰相反，它努力成长，第二年结出了100个果子，虽然被拿走了99个，但它依然很快乐，更加努力地成长。后来它结出了1000个果子，成为苹果园里的一景。它觉得,得到多少果子不是最重要的,重要的是自己在成长。

因此当第一棵苹果树即将死去的时候,第二棵苹果树依然枝繁叶茂。

你愿意做哪棵苹果树呢?

我们经常看到这种现象,有些人刚参加工作时,意气风发,希望大干一番,做出成就,实现自己的人生抱负。可是时间一长,一旦发现领导不重视自己,同事也看不起自己,或者自己的付出和收入不成正比,就觉得心里不平衡,像第一棵苹果树那样。从此开始怨天尤人,自暴自弃,庸庸碌碌,就这样时间流逝,最终会发现自己逐渐失去了生机和活力。像这样的事例我们身边比比皆是,许多人都像第一棵苹果树那样忽略了自己的成长。

我们做人应该像第二棵苹果树那样,不要在意一时的得与失,不管发生什么事情都应该做一棵永远成长的苹果树,成长的过程才是最重要的。(509字)

四、长篇议论文的缩写

文章1

为复旦大学叫好

去年年底,复旦大学对本校几起学术造假事件动了真格,这为多年以来腐败现象几成见怪不怪的内地学术界,吹进了一股别样的新风。尽管复旦处理的学术腐败事件的主体,其行政和学术级别并不高,处理的力度也不算特别大,但这种自揭家丑的勇气毕竟开了个好头。值得肯定,值得赞扬。如果以此为契机,在内地的学术界来一场彻底的清除腐败的运动,那将是我们民族文化复兴的幸事了。

学术腐败之所以更让人痛心疾首,是因为学术和学术中人——学者和教师——是一个国家民族道德的最后底线,学术和学术中人也腐败了,这个社会的肌体已经到了多么危险的程度是怎么想象都不为过的。其实,内地学术界的腐败早已不是新闻,至少从上世纪90年代初就浮出了水面,只是现在比那时情况更加严重,而人们的"心理承受能力"也更加强大而已。内地学术界的最上层究竟是怎样一种情况,我无从得知,但就目前媒体公开披露的一些中层以下的学界中人的腐败事件来看,至少可以得出一个大体不错的判断,那就是,在普通的专家、学者、教师、学人中,学术良心正在成为一种稀缺资源。这是令人悲哀和悲观的。

长期以来学术体制的功利化、工具化和反科学化,是造成一切学术腐败的根本原因。功利化,就是片面追求所谓学术成果的"快、多、新、大、用"。这使学术的品格大大降低,学术从象牙塔走向了商场和青楼。再说工具化,学术本是一个民族文化的根脉,它的一个重要特点是"形而上",而非"形而下"。它恰恰是最不能工具化的。然而,今天的学术体制,却把学术和学术研究当成一种工具,用以获取学术之外的非学术利益。于是学术成了某些人和某些单位的升降机、敲门砖和印钞厂,这与中国古代读书人的"书中自有颜如玉,书中自有黄金屋"的思路一般无二。我认为，对于学术和学术研究的最正确的观点应该是“为了学术而学术，为了研究而研究”，而不是其他，也不能是其他。基于以上学术体制的功利化和工具化，内地学术体制具有了第三个特点：反科学化。学术研究在于积累，是慢工出细活儿。它不能量化，更不能限时化。而我们的学术评价体制恰恰是“定时定量”的。上面所说的内地学术体制的三个特点，使学术腐败不可避免，甚至相沿成习，蔚为风气。人人都成了学术名利场中人，人人都因为利益所关，不愿、不能、更不敢说破。浑浑噩噩，随波逐流，终于一起堕落。(931字)

（作者：高建军，选自《中华读书报》2008年1月16日，有改动）

这篇文章从复旦大学清除学术造假说起，表明了作者对这件事的看法：支持复旦大学的做法。

文章第二段说的是目前学术界腐败的现状。

第三段说的是造成学术界腐败的原因——功利化、工具化和反科学化。第三段的第一句话就是这一段的主题句。

缩写后：

去年年底，复旦大学对本校几起学术造假事件动了真格。尽管其处理的学术腐败事件的主体，行政和学术级别并不高，但这件事本身是值得肯定和赞扬的。多年以来，内地学术界腐败成风，复旦大学的做法为我们开了个好头。如果都能像复旦大学那样，在内地学术界来一场彻底的清理腐败的运动，那将是我们中华民族文化复兴的幸事。

学术腐败较之其他腐败更让人痛心疾首，是因为教师和学者是一个国家民族道德的最后底线。如果教师和学者也腐败了，那就说明整个社会的道德情况已经到了一个很危险的程度了。其实，内地学术界的腐败早已有之，只不过那时还没有现在这么严重。学术腐败现象日益普遍和严重，大多数人已经见怪不怪，这真是一种令人悲哀的现象。

造成学术腐败的根本原因有三个。第一是学术体制的功利化。所谓功利化，就是想在短期内就见效，是一种急功近利的思想在作祟。第二是工具化。今天的学术体制，把学术研究当做一种工具，想凭借这种研究来获取一些非学术利益。对于学术研究，正确的态度是“为了学术而学术，为了研究而研究”，而不应该掺杂太多其他的非学术东西。造成学术腐败的第三个原因是反科学化。反科学化是由功利化和工具化这两点导致的。学术研究非一朝一夕之功，它要求长时间的积累，要求以科学的态度来对待。

正是以上三点，使内地的学术腐败现象愈演愈烈。学术腐败人人都知道，但因为涉及自身利益，所以无人去说破，反而参与其中，随波逐流，导致学术腐败愈演愈烈。(593字)

文章2

当生命濒临绝境

小男孩儿刘洋很不幸，因为患有先天性语言障碍，7岁的他不曾说过一句话。尽管父母带着他辗转求医,却一直没有什么效果。

生活的重压使母亲不堪承受,她在2007年3月的一天带着自己的衣物从家里不辞而别。母亲的离去,彻底击碎了父亲的信心,绝望的父亲觉得自己再也活不下去了,他决定带着儿子离开这个世界。

2007年3月13日中午,在重庆石坪桥的一间出租屋内,父亲将农药倒在杯子里,要刘洋喝下去。就在那一刻,奇迹发生了,从不曾说话的刘洋哭叫着:“爸爸……我想……活下去!”刘洋的话惊呆了父亲也惊醒了父亲,他扔掉杯子,将刘洋紧紧地搂在了怀里……

当死亡的阴影直逼眼前时,小小的刘洋竟然突破了先天性的语言障碍,对父亲对世界喊出了自己的心声:“我要活下去!”

刘洋的举动让我们看到了蕴藏在一个生命中的巨大潜能,这种潜能具体有多大,谁也无法说清,但它一旦爆发,随之而来的必然是奇迹。

美国人梅尔龙19岁那年,被流弹打中背部下半截,经治疗后虽逐渐恢复健康,却无法行走,只能靠轮椅代步。这种状况持续了12年。有一天,他从酒馆出来后,照常坐着轮椅回家。不幸的是,他遇到了劫匪抢他的钱包。他的叫喊与抵抗触怒了劫匪,他们竟然放火烧他的轮椅。眼看着轮椅着了火,急于逃生的梅尔龙忘了自己的残疾,起身离开轮椅拼命奔跑,竟然一口气跑完一条街……

若不是遭遇抢劫,梅尔龙的一生或许都要在轮椅上度过。可一旦濒临绝境,求生的本能使梅尔龙的潜能最大限度地发挥出来,而他也从一个残疾人变得健步如飞。

如此看来,濒临绝境非但不是命运的残酷,反而是命运对一个生命的巨大恩赐。

平常的日子里,我们总渴望过一种安宁的生活,一旦遭遇磨难,便会本能地心生抱怨,抱怨命运的不公与残酷。可实际上,正如濒临绝境是生命的恩赐一样,磨难也是命运给予众生的一份厚礼啊!看看吧,普通的水因高压而成了壮观的喷泉,柔软的泥因高温而成了坚硬的砖头,平凡的铁因千锤百炼而成了锋利的宝剑……可以说,正是磨难,成就了世间珍贵的物品。我们的人生,何尝不是如此呢?

漫长的一生中,我们也许不会濒临死亡的绝境,但我们一定会遭遇一场又一场的磨难:下岗了,生病了,遭遇情感的背叛了……每一场磨难都是人生中的一次挑战,而每一次挑战都会激发出我们巨大的潜能。我们的人生,因磨难而不断升华,岁月的土壤里,磨难正是最肥沃的养料,我们的生命之树因之而郁郁葱葱。(965字)

(作者:苇迪,选自《读者》2007年21期,有改动)

这篇文章从中外两个真实的事例入手,来说明一个道理:当生命濒临绝境时,每个人都会爆发出巨大的潜能。

文章分为两大部分:第一部分举例说明人濒临绝境时会怎么样。作者在讲完每个故事的时候,都有一个评论。比如在说完第一个故事的时候,作者说:“刘洋的举动让我们看到了蕴藏在一个生命中的巨大潜能,这种潜能具体有多大,谁也无法说清,但它一旦爆发,随之而来的必然是奇迹。”在说完第二个故事的时候,也有一个评论:“可一旦濒临绝境,求生的本能使梅尔龙的潜能最大限度地发挥出来。”在这两个例子的后面，作者还有一句总结的话：“如此看来，濒临绝境非但不是命运的残酷，反而是命运对一个生命的巨大恩赐。”这些评论的话就是作者的观点和态度。

第二部分是作者的论证过程。作者的论证就是从上述两个方面展开的。一方面是“濒临绝境非但不是命运的残酷，反而是命运对一个生命的巨大恩赐”；另一方面是“濒临绝境能使一个人的潜能最大限度地发挥出来”。

缩写后：

小男孩儿刘洋患有先天性语言障碍，从生下来到7岁一句话都没有说过，父母带着他到处看病，但没有什么效果。刘洋的妈妈实在忍受不了生活的重压，于是不辞而别，这让刘洋的父亲彻底失去了生活的信心和勇气。所以他准备了农药，想带着儿子离开这个世界。

父亲把农药倒在杯子里，想让刘洋喝下去。就在这时，奇迹发生了。从来没有说过话的刘洋居然哭着说：“爸爸，我想活下去！”

刘洋的举动让我们看到当一个人濒临绝境时，他就会爆发出巨大的潜能。刘洋就是在这种情况下突破了语言障碍，说出了生命中的第一句话。

我们再看一个例子。美国人梅尔龙19岁那年因意外而下身瘫痪，只能坐在轮椅上。这种状况持续了12年。有一天，他从酒馆出来后，遇到了劫匪。劫匪要抢劫他的钱包。他奋力抵抗喊叫，劫匪放火烧他的轮椅。急于逃生的梅尔龙忘了自己是个残疾人，他居然从轮椅上站起来，拼命奔跑了一个街区。

梅尔龙的故事再次告诉我们，一个人濒临绝境时，会爆发出巨大的潜能。

因此，濒临绝境不是命运的残酷，而是命运的恩赐。

我们的人生也是如此。当我们遇到磨难痛苦时，不要抱怨，不要消沉，要把绝境当成生命的恩赐。我们看到，普通的水在巨大的压力下能成为喷泉，普通的泥土在高温下能成为砖头，普通的铁千锤百炼后能成为锋利的宝剑，这样的例子比比皆是。我们的人生会经历许许多多的磨难，这些磨难是生活送给我们的一份礼物，是我们所面临的挑战。它能激发出我们的潜能，是我们成长的养料，能让我们的人生更加精彩。（604字）

文章3

火车轧死人不是一个人的悲剧

1月17日《广州日报》报道，近日，安徽师范大学外国语学院大三学生冷静，在芜湖火车站的拥挤人流中被挤下站台，被还没有停稳的火车当场轧死。

严格来说，铁路春运现在还没正式开始，乘客数量也没有达到高峰，而火车轧死人的惨剧还是发生了，这真让人感到惶恐。笔者认为，这恐怕不是一个人的悲剧，也绝不是一起小概率的偶发事件，而是春运多年积弊的必然结果。

正如有网友指出的,"火车票的发售量,如果是根据列车有效载荷来定,是绝对不会超载的,除非过量发售关系票。"因此,目前最需要追问的是,在即将到来的2008年春运期间,如何才能避免类似悲剧再次发生?

记得2006年、2007年的春运期间,铁道部曾连发禁令,要求各铁路部门按计划售票,严格控制旅客数量。比如,2007年铁道部就规定:特快列车、双层列车严禁超员;双优列车始发不超员,途中超员率不超过20%;其他直通旅客列车超员率不超过20%;途中快速列车超员率不超过40%;普快列车超员率不超过50%。同时,客流较大的车站指定专人负责,督促车站严格按计划售票,组织旅客均衡乘车……相关条款,制定得可谓有板有眼,但各地铁路部门严格执行这些规定了吗?

现实恐怕不容乐观。按规定超员率最高不超过50%,可实际上,某些列车的超员率早就达到了80%、100%,甚至更多。在2006年春运期间,广东顺德的许多返乡农民工,为了避免在极度拥挤的车厢中遭遇内急的尴尬,集体穿"成人纸尿裤"坐火车(2006年1月19日《广州日报》),便是最好的证明。同时,某些火车站明知车上已经满员,还要拼命地出售站票;有些火车站管理混乱,火车还没停稳,人群已挤向车门,类似险象环生的场景,春运期间在一些地方是很常见的。上令不能下行,"铁规定"成了"影子规定",发生这种火车轧死人的惨剧,也就不能说是偶然事件了。

笔者认为,要防止类似悲剧的发生,各地铁路部门必须按照相关规定,严格控制火车超载率。从现在起,有关部门应该像对待公路客运超载一样重视火车超员问题,在合理设定超员率的前提下,严格按照标准执行,加大执法监督检查力度。同时,铁路部门应该主动放弃对超额利润的追求,对广大乘客负起安全责任,不该卖的票坚决不卖,不该赚的钱坚决不赚。

(885字)

(作者:陈才,选自《齐鲁晚报》2008年1月18日,有改动)

文章第一段从一次事故——火车轧死了人说起,引入下文。

第二段探究造成这次事故的原因——春运多年积弊的结果。

第三至五段详细说明了为什么会有此类事件发生?原因是:虽然铁路部门制定了详细的规定,然而根本就没有人执行,所以才会发生这样的悲剧。

最后一段指出今后应该如何做,才能避免类似悲剧的发生。

缩写后:

近日,安徽师范大学外国语学院大三学生冷静,在芜湖火车站的拥挤人流中被挤下站台,被还没有停稳的火车当场轧死。

铁路春运现在还没正式开始,乘客数量也没有达到高峰,而火车轧死人的惨剧还是发生了。笔者认为,这恐怕不是一个人的悲剧,而是春运多年积弊的必然结果。这些积弊不解决,以后类似的事还会发生。

2006年、2007年的春运期间,铁道部曾连发禁令,要求各铁路部门按计划售票,严格控制旅客数量。比如,2007年铁道部就规定了各种列车在始发、中途等过程中超员率不得超过一定的限度。同时,客流较大的车站指定专人负责,督促车站严格按计划售票,组织旅客均衡乘车……条款制定得很好,但执行的情况又如何呢?

按规定超员率最高不超过50%,可实际上,某些列车的超员率早就达到80%、100%,甚至更多。在2006年春运期间,广东顺德的许多返乡农民工,为了避免上厕所,集体穿“成人纸尿裤”坐火车。同时,某些火车站明知车上已经满员,还要拼命地出售站票;有些火车站管理混乱,火车还没停稳,人群已挤向车门,险象环生,而且这种现象在春运期间还不是个别的。规定不能执行,发生火车轧死人的惨剧,也就不是偶然的了。

要防止类似悲剧的发生,各地铁路部门必须按照相关规定,严格控制火车超载率。重视火车超员问题,严格按照标准执行,加大执法监督检查力度。同时,铁路部门应该主动放弃对超额利润的追求,对广大乘客负起安全责任,不该卖的票坚决不卖,不该赚的钱坚决不赚。这样才能从根本上解决问题。(598字)

文章4

教育早已元气大伤

中国政法大学近日爆发了一场教授博导与女学生的肢体冲突,各类人士议论纷纷。作为旁观者,我说一点看法。

尊师重教是中国人历来的传统,这一传统即便有不适合现代社会的细节,总的来说,还是一个很有益处的传统。当今社会,不论在世界的什么地方,尊师重教,依然是年轻人最起码的教养,尊重教育也是社会起码的常态。然而,在今天的中国,偏偏就有部分年轻人,有养无教,目无师长,狂妄自大,素质之低劣,令人胆寒。

我有一个朋友在北京某大学当老师,向我讲了这么一件事情。一位女老师在课堂上批评一位男学生不守课堂纪律,男学生当时没说什么。下课的时候,女老师正在收拾东西,男同学走到女老师面前,扯开嗓门说了一句:“×你妈!”然后扬长而去。

就此事而言,退一万步说,就算女老师批评错了,这位男同学的行为,也是令人无法忍受的。这种大学生如果不能意识到自己素质的低劣并加以改正,日后到社会上,即使在专业领域有所建树,也不可能成为对社会有用的人才。

现在大学生作弊手段层出不穷,比方说有人在考试期间要求上厕所,谁也不能不让他去,老师跟着上厕所监视,也很难看。于是就有学生事先将作弊道具藏在厕所里,借上厕所的机会赶紧偷看。也许是因为去厕所的时间太久了,监考老师心生疑窦,去厕所看一下,只见学生忙不迭地将作弊工具用水冲掉。当今考试作弊成风,一个民族,如果任由这种风气传播,那是一种莫大的悲哀。

师道尊严有两个方面,它既是对学生的要求,也同样是对教师的要求。我们也不能否认,当今校园里的某些教师,同样非常缺乏素质,缺乏为人师表的风范。教师嫖娼者有之,教师剽窃者有之,教师趋炎附势者大有人在,教师见利忘义者也不在少数。因此,延续几千年师道尊严的传统早已元气大伤,能否在短时期内恢复合理、正常,颇为令人担忧。

对于中国政法大学不久前发生的教授与女学生的肢体冲突事件,我认为,双方都有原因,但根本原因还在于社会基本规范的丧失。本来,传统文化的很多内容,都是维护社会基本规范最有效的方法。但是,在某些错误思想的指导下,传统文化被贴上了“丑陋”的标签。于是,人性中某些恶劣的元素,失去约束地恶性膨胀。近几十年来,中国出现了一批缺乏教养的人物,有的甚至还成为社会名流。而学校教育只注重传授知识,不注重教育学生如何做人。除了一些家庭内部长辈的言传身教之外,年轻学生的待人接物、言谈举止等起码的教养训练,严重缺乏,甚至连教师本人都缺乏。

中国的教育不能只在新的教学内容上花力气,还需要借助传统,恢复最起码的做人规矩的教育。(1031字)

(作者:刘仰,选自《都市文化报》2008年1月17日第432期,有改动)

文章开头说到政法大学爆发了一场教授和女学生的肢体冲突。作者从两个角度说明造成这种状况的原因:一方面是当前有些学生缺乏教养,目无尊长,而且基本的道德水准缺失;另一方面是有些教师也丧失了基本的道德。而无论是教师还是学生,这种道德规范的缺失其深层原因是因为社会基本规范的丧失。要想改变这种状况,就要借助传统,给人们以做人规矩的教育。

缩写后:

近日,中国政法大学爆发了一场教授和女学生的肢体冲突。各界人士议论纷纷,我也说说自己的看法。

尊师重教是中国人的传统美德,也是年轻人应该具有的最起码的教养。可是,当前就有好多年轻人目无尊长。

我听到过这样一件事。一位女老师在课堂上批评一位男学生不守课堂纪律,男学生当时没说什么。下课的时候,男学生走到女老师面前,破口大骂:“×你妈!”然后扬长而去。

这位男学生的做法实在是令人无法容忍,即使他学习再好,日后走上社会,以他这种低劣的素质,也很难成为什么有用之人。

现代的大学生不仅在尊师方面欠缺,就是在其他方面也有很多问题。大学校园里作弊现象早已不是什么秘密,作弊的手段也不断翻新。一个民族如果任由这种风气蔓延,那真是这个民族的悲哀。

当然,我们也不能否认,老师方面也存在着诸多问题。当今社会,一些教师和学者丧失了起码的做人道德,有的剽窃别人的学术成果,有的趋炎附势,等等。这些教师已失去了为人师表的榜样的作用。

无论是学生的缺乏教养还是教师的缺乏素质,都说明了一个问题,那就是教育已经元气大伤。是什么原因造成这种情况的呢?我认为根本原因还在于对传统文化的忽视。传统文化的很多内容，都是维护社会基本规范最有效的方法。但是，由于对传统文化错误的理解，造成人性中恶性的因素膨胀，出现了一批缺乏教养的人物。而学校教育只注重传授知识，不注重教育学生如何做人。在这种情况下，出现上述现象也就不足为奇了。

学校是教书育人的地方，除了教书，还要育人，教给学生起码的做人的道理。某种程度上育人比教书还重要。(636字)

文章5

你最后悔的是什么

有一家杂志曾经对全国60岁以上的老人进行了一次问卷调查：你最后悔的是什么？问卷列出了十项人们生活中容易后悔的事情，供被调查者进行选择。

结果呢？在对收回的有效问卷进行统计后，得出了这样的统计结果。

第一名：75%的人后悔年轻时努力不够，以致事业无成。

所谓少壮不努力，老大徒伤悲。青春的大好时光总是那么脚步匆匆，而青春时光里，又有那么多的诱惑甚至陷阱。当你猛然醒来时，也许已经华发早生，惊回首，才发现自己竟然一事无成。

多数人都在进行着一种大众的生活态度，别人学习他也学习，别人工作他也工作，别人娱乐他也娱乐，自然的，别人得到什么，他也不可能得到更多。要想得到别人得不到的东西，就需要付出别人不愿意付出的代价，尤其是在你年轻的时候。趁着还有时间、有精力、有体力去努力的时候，制订一个切实的计划，然后百折不挠地按照这个计划去一步步推进，你终究能够成功。

第二名：70%的人后悔在年轻的时候错误地选择了职业，而错误的根源，并不是选择了具体什么职业，而是刻意选择了安稳与舒适。

三个大学生被同时分配到某机关工作。一年后，其中一个由于不甘心成天看主管的脸色过日子而跳槽到一个企业去工作，另外两位没有动心，依旧安稳地过着朝九晚五的日子；又一年后，另外一个同学辞职下海，剩下的一个依然没有动心，看着自己的两个同学在工厂和商海里拼搏、起伏，他更加得意于自己已有的安稳生活。

又过了几年，三人相聚，到企业的那个同学早已经成为一家工厂的厂长，下海的那位成了千万富翁，而留在机关的那位却依旧在领导的呵斥与无奈的寂寥中消磨自己所剩无几的大好时光。

许多人在选择职业时的第一考虑就是要有稳定的收入，而不太愿意去面对那些具有挑战性的机会。没有了压力，自然就缺乏了动力，没有了动力，也就埋没了潜力。

第三名：62%的人后悔对子女教育不当或方法不对。

孩子是自己生命的延续，是自己希望的延续，许多人为了孩子可以倾尽所有，为了孩子可以忍受一切的伤痛和委屈。但望子成龙、盼女成凤的良好愿望也许只是父母单方面的，儿女的心中也许仅仅就想做一个自我、快乐的凡夫俗子。于是乎,许多父母采取了强制、压抑、监督甚至棍棒政策来逼迫孩子沿着自己设计的线路发展,到最后,多数父母却不得不面对失落与失望;而极少数所谓的成功者,却也在悲泣孩子这些年过得太苦,丝毫没有享受到童年、少年应有的快乐与阳光。(963字)

(作者:张汉,选自《知识窗》2008年第2期,有改动)

这篇文章的议论和上面的几篇都有所不同。这篇文章对一次调查结果进行分析,首先告诉大家75%的人后悔的是什么,然后对此进行议论;接着告诉大家70%的人后悔什么,再进行议论。一直到第三项,也就是说作者共论证了三次。

缩写后:

当人们老了以后,最后悔的事是什么呢? 通过调查,得出了这样的统计结果。

第一,大多数人最后悔的事是年轻时不努力,到最后事业无成。

青春的大好时光总是容易溜走,如果不珍惜,忽然有一天醒悟,会发现自己一事无成,但那时已经太晚了。

要想在事业上有所成功,就要敢于吃苦,敢于付出别人不敢付出的代价。年轻的时候,有时间有精力为未来制订一个可行的计划,按照这个计划脚踏实地一步步来,最终就有可能成功。

第二,大家后悔的是年轻的时候错误地选择了职业。错误的根源在于选择职业的时候害怕吃苦,更多考虑的是安稳和舒适。

我们还是用一个例子来说话吧。三个年轻人同时被分到机关工作。一段时间以后,其中一个因为不满意看上级的脸色而到了另一个企业去工作。过了一段时间,又有一个辞职下海经商,只剩最后一个过着朝九晚五的安稳生活。

几年之后情况如何呢?在企业的那位年轻人成了工厂的厂长,在商海里打拼的那位成了千万富翁,最碌碌无为的就是那位在机关里庸庸碌碌生活的人。

大多数人在选择职业的时候首先考虑的是安稳,而不敢面对那些具有挑战性的工作。但正是这些具有挑战性的工作才能让人在具有压力的同时也具有动力。

第三,后悔的是对下一代教育不当。

望子成龙、望女成凤是大多数父母的心愿,为了实现这一心愿,许多父母对孩子软硬兼施,用各种方法逼迫孩子按照家长自己的意愿发展。家长在这么做的时候,根本不考虑孩子自己的想法和愿望,因此绝大多数人尝到的都是失败。即使有所谓的少数的成功者,那些成功也是建立在孩子失去童年、失去欢乐的基础上的。(634字)

文章6

费曼与导师的小插曲

诺贝尔物理学奖得主费曼还是普林斯顿大学的研究生时，第一次去见他的指导教授惠勒。后来成为黑洞专家的惠勒开门见山地说，他们每周只能见几次面，每次讨论只能有多少时间，然后拿出一个贵重的怀表放到桌上开始计时，摆明了他不想浪费太多时间在这个学生身上。

第二次见面，当惠勒又拿出怀表时，费曼也从口袋里拿出一个刚买的便宜怀表，郑重其事地摆在惠勒贵重怀表的旁边，表示他的表虽然是便宜货，但他的时间也和惠勒一样宝贵。惠勒看了，了解其中的意思，不禁哈哈大笑，两人后来因此而成为好友。

> 文章用一个故事开头，引人入胜。人们迫切想知道作者说这个故事的含义何在。

费曼的这个举动虽然有几分幽默，但却相当大胆。其实，应该说很有“胆识”才对，因为他勇敢地表达了他认为对的想法——每个人的时间都一样宝贵，即使你是教授，你也不能贬低我和我时间的价值。对一般人来说，费曼的行为相当冒险，因为它打破了师生互动的惯常模式，我们不知道对方是否会震怒或有其他反应，那就意味着后果难测，令人不安。但这种胆识和冒险，却也是创造者所必须具备的，因为所有的创新都是在打破旧有的规范或窠臼，告别熟悉，进入前所未有的不测之境。

> 通过这个故事说明一个道理——人应该敢于冒险，大胆创新，这就是文章的论点。下面几段是对这个论点的论证部分。在论证时，作者举了哥伦布、诺贝尔和巴斯德的例子。

小说家纪德说：“除非你同意长时间看不到海岸线，否则你不可能发现新大陆。”熟悉的海岸线令人感到安全、稳当，但要发现新大陆，实现新创意，你就必须远离安稳，有胆识在未知的大海里从事冒险。哥伦布之所以能发现美洲，就是来自他的胆识和冒险。没有胆识，就不可能挑战旧观念；没有冒险，就不会有新发现。

有人说一部科学发展史，就是一部科学冒险史。要有新的突破，靠的不只是创意思考而已，更要有具体的行动，而这些行动很多都充满了危险性。譬如诺贝尔为了研发更好、更安全的炸药，在试验过程中，曾发生工厂爆炸、亲人丧生的不幸事件。政府不准他重建工厂，也禁止他在离市区五公里内做炸药试验，但他不死心，改到湖上的一艘驳船上继续做试验。其他船只都吓得不准他靠近,他因此不得不经常改变停泊位置。如果诺贝尔没有这种天天与可怕的炸药为伍、无畏的冒险精神,他怎么可能发明安全炸药?

当巴斯德决定投入对抗狂犬病的战役时,他也有几次果敢地采取冒险行动。一次是在对一只患狂犬病的疯狗进行实验时,为了取得病菌,巴斯德的两名助手按住狂乱挣扎的疯狗,他则乘机将一支玻璃管伸进狗的嘴巴里,自己用嘴吸出几滴极毒的唾液,以作为实验之用。在场的人都替他捏一把冷汗,说那是“巴斯德生命中最千钧一发的一刻”。

就是因为有这样的冒险,而使他在进一步实验后,找到了让病菌毒性减弱的“人工减毒法”,并且在狗的身上试验,证实毒性减弱的疫苗可以预防狂犬病。但基于医学伦理,他不敢轻易在人身上试验。有一天,一位母亲带着被疯狗严重咬伤的孩子来求助,巴斯德知道如果将疫苗打在病人身上,不是救了病人就是加速病人死亡。他面临艰难的抉择,最后决定冒险赌一赌,将疫苗接种到孩子身上。结果病童奇迹般康复,用于人类的狂犬病疫苗也从此诞生。

要想有所创新,就必须勇于离开熟悉的一切,包括教条、旧习、成规等,乐于探索未知,接受挑战。(1216字)

结尾总结。

(作者:王溢嘉,选自《大学生》2008年,有改动)

缩写后:

费曼是诺贝尔物理学奖得主。当他还是普林斯顿大学研究生的时候,有一次他去见他的导师惠勒。惠勒拿出一只怀表放在桌上,对费曼说,他们一周只能见几次面,每次见面只能说多长时间。惠勒的意思是说他的时间很宝贵,不想浪费在这个学生身上。

第二次见面,当惠勒又拿出怀表的时候,费曼也拿出一只便宜的怀表放在费曼贵重怀表的旁边,意思是我的表虽然比较便宜,但我的时间和你的一样宝贵。这个举动让导师惠勒哈哈大笑。

在我们看来,费曼的举动着实很冒险,很大胆,因为他勇敢地表达了自己认为对的想法,也打破了师生之间的常规关系。因为他在这么做之前并不知道会有什么后果,导师是不是会生气。但是对于科学家来说,冒险是必须的。因为只有敢于冒险才能创新,才能打破旧的规范,走入新境界。哥伦布之所以能发现美洲大陆,就在于他的胆识和冒险。没有胆识,就不可能挑战旧观念;没有冒险,就不会有新发现。

诺贝尔也是如此。他为了生产出安全炸药,经历了工厂爆炸、亲人丧生的不幸事件。但他并没有气馁。政府不让他建工厂,他就把实验室搬到驳船上。因为随时有可能发生爆炸,所以其他船只都不许诺贝尔靠近。如果诺贝尔没有冒险精神，那就不可能生产出安全炸药。要想做出什么成就，除了要有创意思考外，更重要的是要有敢于冒险的行动。

巴斯德也有类似的冒险行动。他为了研究如何对抗狂犬病，不顾生命危险，用嘴吸出疯狗的唾液做试验。在把疫苗注射到狗的身上取得成功之后，他又大胆地将疫苗注射入人体内，使病人康复。用于人类的狂犬疫苗从此诞生。

这一切都说明了一个道理：创新和冒险在科学发展中的重要性。要创新就要远离旧习成规，并勇于挑战未知。(672字)

文章7

含蓄教育的力量

英国教育学家伯特朗·罗素曾说过这样一句话："我不是说不应该关心子女，而是说这种关心应该是含蓄的。假如可能的话，还应是宽厚的，而不应该过分地感情用事。"由此联想到家庭，联想到学校，联想到父母，联想到老师，无论对子女的关心，还是对学生的教育，是不是也应该讲一点儿"技巧"和"含蓄"?

现代教育不同于传统教育，其中一个最大的变化，就是被教育的对象已经不再囿于一个小家庭，而是过早地融于了大社会。除了父母和老师以外，他们还可以通过电话、电视、电脑、报刊、书籍、旅游等各种现代化渠道，获取大量的社会信息，并依据这些信息对父母的话和老师的话进行对比和分析。所以教育方法也应该随时而变，尤其对那些交际广泛、想象丰富和自我意识、自尊意识都比较强的孩子，更应该多一些理解，多一些宽厚，多一些疏导，多一些含蓄。

有一个很流行的故事。芬兰有个叫彼得的孩子，10岁那年，有一天，他给母亲写了这样一份账单：母亲欠他儿子彼得如下款项——为取回生活用品，20芬尼；为把信件送往邮局，10芬尼；为在花园里帮大人干活儿，20芬尼；为他一直是个好孩子，10芬尼。共计：60芬尼。彼得的母亲在餐桌上看到了这份账单，无声无语地在旁边放了60芬尼。但正当彼得为自己的小聪明欣喜不已的时候，他又发现了母亲留下的一份账单，上面写着：彼得欠他的母亲如下款项——为他在家里度过的10年幸福生活，0芬尼；为他10年的吃喝，0芬尼；为他生病时的护理，0芬尼；为他一直有个慈爱的母亲，0芬尼。共计：0芬尼。彼得看完这份账单，羞愧不已。他蹑手蹑脚地走过去，把发烫的小脸深藏在母亲怀里，一句话没有说，只是小心翼翼地将60芬尼塞进了母亲的围裙口袋里。

读完这个故事，感动和钦佩之余，我突然想起，假如这种事情发生在我们周围，那些母亲们将会怎样面对?高尔基说："爱孩子，这是连母鸡都能做到的事情。"爱应该有爱的方法，更应该有爱的技巧。尤其是当孩子犯错的时候，许多父母往往是训斥多于理解，挖苦多于尊重，惩罚多于引导，言教多于身教。不是以理服人，以情服人，以巧服人，而是以父权、母权压人。这种爱法，只能使孩子感到迷茫和委屈。

"善歌者,使人继其声;善教者,使人继其志。"我们每个家长和老师,都应该做这样的"善歌者"和"善教者"。尤其是对那些有点儿"出轨"的孩子,不是逆流而上,而是顺流而下,以纵治横,以软治硬,以柔克刚,以爱化顽,在不知不觉中,达到教育的目的。(984字)

(作者:赵小莉,选自《杂文报》2007年12月28日,有改动)

文章第一段用名人名言引出论点——教育应该是含蓄和讲究技巧的。

第二段说明了采取含蓄教育的原因是什么——现代教育和传统教育的不同。

第三段用一个很流行的故事做论据,目的是说明教育方法不同,效果会截然不同。

第四段是论证过程。

文章结尾进一步深化论点。

缩写后:

英国教育学家伯特朗·罗素曾说过这样一句话,大意是:关心子女应注重技巧,对子女的关心应该是含蓄的、宽厚的,不能感情用事。由此联想到家庭、学校、父母和老师,无论对子女的关心,还是对学生的教育,都应该讲一点儿"技巧"和"含蓄"。

因为现代教育已经不同于传统教育。其中一个最大的变化,就是被教育的对象已经不是一个小家庭,而是融于了大社会。除了父母和老师以外,孩子们还可以通过电话、电视、电脑、报刊、书籍、旅游等各种现代化渠道,获取大量的社会信息,从而依据这些信息对父母的话和老师的话进行对比和分析。所以教育方法也应该随时而变,尤其对那些交际广泛、想象丰富和自我意识、自尊意识都比较强的孩子,更应该多一些理解和宽厚,多一些疏导和含蓄。

有一个很流行的故事,说芬兰有个叫彼得的孩子,10岁那年,有一天,他给母亲写了一份账单,想让他的母亲为他的劳动付给他一些钱。他母亲给了他60芬尼,并且也留下了一份账单,内容是母亲为他做了很多事,却没让他付一分钱。这让彼得深感惭愧,他悄悄地把钱还给了母亲。

这位母亲的做法无疑是高明的。爱应该有爱的方法,更应该有爱的技巧。尤其是当孩子犯错的时候,更要注意方式方法,做到以理服人,以情服人,尊重孩子,引导孩子走正确的路。

我们每个家长和老师,在教育孩子的时候,都应该多想一下,用什么样的方法才能收到最好的教育效果。尤其是对那些有点儿"出轨"的孩子,更要注意教育的技巧和含蓄性,在不知不觉中,达到教育的目的。(607字)

文章8

为什么我要在乎

某个周日,我在北京遭遇了一件特别令我震惊的事。

那天晚上,我和一位朋友在一家餐厅的露天座位吃饭,突然传来啤酒瓶砸在墙上的巨响声。我回头一看,一个男人正一拳往他女朋友的脸上挥去。我当时坐在距离他们三四张桌的地方，等我赶过去试图制止时，那个女孩儿已经满脸是血。

这件事给我留下了难以抹去的印象，部分原因是我从未见过一个男人这么粗鲁地打一个女孩儿。但最让我震惊的是，旁边围观的中国人没有一个上前阻止，没有一个过去安慰被打女孩儿，也没有人报警。所有人都看在眼里，都倒吸凉气，都替那个女孩儿痛心，但没有人采取任何行动。

我对此大惑不解，对于旁观者的无动于衷甚至有些愤怒。后来，我跟中国朋友们就这件事进行过很多次讨论和辩论，他们都相信，在场的人多半也在内心感到自责。但每次讨论到旁观者的行为是对是错的时候，我的中国朋友们都显得很宽容："这不关我的事，为什么要管呢？"

> 这篇文章没有先提出论点，而是从作者生活中遇到的一件事说起。这件事让作者很愤怒，但更让他愤怒的是大多数中国人对这件事的态度。所以作者在下文分析了中国人自我和自私的原因。

后来，我跟中国人打交道越多，越觉得"为什么我要在乎"的想法绝不是偶然现象。

> 题目是"为什么我要在乎"，这是大多数中国人遇到事情后采取的态度，但在作者看来，这是不对的，这种态度的背后是自私和自我的表现，下文说得很详细。

西方人普遍认为，中国人传统上信奉集体主义，珍视和谐共处，与西方的个人主义相反。但我在中国和西方的生活经历却表明，中国人在很大程度上远比西方人自我。为什么呢？

中国的父母常常会告诫自己的孩子"少管闲事"，有的干脆直接说，别去帮助别人，免得惹来不必要的麻烦。年轻人也表现出很强的从众心态。

另外一个原因是，改革开放之后，中国人很长时间只专注于赚钱，忘记了社会道德传统，变得越来越无知。我听到不少外国人说，中国人现在比美国人更物质主义，为了赚钱可以不顾一切。

> 这是作者分析的中国人不考虑别人只在乎自己的两个原因，一是父母的教育，二是太重视物质。

我担心的是，所有这些社会经济因素可能在中国社会催生出一种自私的个人主义倾向。文章开头的那件事可能是比较极端的，但在今天的中国社会，这种自私的个人主义却以各种形式表现在方方面面。

> 这种自我很可能会变成自私，这是作者的论点。

地铁和公共汽车上，很少有人给老人让座。马路上，司机们当街争吵，不顾他们给后面的人造成了交通堵塞。报纸上，总能读到工厂非法倾倒工业废料，给环境带来不可弥补的损失的报道。在所有这些背后，都是这种"不关我事"的态度。

> 这是说明中国人"不关我事"的论据。

这种态度还在中国社会滋生了一颗“不信任”的种子。每对别人的不幸袖手旁观一次，这颗种子就长大一寸；这颗种子越大，中国人就越自私、越无所谓。这是一个恶性循环，在我看来，这是目前中国社会最值得重视的问题。

这也是作者的论点，这个论点其实和第九段作者提出的论点是一致的。

我可以理解现在中国人为什么如此看重经济发展——毕竟，与迫切的买房问题相比，道德似乎太过遥远。但是，新中国自成立以来走过了那么长一段艰辛的道路，能有今天的成就实在不易。也许每个中国人都应当停下来，想一想：我要成为什么样的人？我希望自己的孩子生活在什么样的社会里？什么样的环境才能确保中国未来的成功？

其实答案就在每个中国人手里。(1094字)

(作者：柳墉眩(韩国)，选自《读者》2008年第一期，有改动)

缩写后：

从一件让我震惊的事情说起吧。

某个周日我和几个朋友在一间餐厅吃饭。忽然听到一声巨响，我一看，一个男的正挥拳打他的女朋友。等我赶过去制止时，那个女的已经满脸是血了。

这件事情让我印象深刻。一个原因是这个男人的粗暴和无礼。但更让我震惊的是，围观的中国人没有一个上前制止，也没有人报警。尽管他们在心中自责，却没人采取任何行动。

后来，我在中国待得越久，和中国人打交道越多，越发现中国有这种想法的人不在少数。

这是什么原因呢？一个原因是中国的父母常常教育自己的孩子少管闲事，遇到麻烦不要惹火烧身，结果遇到事情后大家都不管。另外一个原因是改革开放以后，中国人只专注于赚钱，而忽视了社会传统道德。许多外国人说中国人为了赚钱可以不顾一切。所有这些社会经济因素可能在中国社会催生出一种自私的个人主义倾向。文章开头的那件事可能是比较极端的，但在今天的中国社会，这种自私的个人主义表现在方方面面。

比如地铁和公共汽车上，很少有人给老人让座。马路上，司机们当街争吵，造成交通堵塞也不管不顾。报纸上总是报道工厂非法倾倒工业废料，给环境造成损失。所有这些现象都说明了一件事，那就是中国人变得越来越自私，越来越麻木，越来越不关心周围的人。

当然，目前中国经济发展还未到达发达国家水平，中国人重视经济也无可厚非。毕竟和道德相比，房子问题更现实一些。但是新中国自成立以来能取得今天的成就实在不易。所以每个中国人就更有责任好好儿想一想：应该成为什么样的人？应该让孩子生活在什么样的社会里？什么样的环境才能确保中国未来的成功？

答案就在中国人自己手中。(651字)

文章 9

朱元璋勤政伤身的背后

勤勉是一种美德,但也要因人而异,因事而异。

在中国历史上,朱元璋堪称最勤勉的皇帝。吴晗先生所著的《朱元璋传》曾评价说:“朱元璋用全部精力、时间,管理他所首创的朱家皇朝。”又绘声绘色地描述到,朱元璋“每天天不亮就起床办公,批阅公文,一直到深夜,没有休息,没有假期,也从不讲究调剂精神的文化娱乐”。吴晗还统计了朱元璋的工作量,“他平均每天要看或听二百多件报告,要处理四百多件事。”这些介绍一点儿都不夸张,从《明实录》和其他史籍中,关于朱元璋勤政的记载可谓比比皆是。

朱元璋的勤政给其身体带来了严重损害,如吴晗所说,“他用全副精力处理国事,过分紧张疲劳,50 岁以后,体力便支持不住了,害了心跳很快的病症”。一个人的勤勉,居然到了伤身的地步,而且这个人还是富有天下口含天宪的皇帝,这是一件值得玩味的事情。人们的第一反应当然是大加称赞,勤勉总比懒惰好,哪怕目的是为了家天下,一个勤政的皇帝也是个好皇帝。

然而,细细考究,朱元璋自虐般的勤政,其中的是是非非,还真的一言难尽。

首先得问,一个皇帝,如此自虐般的勤政,有无必要?事无巨细均要亲自掌控的朱元璋就犯了这个管理学上的大忌。他虽是历史上最勤勉的皇帝,却未成为最成功的皇帝,这是一个非常重要的因素。

其次,应该追问这种自虐式的勤政,究竟给当时的政治和社会带来了什么样的影响?要说正面效应,自然也是有的,那就是在皇帝的严密监控下,官员们会克制和谨慎一些。但相形之下,负面效应显然要突出得多。大权独揽,小权不放,皇帝和官僚队伍之间的基本信任荡然无存。另外还必须注意,朱元璋的勤政,是其废除丞相后的一种不得不然。本来在明以前的王朝中,丞相是事务官之领袖,直接对皇帝负责,在制度设计中具有举足轻重的作用,“圣君贤相”的合作才能产生盛世。而朱元璋废掉了总揽庶务的丞相,等于逼迫自己走上了自虐式勤政的道路,岂非咎由自取?

最后,我们不得不归结到一个根本性的问题,朱元璋自虐式勤政的本质是什么?一言以蔽之:君权空前膨胀的产物。历史发展到了朱元璋这里,他不相信任何人,不能容忍原本已足够强大的权力留下丝毫缝隙,大大小小的事务除非紧紧捏在他自己手里,否则决不会有安全感。这是历史的倒退,而没有丝毫进步的气息。

朱元璋因勤政而伤身,坦率地说,对此我只有两个字的评价:活该。(948 字)

(作者:黄波,选自《都市文化报》2008 年 5 月 8 日第 447 期,有改动)

文章第一段是全文的论点——勤勉要分人分时候,不能一概而论。

第二、三段是论据,第二段说朱元璋是一个勤勉的皇帝,第三段说朱元璋的勤勉让他伤身。

接下来几段是作者的论证,说明朱元璋的勤勉完全是不应该的,并没有产生好的效果,反而成了历史的倒退。

文章最后,作者用"活该"两个字做结语,再次说明自己的观点——勤勉因人因时而异。

缩写后:

朱元璋是明朝皇帝,也是历史上最勤勉的皇帝。吴晗先生所著的《朱元璋传》中提到朱元璋每天很早起来工作,批阅各种公文一直到深夜,从不休息,也没有什么娱乐活动。每天听、看二百多件报告,处理的事情达四百多件。

这么勤奋地工作后果是什么呢?是朱元璋的身体受到了严重的损害,以至于朱元璋到了50岁以后,体力不支,疾病缠身。勤勉本身是没有错的,特别是皇帝这么做,更值得称道,不管这位皇帝是出于什么原因。但勤勉到了身体都受到伤害的地步,还是好事吗?一个皇帝这么勤勉是什么原因造成的?

作为一个皇帝,第一,从管理学的角度来说,没有必要事无巨细都亲自过问。有些事完全可以交给下属去做,这才能提高工作的效率。

第二,这种勤政固然有其好的一面,就是说官员们在皇帝的严密监控下,会收敛一些,不会大肆贪污腐败。但是负面效应更大,那就是皇帝不放权,大权和小权独揽造成皇帝和下属官员之间的互不信任。朱元璋为了独揽一切废除了丞相制度,这就使他在掌握了空前权力的同时也不得不应付本来应该由丞相来做的繁多的日常事务,也就是说,朱元璋完全是咎由自取。

第三,朱元璋勤政的本质是什么?这实际上是君权膨胀的产物,是朱元璋因为不信任下属而不得不对任何事都亲力亲为。从历史的角度来说,这是倒退。

所以,朱元璋因为勤政而伤害了身体,完全不值得同情。(542字)

文章10

流行语首先要流行

上海文汇新民联合报业集团新闻信息中心日前发布了"中国流行语2005夏季发布榜",张云泉、祁爱群、丁俊晖、佘祥林、阿卡耶夫、迟尚斌、《青红》、反法西斯战争胜利60周年、四国联盟、台湾水果等被列为中国2005年第二季度十大流行语。(7月6日《东方早报》)

所谓"流行语",我的理解是:首先是要"流行",要在公众社会流行,要有时代性、时尚性,它不同于人们几乎天天要说的日常生活用语。既然称之为"中国流行语",必是以中国为范围,以公众用语中说得最多(词语出现频率)为唯一依据。可是,这个新闻信息中心发布的季度"十大流行语",

作者提出自己的观点,也是文章的论点——流行语应该流行。

并不是从全国范围以及公众语言频率的多少作为判断标准，而是“借助TRS智能信息处理软件，以我国最具代表性的报纸为语料样本，并参照一些具有公信力的新闻网站，依照精确的词频统计分析筛选而出”（见同一报道）。说实在话，乍一看这个“十大流行语”，我大有不置可否的感觉。

> 作者不赞同新闻信息中心的做法，认为他们选出的十大流行语算不上真正的流行语。

这就提出一个问题：新闻媒体与新闻网站出现的高频率词语，算不算是“流行语”？

我们知道，一个新闻人物的出现，一起新闻事件的发生，首先会反映在新闻媒体与新闻网站上。不同的新闻人物，不同的新闻事件，常常决定了社会不同的关注度。关注度越大，在新闻媒体或新闻网站出现的频率也就越高。而这样的高频率出现的词语，与“流行语”却不是一回事。比如说，佘祥林案于今年4月初被披露后，引起公众社会及新闻媒体、新闻网站广泛关注。5月27日，笔者从Google网上看到有关“佘祥林”的条目多达47.7万条，尽管其中有一部分是重复的，但仍然可见其被关注的程度。如果说佘祥林成了一个尽人皆知的新闻人物，或者说“佘祥林”成了当时的一个“关键词”，未尝不可，但是要说“佘祥林”这三字成了一句“流行语”，恐怕解释不通。道理很简单，“佘祥林”三字并未在公众语言交流中被不时挂在嘴边，远没有达到“流行”的程度。这说明，新闻媒体与新闻网站出现频率最高的人与事，并不等同于公众社会的“流行语”。

> 这几段是作者论证自己观点的过程，作者认为新闻媒体上出现频率高的人物或事件因为没有流行开来，并不能算流行语。

也就是说，这个“发布榜”如果是讲最受关注的新闻人物与新闻事件，可以；但是要把它说成是“流行语”，就很牵强了。

即便说，这家新闻信息中心的统计方法是对的，统计的数据也是精确的，但是我还是担心经过“分析筛选”的所谓统计结果，会不会带有某些纯宣传需要的因素。比如说，发生在6月份的疫苗事件，事实上远比上述“十大”中的某些人或某些事更受公众关注，怎么没有列入其中呢？

总之，我是不赞成评选什么季度“十大流行语”的，只流行一个季度，大概也算不上真正的“流行语”吧。

> 对全文的总结。

（1025字）

（作者：端木昌，选自《杂文报》，有改动）

缩写后：

上海某新闻信息中心日前发布了“中国流行语 2005 夏季发布榜”，张云泉、祁爱群、丁俊晖、佘祥林等十个词语被列为中国 2005 年第二季度十大流行语。

我不赞成上面所谓的“流行语”，我认为“流行语”首先是要在公众社会“流行”，它不同于人们的日常生活用语。既然称之为“中国流行语”，必是以中国为范围，以公众用语中说得最多(词语出现频率)为唯一依据。可是，这个新闻信息中心发布的季度“十大流行语”，并不是从全国范围以及公众语言频率的多少作为判断标准，而是借助某软件，以一些报纸为语料样本，并参照某新闻网站，然后统计分析出来的。

在新闻媒体与新闻网站出现的高频率词语就算是“流行语”吗?

我不这样认为。我们知道，一个新闻人物的出现或者一起新闻事件的发生，首先会反映在新闻媒体与新闻网站上。人们对某件事越关注，某个词出现的频率就越高。但这样的高频词语，实际上不是“流行语”。比如说，佘祥林案于今年 4 月初被披露后，引起公众社会及新闻媒体、新闻网站广泛的关注。只要在网上随便一搜，就能看到几十万条和“佘祥林”有关的报道。佘祥林成了一个新闻人物，“佘祥林”成了一个“关键词”，但是要说“佘祥林”这三字成了一句“流行语”，恐怕解释不通。因为没有人交谈时会时不时地把佘祥林挂在嘴边。这说明，新闻媒体与新闻网站出现频率最高的人与事，并不等同于公众社会的“流行语”，只能说明它是最受关注的新闻事件，说它是“流行语”就有点儿牵强了。

总之，我认为什么季度流行语根本就不算流行语。(613 字)

第4单元　标点符号训练

标点符号是书面语言的重要组成部分，是书面语言不可缺少的辅助工具。它帮助人们确切地表达思想感情和理解书面语言。标点符号有16种：句号（。）、问号（？）、叹号（！）、逗号（，）、顿号（、）、分号（；）、冒号（：）、破折号（——）、括号（（））、省略号（……）、书名号（《》）、引号（“”、‘’）、连接号（—）、间隔号（·）、着重号（.）和专名号（____）等。

下面分别介绍这几种标点符号的典型用法。

1. 句号（。）

句号用在陈述句的末尾，表示陈述句完了之后的停顿。例如：

周末他请三个人吃饭。

2. 问号（?）

问号用在疑问句末尾，表示疑问的语气。例如：

走出校门以后，判断一个人的标准是什么呢？

注意：选择问句虽然包含两个或两个以上的选择项，但仍然是一个完整的句子，表达完整的意思，因而只在句末用一个问号，句中各项之间用逗号；但有时为了强调各选项的独立性，也可以在各项之后都用问号。例如：

她是从四叔家里出去就成乞丐的呢，还是先到卫老婆子家然后再成乞丐的呢？

站在他们的前头领导他们呢？还是站在他们的后头指手画脚地批评他们呢？还是站在人们的对立面反对他们呢？

有的句子里虽含有疑问词（谁，什么，怎么样等），但并非真正发问，而是表达一个陈述语气，因而应用句号。例如：

我不知道他去车站接谁。

我没什么，可不知道人家怎么想。

3. 感叹号（!）

感叹号用在感叹句或祈使句末尾，表示强烈的感情。例如：

春是多么可爱的一个名词！

语气强烈的独词句、非主谓句和带有强烈感情的感叹词末尾，都可用叹号。例如：

长途！

飞机！

啊呀！你走错了。

4. 逗号(,)

逗号表示一句话中间的停顿。复句中,分句内部或分句之间,经常用逗号。例如:

刚当上指挥的时候,我也有些头脑发热,以为才华盖世,没人取代得了。

句子主语(复杂短语做主语)较长,或主语虽短但需强调时,或主语后带有语气词时,主语后面要用逗号。例如:

他,就是我们班主任刘老师。

有时也用在并列词组之间。例如:

铅笔,橡皮,电子计算器,各式圆规,大大小小的塑料三角尺,占据了半张办公桌。(因并列的各个成分有的较长,停顿大)

5. 顿号(、)

顿号表示句中并列词语之间小的停顿。例如:

到目前为止,信念坚定的刘易斯已用骑自行车、滑冰、划船、步行、游泳等方式完成了4.6万英里的旅程。

注意:下列情况不用顿号。

① 表示概数的连续数字之间。例如:

这件瓷器有五六百年的历史了。(五和六之间不用顿号)

② 习惯上不需停顿的并列词语之间。例如:

儿女要孝顺父母。(儿和女之间、父和母之间不用顿号)

6. 冒号(:)

冒号表示提示性语句后边或总括性语句前边的停顿。例如:

长妈妈曾经讲给我一个故事听:先前,有一个读书人住在古庙里用功,晚间,在院子里纳凉的时候,突然听到有人在叫他。

在海边,他写浪花、礁石;在山顶,他写青松、老藤;在田野,他写春花、秋月:真可谓"远山近水皆有情"。

7. 引号("" 、'')

引号用来标明文中的引用部分或具有特别意义的词语。例如:

他说:"没人的时候关好门。"

但如果是间接引语的话就不用引号,例如:

他说过,没人的时候关好门。

引语中的引语加单引号。例如:

她极其郑重地说:"明天是正月初一,清早一睁开眼睛,第一句话就得对我说:'阿妈,恭喜恭喜!'记得么?你要记着,这是一年的运气的事情。不许说别的话!说过之后,还得吃一点福橘。”

引号还用来标明以下一些内容：

① 着重强调的词语：一位开“甲壳虫”的车主在光天化日、众目睽睽之下用那辆黄色的“甲壳虫”直接终结了一位骑摩托车者鲜活的生命。

② 特定含义：人民亲热地叫他“包青天”。

③ 反语：这也不是上帝独对我的“慈悲”。

④ 特称：今天是“五一”。

8. 分号（；）

分号表示一个停顿，其停顿时间在逗号与句号的停顿时间之间，有时又称小句号。例如：

早期称仰韶文化，距今7000~5000年，1921年发现于河南渑池仰韶村；中期称龙山文化，距今5000~4100年，1928年发现于山东章丘龙山镇；晚期称二里头文化，距今4100~3700年，最早发现于河南偃师二里头，为夏代文化遗址。

9. 破折号（——）

破折号用在文中表注释的部分之前，跟括号的作用相近。通常比较重要的注释用破折号，不很重要的用括号。例如：

他已作好准备完成最后的旅程——穿过英吉利海峡。

表语意的转折、转换、递进，说话的延长、中断、省略以及提示和总结上文等。例如：

但是白鹭的本身不就是优美的歌吗？——不，歌未免太铿锵了。（转折）

画得真好——你为什么这样勇敢，不怕他？（转换）

“我的朋友们啊，”他说，“我——我——”（中断）

我们站在天安门广场深情地呼唤：周——总——理——（说话的延长）

朋友！你是这么爱我们的祖国，爱我们的伟大领袖毛主席，你一定会深深地爱我们的战士，——他们确实是我们最可爱的人！（总结上文）

10. 括号（（））

括号标明行文中的注释性文字或符号等。例如：

“中国中央电视台（CCTV）奥运舵手选拔活动”于2006年9月正式启动。

11. 省略号（……）

省略号是用于省略原文的符号。例如：

人们在一天辛劳后，躺在用溪水冲洗过的石板上，享受习习的晚风，漫无边际地讲“三国”，说“水浒”，从远近奇闻谈到农作物长势和收成……

12. 书名号(《》)

书名号用于表示书名、篇名、报纸名、刊物名等,用以区分书名和非书名,以避免产生误解。例如:

《笑林广记》里有一个人,专好替人写扇子。

13. 间隔号(·)

间隔号用于表示外国人或某些少数民族人名内各部分的分界以及书名与篇(章、卷)名之间的分界。它是一个圆点,用在两个字的正中间。例如:

美国著名指挥家、作曲家沃尔特·达姆罗施二十几岁时就已经当上了乐队指挥。

14. 连接号(—)

连接号的作用是把意义密切相关的词语连成一个整体。例如:

人类的发展可以分为古猿—猿人—古人—新人这四个阶段。

15. 专名号(____)

专名号是横线,用在文字的下边,表示人名、地名、朝代名等。例如:

鲁迅　北京　明朝

现在,一般的书报杂志为了方便排版印刷,对专名都不加专名号了。

16. 着重号(.)

表明要求读者特别注意的字、词、句。它是一个圆点,用在文字的下边。例如:

下列答案中不正确的一项是哪项?

练习:

一、选择标点符号使用正确的一组

1. 桃树____杏树____梨树,你不让我,我不让你,都开满了花赶趟儿____红的像火,粉的像霞,白的像雪。花里带着甜味,闭了眼,树上仿佛已经满是桃儿、杏儿、梨儿____花下成千成百的蜜蜂嗡嗡地闹着____大小的蝴蝶飞来飞去。

A.　、　、　,　,　,

B.　,　,　,　。　。

C.　,　,　。　,　,

D.　、　、　。　。　,

2. ____笑林广记____里有一个人,专好替人写扇子____这一天,看见朋友手摇白扇____立刻夺过来要替他写。那朋友双膝跪下。他搀扶不迭道____写一把扇子并不费事,何必行此大礼____朋友道:“我不是求你写,我是求你别写。”

A. 《 》 。 , :“ ?”

B. 〈 〉 , , ,“ ?”

C. 《 》 , 。 :“ 。”

D. 《 》 。 , ,“ ?”

3. ____信不信,我花两三百万撞死你____

只因为发生了口角,一位开____甲壳虫____的车主在光天化日、众目睽睽之下用那辆黄色的“甲壳虫”直接终结了一位骑摩托车者鲜活的生命,且抛出了足可与“王侯将相宁有种乎”相媲美的绝世豪言。

以上是____都市快报____上的一则新闻报道。

A. “ !” “ ” 《 》

B. ‘ ,’ “ ” 《 》

C. “ 。” ‘ ’ 《 》

D. “ 。” “ ” 〈 〉

4. 13 年前,英国探险家詹森____刘易斯骑着一辆自行车从格林威治出发,从此踏上了环行世界的征程。25 日,他已作好准备完成最后的旅程____穿过英吉利海峡,回到当年的出发点,成为第一个靠人力完成环球之行的人____到目前为止,信念坚定的刘易斯已用骑自行车____滑冰、划船、步行、游泳等方式完成了 4.6 万英里的旅程。

A. — : , 、

B. · —— 。 、

C. · —— , ,

D. · — 。 、

5. 人类发现和使用银的历史至少已有两千年了____我国考古学者从近年出土的春秋时代的青铜器当中就发现镶嵌在器具表面的____金银错____(一种用金、银丝镶嵌的图案)。从汉代古墓出土的银器已经十分精美。在古代,银的最大用处是充当商品交换的媒介________货币。

A. 。 “ ” 、

B. , ‘ ’ 、

C. 。 “ ” ——

D. 。 ‘ ’ ——

二、在横线处填上适当的标点符号

1. 美国著名指挥家、作曲家沃尔特____达姆罗施二十几岁时就已经当上了乐队指挥。年纪轻轻就担任指挥，沃尔特却没有忘乎所以。旁人对他谦和、沉稳的态度既欣赏又惊讶。还是沃尔特自己揭开了这个谜。

____刚当上指挥的时候，我也有些头脑发热，以为才华盖世，没人取代得了。有一天排练，我把指挥棒忘在家里，正准备派人去取。秘书说，____没关系，问乐队其他人借一支就好。____我心想，秘书一定是老糊涂了。除了我，谁还可能带指挥棒！但我还是问了一句：'有谁能借我一根指挥棒____'话音未落，三支指挥棒已经递到我面前。大提琴手、首席小提琴手和钢琴手，每人都从上衣口袋里掏出一根指挥棒。我一下子清醒过来，原来我不是什么必不可少的人物____很多人一直都在暗暗努力，时刻准备取代我。以后每当我想偷懒、飘飘然的时候，就会看到三根指挥棒在眼前晃动。____

2. "哥儿，你牢牢记住！"她极其郑重地说。"明天是正月初一，清早一睁开眼睛，第一句话就得对我说____阿妈，恭喜恭喜____记得么？你要记着，这是一年的运气的事情。不许说别的话！说过之后，还得吃一点福橘。"她又拿起那橘子来在我的眼前摇了两摇，"那么，一年到头，顺顺流流……。"

梦里也记得元旦的，第二天醒得特别早，一醒，就要坐起来。她却立刻伸出臂膊，一把将我按住。我惊异地看她时，只见她惶急地看着我。

她又有所要求似的，摇着我的肩。我忽而记得了____

"阿妈，恭喜____"

3. 树根是树木生长的起点，树根养育了树叶，落下的树叶最终还要回到树根。____落叶归根____是说远离家乡的人最终一定要回到家乡。即使活着的时候不能回家，死后也要安葬在家乡。这是中国人延续了几千年的传统。

____家____在中国文化中是一个非常重要的词。中国人热爱家乡____孝顺父母。古人说："父母在，不远游。"意思是，父母还活着的时候，就应该陪伴在父母身边，不要离开家乡去很远的地方。虽然现在世界越来越小，离开家乡去外地、外国学习或工作的中国人越来越多，可是中国人"落叶归根"的观念却一直延续下来。

电影____落叶归根____为我们讲述了一位死在外地的民工，被千里迢迢送回家乡的故事。

4. 普通人也可以参加奥运会的比赛吗____是的，现在中国老百姓就有这样的机会。中国奥委会正在民间选拔参加赛艇比赛的舵手。这是奥运会历史上第一次从民间征集参赛选手。____中国中央电视台____CCTV____奥运舵手选拔活动____于 2006 年 9 月正式启动，有 15000 多人报名参加。经过半年时间，现在已经从参加者中选拔了 20 名选手进入中国赛艇队参加训练。最后将选出一男一女两名舵手。

这20名被选拔出的人来自中国的不同地方____年龄不同，职业也不一样，但都热爱体育，希望通过训练，能代表中国参加2008年奥运会____8人单桨有舵手____项目的比赛。

5. 一场战争让世界认识了闾丘露薇这位凤凰卫视的当家花旦，在她身上有很多让同行艳羡的光环。诸如____进入阿富汗的第一位华人女记者，进入伊拉克战地的中国记者第一人，等等。她被人们称为“战地玫瑰”。胡锦涛主席赠言____事业要追求，安全要保证____。时任国务院总理的朱镕基当面称赞____“你很了不起，我佩服你。”在与生命赛跑的战场上，她发回了最及时的报道，也捍卫了中国记者的尊严，用行动让世界同行对我们刮目相看。

6. 我写过小说，编过小说，选过小说____我这一辈子，堪称是小说人生，人生小说。福兮祸兮，幸与不幸，可以说都和小说有关。从二十多岁开始写小说起，四十多年来劳碌奔波，跌宕流离，基本上也像是一部浮世绘式的小说。只不过人情冷暖，世态炎凉____尝受的比别人多些，沧桑变幻，历劫难复，领教得比别人深些罢了。这也不是上帝独对我的____慈悲____，与我同代人的很多文学之徒，都好像难以逃脱这份共通的命运。自古以来，以文为生的人，为文所害，那更是数不胜数，想到这里也就豁然开朗了。

谁让你偏要写小说呢____

7. 长妈妈曾经讲给我一个故事听____先前，有一个读书人住在古庙里用功，晚间，在院子里纳凉的时候，突然听到有人在叫他。答应着，四面看时，却见一个美女的脸露在墙头上，向他一笑，隐去了。他很高兴；但竟给那走来夜谈的老和尚识破了机关。说他脸上有些妖气，一定遇见____美女蛇____了；这是人首蛇身的怪物，能唤人名，倘一答应，夜间便要来吃这人的肉的。他自然吓得要死，而那老和尚却道无妨，给他一个小盒子，说只要放在枕边，便可高枕而卧。他虽然照样办，却总是睡不着，____当然睡不着的。到半夜，果然来了，沙沙沙____门外像是风雨声。他正抖作一团时，却听得豁的一声，一道金光从枕边飞出，外面便什么声音也没有了，那金光也就飞回来，敛在盒子里。后来呢？后来，老和尚说，这是飞蜈蚣，它能吸蛇的脑髓，美女蛇就被它治死了。

结末的教训是____所以倘有陌生的声音叫你的名字，你万不可答应他。

8. 春是多么可爱的一个名词！自古以来的人都赞美它，希望它长在人间。诗人，特别是词客____对春爱慕尤深。试翻词选，差不多每一页上都可以找到一个春字。后人听惯了这种话，自然地随声附和，即使实际上没有理解春的可爱的人，一说起春也会觉得欢喜____这一半是春这个字的音容所暗示的。“春____”你听，这个音读起来何等铿锵而惺忪可爱！这个字的形状何等齐整妥帖而具足对称的美____这么美的名字所隶属的时节，想起来一定很可爱。好比听见名叫“丽华”的女子，想来一定是个美人。然而实际上春不是那么可喜的一个时节。

9. 使人留恋的还有铺在榕树下长长的石板条，夏日里，那是农人们的____宝座____和“凉床”。每当中午，亚热带强烈的阳光令屋内如焚、土地冒烟，唯有这两棵高大的榕树撑开遮天巨伞,抗拒迫人的酷热,洒落一地的阴凉,让晒得黝黑的农人们踏着发烫的石板路到这里透一口气。傍晚,人们在一天辛劳后,躺在用溪水冲洗过的石板上,享受习习的晚风,漫无边际地讲____三国____,说“水浒”,从远近奇闻谈到农作物长势和收成____高兴时,还有人拉起胡琴,用粗犷的喉咙唱几段充满原野风味的小曲,在苦涩的日子里寻一点儿短暂的安慰和满足。

10. 新石器文化距今 7000 ~ 3700 年____按最早发现地点及所代表的发展阶段可划分为早____中____晚三期:早期称仰韶文化,距今 7000 ~ 5000 年,1921 年发现于河南渑池仰韶村____中期称龙山文化,距今 5000 ~ 4100 年,1928 年发现于山东章丘龙山镇____晚期称二里头文化,距今 4100 ~ 3700 年,最早发现于河南偃师二里头,为夏代文化遗址。

参考答案:

一、1. D　2. A　3. A　4. B　5. C

二、1. ·　“　‘　’　?　!　”

2. :‘ !’　——　……

3. “　”　“　”　,　《　》

4. ?　“　(　)　”　,　“　”

5. :　“　”　:

6. 。　,　“　”　?

7. :　“　”　——　!　:

8. ,　。　!　!

9. “　”　“　”　……

10. 。　、　、　;　;

第5单元　篇章结构训练

一、篇章连接成分

一篇好的文章应该是句与句之间连贯衔接自然、语句通顺的文章。我们常常看到，有些文章单独看每一句每一段都很好，但句与句间、段与段间没有什么过渡成分，所以整篇文章不成体系，没有什么逻辑性和连贯性，只是一些句子的叠加。句子之间缺乏必要的篇章连接手段和内在的语意联系，读起来就会非常别扭、生硬。要想让文章看起来自然，就要用到一些连接成分。因为写作不像说话那样，可以通过有语境的直接交流和对方的反馈得到帮助。写作要求在无语境的情况下自己单独完成。下文就给出一些写作中常用的篇章连接成分。

（一）时间关系连接成分

我们在描述或记叙一件事情的时候，一定会有先有后。下面列出一些常用的时间关系连接成分。

（1）用来描述起始时间的：

最先　最早　最早的时候　最初　先　首先　起先　起初　当初　开始的时候

（2）用来描述过去的事情，或用来追溯以前的事情：

过去　从前　之前　此前　事前　事先

（3）描述某一件事发生在另一件事之后：

后来　此后　以后　事后　随后　随即　接下来　继而　不一会　片刻　不多时

稍后　顷刻之间　不久　起先……然后……

（4）描述两件事情同时发生的：

与此同时

（5）描述事情终止的：

终于　终归　总归　终究　最后

（二）逻辑关系连接成分

（1）将两个或三个以上的成分连接起来的：

其一　其二　其三

首先　其次　最后

(2) 表示并列关系的：

同时　相应的　同样也　与此相应　一方面……另一方面……

一面……一面……

(3) 表示递进关系的：

而且　并且　况且　何况　加上　再加上　进而　更有甚者　再说　进一步

(4) 表示附加的：

此外　另外　还有　除此之外

(5) 表示举例的：

例如　拿……来说　比方说　举例来说　以……为例

(6) 表示注释的：

就是说　也就是说　换句话说　或者说

(7) 表示总结的：

总而言之　总之　综上所述　概括地说　总的看来

(8)表示推论的：

① 表示总结性推论的：由此看来　由此可见　显然　当然　显而易见　毫无问题　不用说

② 表示理解性推论的：难怪　无怪　怪不得　无怪乎

③ 表示可能性推论的：也许　或许　兴许　大概　大约

④ 表示预期的：果然　果真

(9) 表示意外的：

岂料　岂知　谁知　不料　哪里知道

(10) 表示实情的：

其实　事实上　实际上　老实说　说句老实话　确切地说

(11) 表示让步的：

退一步说　至少　当然　诚然　固然

(12) 表示对立的：

与此相反　反过来说　反之　反倒　反而

(13) 表示对比的：

相比之下　与此相比　对比之下　另一方面　同样的　无独有偶

(14) 表示转折的：

但是　却　然而　不过　只是　其实　反而　偏偏

(15) 表示条件的：

① 表示有利条件的：幸亏　幸好　幸而　多亏

② 表示起码条件的：至少　至多　起码

③ 表示无条件的：不管怎么样　反正　无论如何

(16) 表示转换话题的：

顺便说一句　此外　另外

(三) 插入语

插入语的作用也是承上启下，使上下文更好地连接起来，或者把句子连接成段落或篇章。主要的插入语有：

(1) 表示说话人主观的想法、看法、意见或态度：

我看　我想　依我看　依我说　依我之见　我觉得

(2)表示对情况的推测、估计：

看来　想来　看样子　少说　充其量　说不定

(3) 表示引起对方注意：

你看　你听　你瞧　你想　你说

(4) 表示消息的来源：

据说　听说　据报道　相传　据传

(5) 表示肯定、强调等口气：

毫无疑问　不可否认　不用说　十分明显　尤其是　特别是　说真的

练习：

一、完成下列句子

1. 尽管有些学生很喜欢哲学等所谓的冷门学科，____________________。
2. 老人们需要的不仅仅是物质上的满足，____________________。
3. 不论遇到怎样的困难，经历多少风风雨雨，____________________。
4. 即使你没有这方面的经验，只要你对这个工作有兴趣，而且____________________。
5. 那些真正找到人生幸福的人，不是因为做了大官、发了大财、有了大学问，而是因为____________________。
6. 虽然我一直没有父亲的消息，但我深信有一天____________________。
7. 大海之所以能成为大海，是因为____________________。
8. 有人认为，经常看电视不仅不会使人变傻，____________________。
9. 有人告诉我，恐怖片中一般有三种必需的道具，其中之一就是一部白色电话，不幸的是____________________。
10. 因为看多了言情小说，所以我对婚姻有着极浪漫的想法，但真正结婚以后，____________________。

二、读下面的段落，根据上下文语境，在横线上填入合适的词语

1. 许多外国人对中国文化感兴趣，想学中文。________往往练了一会儿“妈、麻、马、骂”以后就有点儿泄气：“为什么中文这么________？”中文对西方人来说有点儿难不假，但更______的是西方人学中文有严重的心理障碍。在他们的语汇中，“中文”这个词往往用来泛指不可理喻的事，或看着________但又没有多少实用价值的东西。

2. 曾经参加过的一个学生自发组织的拍卖会，是在一个狭长的礼堂中举行的。在一排长桌子上放着孩子们人见人爱的________：长毛绒玩具、叮当作响的风铃、崭新的铅笔盒，甚至还有女孩儿的漂亮头饰。这些东西聚在一起，真像个小型博览会。有几个孩子在高声______，虽也有人买，____大多数是看客。他们围在拍卖品边窃窃私语，指指点点。

3. 有位孤独的老人，无儿无女，又体弱多病。他决定搬到养老院去。老人宣布________他漂亮的住宅，购买者闻讯而至。住宅底价 8 万英镑，但人们很快就将它炒到了 10 万英镑。价钱还在不断________。老人深陷在沙发里，目光忧郁，________健康情形不行，他是不会卖掉这栋陪他度过大半生的住宅的。

一个衣着朴素的青年来到老人眼前，弯下腰，低声说：“先生，我也好想买这栋住宅，但我只有________英镑。可是，如果您把住宅卖给我，我保证会让您________生活在这里，和我一起喝茶、读报、散步，天天都快快乐乐的——相信我，我会用整颗心来________您！”老人颔首微笑，把住宅以 1 万英镑的价钱卖给了________。

4. 到城市的大街上随便抓一个人问问，不管男女老少，他们都会说很忙很累。为什么会忙会累？________我们知道得太多了。我们知道了电视，就会去买台电视来看。有了电视，知道的事情更多了。________，我们的损失也就更多了。电视中有许多感人的情感故事，我们就守在电视旁为可能并不存在或遥远的情感故事喜怒哀乐，看得忘记了需要自己去爱的妻子、儿女和老人。我们守在电视旁羡慕富人的休闲生活，________忘记了我们可以享受得到的蓝天、白云和温暖阳光。电视中铺天盖地的广告，勾起了我们无穷的欲望，在电视之外的时间我们就________于商场、超市和娱乐场所。

5. 每个人在生活中都有________的一面，而且往往薄弱得不可思议，令人发笑。______我认识的一个大块头钳工，能扛起几百斤重的钢件大步如飞，能空手制服窜进厂院里的恶犬，但他却怕鸡蛋大的小耗子，一见耗子就________。有人一见领导就发慌，就紧张得说不出话来，像犯了什么错误似的；有人很会讲话，但一到公众场合就吓得张不开嘴；还有的人上前线不怕枪林弹雨，但有病时却怕医生注射扎针。________举不胜举。总之，人们有各种莫名其妙的弱点。________人们对自身的弱点漫不经心，甚至有意无意地认定是天生的。很少有人自觉地去同自身的弱点斗争对抗。

6. 中国人为啥爱请客？历史上的中国社会以农业文明为特性，人的流动性较差，______，一个人请客买单时，完全可以预料到被请的人日后也会请他，大家轮着来就是了，时间一长，谁都不吃亏。而在西方，人的流动性很强，一个人请别人的客，被请的人说不定这辈子再也碰不到了，为了大家都不吃亏，彼此分摊便是最好的选择了。因此，中国人请客吃饭和洋人在实质上并无________：洋人是一次性的 AA 制，中国人是拉长了时间、________的 AA 制。

7. 某市残联部分成员受美国一家公益慈善分会的邀请来到洛杉矶。他们在美国出席了几个小型的慈善晚会，还和当地残疾人________了联欢和交流。回国后，有记者采访了带队的残联副主席，他是一位小儿麻痹症患者，双腿萎缩。他向记者介绍了美国残疾人的生存状况。记者最后总结说："在国外，你们看到了残疾人________社会的重视和关心。"他打断了________的话："不，我没有看到残疾人在国外受重视，而是用心体验到了。"他说："我在国外一个多月，在那里我觉得自己一点儿也不像一个________，一切都十分方便。________的是，他们并不把我们当残疾人，我们在街头走过，很少有人会用好奇的眼光看我们，其实这是对残疾人最大的________。"

8. 更多情况是女人陪女人买零食。在超市里消费欲大增的________那些独自采购的女人，而是结伴前来的女友们。________是吃零食的天堂，在漆黑的空间和时间里，女孩子们总是像去春游一样带上零食。仿佛电影是酒，不能没有下酒的菜，所以电影院的小卖部为她们准备了各种东西，其中要数爆米花最为________，因为没有壳或皮可以扔在地上。但电影院不能妨碍她们自带酒水，因此我们耳边总缭绕着嗑瓜子的声音，________她们之间彼此交换零食品种的友谊之声。

9. 牛津、剑桥两校在宽松的文化背景下，充分展示了他们教与学的人性美。比如教授们从不强迫学生上什么课，或怎么上课，一切全______学生自己决定。从老师的角度________，如果你教不好，由开学时班上几十人到学期终了变成没有人，没有学生也就无所谓先生了。________呢？每个星期爱学什么就学什么，他与导师会谈时，把导师辩倒，他才快乐。这就叫"自然学习"。两校的这一教学"模式"，为英国人所自豪。他们说："牛津大学和剑桥大学，似乎把学生当成了生物，让生物________；别的大学，似乎把学生当成了矿物，让矿物定型。"

10. 前段时间，网络被炒得热火朝天，宣传广告铺天盖地，一夜暴富的网络神话耳熟能详。我决定辞去传统行业的白领工作，去网络业当一回________。我带着自己的作品剪辑本去网络公司________，总经理是留洋回来的"海归派"。我多年机关文字工作的经验，以及当过几年编辑记者的经历，令他赞不绝口。再一看我发表过的作品，当即决定________我。他问我要求多少薪水，我想网络业工资高，决定漫天________，喊出了 3000 元的天价。谁知他大手一挥："那就 4000 元吧，现在就去上班，原单位的手续以后再去办。"4000 元！足足是我原来工资的三倍，令我心里一阵________。到底是一日千里的网络业，我________自己及时迈出了这关键的一步。

参考答案:

1. 但是　难　要命　新鲜
2. 物品　叫卖　但
3. 出售　攀升　要不是　1万　依旧　照顾　他
4. 主要是因为　然而　却　奔波
5. 薄弱　比如　发抖　类似的例子　遗憾的是
6. 因此　不同　分次性
7. 进行　受到　记者　残疾人　更为重要　尊重
8. 不是　电影院　理想　以及
9. 凭　而言　学生　生长
10. 金领　应聘　聘用　要价　狂喜　庆幸

二、各种体裁的篇章结构分析

大纲中,对MHK四级读后写分测验的具体要求有两项:句意转换、连接恰当;谋篇布局适当、合理。下面我们就三种体裁分析一下文章是如何实现句意的转换和谋篇布局的。

(一)记叙文的篇章结构分析

例文:

美国礼物,神秘莫测

在美国的这些日子,我一次次被美国人送的礼物惊得目瞪口呆。

一次,女儿的朋友、文学硕士Lisa要来我家做客。听说她特意为我准备了一份礼物,我非常高兴。我想了整整一个星期:她到底会送我什么礼物呢?我知道美国人很热情,大方起来甚至连汽车、房子都是可以送人的。我眼巴巴地期待着那份神秘的礼物。

周末,Lisa和她的丈夫来了。他俩一进门,我们就高声寒暄、热情拥抱。之后,Lisa递给我一个系着彩带和小卡片的纸包。

我悄悄捏了一下,纸包不厚,分量很轻。就在那一瞬间,我的脑海里掠过了一块时尚的意大利丝巾,继而闪过一枚璀璨夺目的法国胸针……我迫不及待地想知道纸包里的"内容"。

按照老美的规矩,女儿当即让我打开纸包。我努力模仿着老美们夸张的表情,一边大叫着beautiful(太漂亮了)和wonderful(太好了),一边打开了那个神秘的纸包。

纸包里果真是一枚胸针,不过,它既不闪闪发光,也不灿烂辉煌,甚至可以说,这是一枚相当"粗糙"的胸针。

然而，这枚胸针非常珍贵。Lisa告诉我，这是她用了整整一个星期的休息时间，亲手为我制作的。

还有一次，女儿和女婿去曼哈顿参加美国人举办的一个新年商务酒会。散会时，主人送了每位客人一袋礼物。礼物的包装非常精美，拿在手里感觉沉甸甸的。礼物拿回家来，全家人欢呼雀跃，孙女们猜，袋子里装满了"巧克力"，我和女儿猜里面是"珍珠项链"，女婿猜那是"电子产品"……

当我们怀着激动的心情打开精美的袋子时，我们的答案被证明统统是错误的，这份出乎意料的礼物让我们全家人大跌眼镜。

你能猜到到底是什么礼物吗？答案是香皂。

文章第一句话，作者开门见山，提出美国人送的礼物不止一次（一次次）让人吃惊。所以下文一定是叙述几次收到礼物的情况。先说第一次，作者用"一次"来开头讲述这次收到礼物的情况。在讲述这次收到礼物的过程中，作者先是说自己的想象，用了这样一些词："听说"、"想了整整一个星期"、"眼巴巴地期待着"等。下文就要写礼物到来那天的情况。作者在拿到礼物时，再次在心中想象着是什么礼物（一块时尚的意大利丝巾、一枚璀璨夺目的法国胸针），正是因为她把礼物想得太贵重了，所以才会被现实的礼物惊呆了，她没有想到美国人送的礼物会这么简陋和粗糙。"果真"、"不过"、"甚至可以说"这些词告诉了我们作者在看到礼物时的感受。

那文章如何过渡到第二次收到礼物的情况呢？"还有一次"就是这样的过渡词和连接词。用"还有一次"开头，讲述了第二次收到礼物的过程。与上次结果相同的是，这次的礼物同样是微不足道的小东西，因此作者全家人再次惊呆。"答案被证明统统是错误的"、"大跌眼镜"就是形象的描写。

阅读中，在寻找内容意义上的线索的同时，顺着线索找关键词、句，并把找到的关键词、句和段落、篇章大意连贯起来，就能对全部文章形成一个整体的印象。

（二）说明文的篇章结构分析

例文：

记忆，神奇又神秘的"家伙"

记忆按照保持时间的长短可以分为短期记忆和长期记忆。大致若干小时后就会忘记的记忆叫"短期记忆"，比如现在是上午，记得早餐吃过什么，这种记忆就是短期记忆。超过若干小时仍然能够记住的记忆叫"长期记忆"，比如记住上小学时郊游的情景，这种记忆就是长期记忆。

记忆不仅可以按照保持时间的长短加以分类，而且也可以根据记忆的内容进行分类。回想起早餐吃过什么和儿童时期的郊游，都是对个人在某时某地经历过的事物的一种记忆。这种记忆叫做"情景记忆"。

记住一切知识的记忆,则是另一种记忆。比如别人问:"地球是圆的吗?"我们马上就可以回答:"是的。"然而,真正有幸乘坐宇宙飞船到太空亲眼目睹地球形状的人,其实只有极少数的宇航员。我们一般人关于地球为圆形的东西,其实是听别人讲过以后而记住的。对于这种记忆的知识,究竟是在什么时候和什么地方记住的,我们通常是不会知道的。这种记忆被分类为"意义记忆"。

学会骑自行车之类,这是对身体动作的记忆。几乎所有的人都是通过练习才记住骑自行车的动作的。之后即使多年不骑,脑中仍然会记得骑自行车的方法。这叫做"过程记忆"。

此外,根据记忆是有意识的还是无意识的,还可以分为"外显记忆"和"内隐记忆";根据脑内的记忆是否可以用语言来表达,则可分为"陈述性记忆"和"非陈述性记忆"。

以上这些不同种类的记忆形式,据研究认为,都有各自不同的记忆机制。然而,不论哪一种记忆,其物质基础都是脑内的神经细胞——神经元。

神经元与记忆之间是如何关联的?主要的解释模型认为,若要形成记忆,细胞必须重复地接受刺激,以形成两细胞之间永久性的关联。研究人员举例说明,学生在考试前狼吞虎咽背进去的东西,只能停留在短暂的记忆之中;若要将之记牢,唯有重复阅读书本内容。

这就是奇妙的记忆。

这篇文章讲的是记忆的分类。文章开头介绍了第一种记忆分类方法:记忆按照保持时间的长短可以分为短期记忆和长期记忆。第二段是如何过渡的呢?作者用了一个递进复句:记忆不仅可以按照保持时间的长短加以分类,而且也可以根据记忆的内容进行分类。第三段的过渡用的是一个转折词"则"。第四段作者是这样开头的:学会骑自行车之类,这是对身体动作的记忆。第五段,作者用"此外"来开头引入另一种分类方法。第六段,作者用"以上"来进行总结。最后,作者用一句话"这就是奇妙的记忆"对全文进行了总结。

(三)议论文的篇章结构分析

例文:

含蓄教育的力量

英国教育学家伯特朗·罗素曾说过这样一句话:"我不是说不应该关心子女,而是说这种关心应该是含蓄的。假如可能的话,还应是宽厚的,而不应该过分地感情用事。"由此联想到家庭,联想到学校,联想到父母,联想到老师,无论对子女的关心,还是对学生的教育,是不是也应该讲一点儿"技巧"和"含蓄"?

现代教育不同于传统教育,其中一个最大的变化,就是被教育的对象已经不再囿于一个小家庭,而是过早地融于了大社会。除了父母和老师以外,他们还可以通过电话、电视、电脑、报刊、书籍、旅游等各种现代化渠道,获取大量的社会信息,并依据这些信息对父母的话和老师的话进行对比和分析。所以教育方法也应该随时而变，尤其对那些交际广泛、想象丰富和自我意识、自尊意识都比较强的孩子，更应该多一些理解，多一些宽厚，多一些疏导，多一些含蓄。

有一个很流行的故事。芬兰有个叫彼得的孩子，10岁那年，有一天，他给母亲写了这样一份账单：母亲欠他儿子彼得如下款项——为取回生活用品，20芬尼；为把信件送往邮局，10芬尼；为在花园里帮大人干活儿，20芬尼；为他一直是个好孩子，10芬尼。共计：60芬尼。彼得的母亲在餐桌上看到了这份账单，无声无语地在旁边放了60芬尼。但正当彼得为自己的小聪明欣喜不已的时候，他又发现了母亲留下的一份账单，上面写着：彼得欠他的母亲如下款项——为他在家里度过的10年幸福生活，0芬尼；为他10年的吃喝，0芬尼；为他生病时的护理，0芬尼；为他一直有个慈爱的母亲，0芬尼。共计：0芬尼。彼得看完这份账单，羞愧不已。他蹑手蹑脚地走过去，把发烫的小脸深藏在母亲怀里，一句话没有说，只是小心翼翼地将60芬尼塞进了母亲的围裙口袋里。

读完这个故事，感动和钦佩之余，我突然想起，假如这种事情发生在我们周围，那些母亲们将会怎样面对？高尔基说："爱孩子，这是连母鸡都能做到的事情。"爱应该有爱的方法，更应该有爱的技巧。尤其是当孩子犯错的时候，许多父母往往是训斥多于理解，挖苦多于尊重，惩罚多于引导，言教多于身教。不是以理服人，以情服人，以巧服人，而是以父权、母权压人。这种爱法，只能使孩子感到迷茫和委屈。

"善歌者，使人继其声；善教者，使人继其志。"我们每个家长和老师，都应该做这样的"善歌者"和"善教者"。尤其是对那些有点儿"出轨"的孩子，不是逆流而上，而是顺流而下，以纵治横，以软治硬，以柔克刚，以爱化顽，在不知不觉中，达到教育的目的。

这篇议论文的第一段从一句名言引出了自己的观点，文中用的是"由此"。而向第二段的过渡，作者是从现代教育和传统教育的不同之处入手的，因为教育环境发生了变化，所以教育方法也要跟着变化。第三段的论据讲的是一个流行的故事："有一个很流行的故事……"然后在第四段由这个故事联想到中国的教育情况。最后引用一句话（善歌者，使人继其声；善教者，使人继其志。）深化自己的论点，也就是说不同的教育方法会有完全不同的教育效果。

知道了文章是怎么谋篇布局的，大家在写作时就要有意识地训练自己往这方面努力。注意用一些适当的连接成分把文章串起来，使全文流畅、自然。

第6单元　学生作业偏误分析

一、阅读中出现的问题

1. 由于断词错误出现理解偏误

汉字书面语是等距离线性排列的，所以在阅读当中，会出现对词语的判认或划分不当而引起误解的情况，会把一个词破开读成两个词。例如：

据营养学家介绍，饺子最大的优点是总体营养成分配合合理。

正确读法是：

据营养学家介绍，饺子最大的优点是/总体/营养/成分/配合/合理。

不能读成：

据营养学家介绍，饺子最大的优点是/总体/营养成/分配/合合理。

2. 由于人名、地名切分错误出现理解偏误

汉语的人名和地名不像英语那样有大写，所以汉语的人名和地名不好认。例如：

说起建坝，石鼓亭的义务讲解员和建永说调查队已经到过他在冲江河上的小村庄了。

这句话中的“讲解员”和“和建永”是指同一个人，也就是说“和建永”是一个人名，但很多同学把“和”当做连词，把“建永”作为一个人名。

再如：

后来，她和很多朋友在东洛杉矶创建了泛美国民银行，这家银行主要是为美籍墨西哥人所居住的社区服务。

正确的断句应该是：

后来，她和很多朋友/在/东/洛杉矶/创建了/泛美/国民银行，这家银行主要是为美籍/墨西哥/人所居住的社区服务。

而不是：

后来，她和很多朋友/在/东洛/杉矶/创建了/泛/美国/民银行，这家银行主要是为美籍/墨西/哥人所居住的社区服务。

3. 由于惯用语、习语出现理解障碍

惯用语是汉语中一个独特的组成部分，以其生动性和惯用性而受到大家的喜爱。惯用语

来源于文化和社会事件，有鲜明的象征和隐喻意义。人们在交际中用的是惯用语的隐喻义而非字面意义。惯用语独特的语义和语用特征造成了学习者的困难，对第二语言的学习者来说尤其如此。

汉语惯用语多，下文列出了本书中常见的惯用语和习语。

跳到黄河也洗不清：意思是就是跳进黄河里洗，也洗不干净。比喻冤屈无处辩白。(《救命与救赎》)

活见鬼：表示不可能出现的事情，或离奇或无中生有。(《救命与救赎》)

将……用在刀刃上：所谓的“刀刃”就是在生活中所遇到的最要紧的事。把(钱、款、精力、时间等)用在刀刃上指的是将这些用在最重要的事情上，其他的事情就好办多了。(《想飞的梦想是块金》)

清一色：原来指打麻将时某一家由一种花色组成的一副牌。比喻全部由一种成分构成或全部一个样子。(《鼓励心里的阳光》)

眼巴巴：形容急切地盼望。(《美国礼物，神秘莫测》)

大跌眼镜：这是来自台湾的一个用语。指对出乎意料的结果或不可思议的事物感到非常惊讶。(《美国礼物，神秘莫测》)

牛郎与织女：牛郎、织女是从牵牛星和织女星衍化而成的传统神话中的两个主角。传说织女是天帝的孙女，织造云锦，但跟牛郎结婚以后，就中断织锦，致使天帝震怒，责令分离，每年七夕才准相会一次。现比喻夫妻分离。(《亲爱的，你叫什么名字》)

从牙缝里抠出钱来：意思是省吃俭用来攒钱。(《穷人的屋檐，高过天堂》)

无事不登三宝殿：三宝殿泛指佛殿，这句话意思是说没有事情是不会登上三宝殿的。比喻没有事情不上门来。多用来说有事情才到某人那里去。(《回家有酬》)

祸不单行：有时和“福无双至”连在一起说。意思是好事情不会两件同时而来，坏事却接连而到。(《修补天赋的缺口》)

手把手：指亲自指点、传授技艺等。(《父亲的手机》、《你是我最笨的学生》)

赶场子：需要同一天到两个地方去表演的演员，在一个地方表演完毕之后赶紧到另一个地方去表演。(《荷兰孩子一年过三次生日》)

抛到了九霄云外：“九霄云外”指的是在九重天的外面。比喻无限远的地方或远得无影无踪。因此“把……抛到了九霄云外”就是指彻底忘掉了……，或……彻底消失，无影无踪。(《扎西德勒》)

天有不测风云：意思是天常常在预料不到的什么时候就刮风下雨。比喻人有难以预料的灾祸。多在人突然遭到灾祸时说。(《特殊的“红包”》)

屋漏偏逢连夜雨：屋子漏了，可是偏偏又赶上连夜下雨。这就是我们常说的祸不单行。引申为本来已经够倒霉的了，但还有更大的打击。(《特殊的“红包”》)

青梅竹马：形容男女小的时候天真无邪。(《远离痛苦、选择快乐》)

开门七件事：指柴米油盐酱醋茶，泛指日常生活的必需品。(《爱在注意事项中》)

日出而作，日落而息：太阳升起就起来劳动，太阳落下就休息。原指古代人的生活方式，

后来也用来指简单淳朴的生活方式。(《南半球外有企鹅》、《中国的饺子文化》)

笨鸟先飞:笨鸟指飞得慢的鸟。意思是飞得慢的鸟,怕落在后边,就比别的鸟先起飞。比喻能力差或行动慢的人,恐怕落后,比别人提前行动。多用来说自己,表示谦虚。(《聪明未必是好事》)

冤冤相报何时了:大家因某事彼此结了仇恨,所以便相互报复,没完没了。(《宽容是最大的风度》)

前事不忘,后事之师:前面的事不忘记,可以作为后面的借鉴。(《兴国还需科教力量》)

泼冷水:比喻挫伤别人的热情和兴致。(《我们应该坚持多久》)

动(了)真格:意思是严肃认真地对待某件事。(《为复旦大学叫好》)

书中自有颜如玉,书中自有黄金屋:意思是读书考取功名是当时人生的一条绝佳出路,考取功名后,才能得到财富和美女。用现代观念去解释,读书就是接受教育,教育是社会的一个功能,让学生掌握了知识技能,才能投身社会,服务人民。(《为复旦大学叫好》)

慢工出细活儿:指不急于求成,精心制作,才能出完美的产品。(《为复旦大学叫好》)

少壮不努力,老大徒伤悲:意思是年轻力壮的时候不努力上进,到了老年的时候,悲伤后悔也来不及了。多用于勉励年轻人努力学习、工作。(《你最后悔的是什么》)

倒吸(一口)凉气:形容见到惊异或者出乎意料的事情时,人的反应。(《为什么我要在乎》)

二、书面表达的错误

在同学们的书面表达中,常常会出现这样的问题:就每一句话来说,词汇、语法方面都是正确的,但是就整个段落篇章来看,这些句子之间缺乏有机的联系,给人的感觉是断断续续的,不够连贯,好像缺少了什么,而有的时候却又过于啰唆。写作不像说话,可以通过有语境的直接交流和对方的反馈得到帮助,写作要求在无语境的情况下自己单独完成。在语言运用上,“写”又比“说”在话语的衔接、语句的准确性和逻辑性方面的要求更高。所以无论是用母语写作还是用第二语言写作,大多数人都会体会到写作过程的困难,而且有时会出现各种各样的偏误,如篇章结构方面、衔接方面,等等。

一篇文章之所以能成为文章,就在于组成文章的句子之间的语意是连贯的,如果句子之间缺乏语意连贯,就不能构成一个语意统一体。而使文章语意连贯的方式就是用种种衔接手段。同学们出错率比较高的也是在衔接方面使用不当。

(一)语篇衔接方面的错误

1. 替代的使用

不善于使用替代,会造成句义的重复、啰唆。例如:

*我的朋友叫玛依拉，玛依拉每天帮助我，我遇到不开心的事玛依拉就陪着我。

这句话中“玛依拉”出现了三次，其实，完全没必要，可以把后两次出现的“玛依拉”用代词来替换。

我的朋友叫玛依拉，她每天帮助我，我遇到不开心的事时她就陪着我。

2. 连接词方面的错误

(1) 连接词贫乏：频繁使用一个或几个较简单的连接词，如“可是”、“所以”。

(2) 误用连接成分：如该用“可是”的用“其实”，该用“其实”的用“可是”。

(3) 混用连接成分：如将序列连接成分、时间连接成分相混合等情况。

(4) 不用连接成分：很少使用表示“总结”、“推论”、“让步”、“对立”、“对比”、“题外”等连接成分，原因是学习者不了解或没有掌握这些语义关系的连接方式，干脆不用或回避使用。

下面是我们从同学们的作业中搜集到的错误：

*要不是我不同意他的要求，这件事就不会向我袭来。

“要不是”用错了，“向我袭来”的说法也不太好。正确的句子应该是：

要不是我同意了他的要求，这件事就不会找上我。

*早知道你不用钢笔，我千万不能给你钢笔。

“早知道”通常和“就(不)”搭配使用，所以上句应改为：

早知道你不用钢笔，我就不给你了。

（二）汉语语法方面的问题

1. 对汉语词性认识模糊

例如：

*我有一个良心的朋友。

“良心”是名词，不能做定语，应该改为“善良”。

*他是一个修养人。

“修养”是名词。上述句子可以说成：

他是一个有修养的人。

2. 遗漏谓语动词

例如：

*我们俩又同学，又同桌。

遗漏了谓语动词“是”。正确说法应该是：

我们俩又是同学，又是同桌。

3. 遗漏介词

例如：

* 第二天他们还是田地里干活儿。

应该改为：

第二天他们还是在田地里干活儿。

4. 汉语离合词的使用、动词是否带宾语等

例如：

* 我就不交他朋友(我就不和他交朋友)

* 我见面了那个网友(我和那个网友见了面)

* 旅行全世界(去全世界旅行或周游全世界)

* 他说的对,我满意了他(他说的对,我对他很满意)

5. "把"字句使用错误

例如：

* 丰富把自己的生活的活动。

应改为：

使自己的业余生活丰富多彩。

6. 副词在句中的位置不当

例如：

* 这次火灾起码遇难的有200人。

* 这次的校级运动会起码也要参加50人。

"起码"在句中的位置不对,应该放在动词前。

这次火灾遇难的起码有200人。

参加这次校级运动会的起码有50人。

7. 其他方面

(1) 词语在表意方面重复。例如：

* 我对汉语也很有感兴趣。

可以说："我对汉语很有兴趣"或"我对汉语很感兴趣"。

(2) 汉语近义词多,如何选择最恰当的词来造句也是的一个难点。例如：

* 我们的汉语老师收集了丰富的教学经验。

"收集"用在这里是错误的,应该用"积累"。

* 在他的帮助下,我终于恢复了以前爱学习的好习惯,学习也渐渐好了起来。以后我们

就成了永远的朋友了。

这句话中的“以后”用得不对，最好用“后来”。

* 我跟他吵了架，可他没生我的气，反之对我说“对不起”。

把“反之”和“反而”混淆了，应改为：

我跟他吵了架，可他不但没生我的气，反而对我说“对不起”。

下面的句子同样如此：

* 我全心全意地爱他，反之，他恨我，讨厌我。

我全心全意地爱他，他不但不接受，反而恨我，讨厌我。

(3)主语位置不当。例如：

* 怎么可能感情的伤害，可以用金钱来补偿呢？

“感情的伤害”是主语，最好放在句子的开头：

感情的伤害怎么可以用金钱来补偿呢？

（三）其他错误

1. 汉字书写错误

汉语同音字多，同学们在写作时注意不要写错字。以下是同学们常常写错的字：（括号里为正确的写法）

* 里想（理想）、* 倍养（培养）、* 抱达（报答）、* 图滕（图腾）、* 强状（强壮）、* 千变万花（千变万化）、* 标指（标志）、* 柴米油言（柴米油盐）、* 五光失色（五光十色）、* 成心成意（诚心诚意）

2. 标点符号使用错误

标点符号方面，维吾尔族学生要特别注意，维吾尔语的句号为小圆点，而汉语的句号是小圆圈；维吾尔语的省略号是三个点，而汉语的是六个点。还要注意，汉语不同的标点符号占的格也不一样，有的占一个字的位置，破折号和省略号都占两个字的位置，中间不能断开。写作时注意标点符号的位置：句号、问号、叹号、逗号、顿号、分号和冒号一般占一个字的位置，不能写在每一行的开头，也就是说，不能顶格写，应写在上一行的末尾。

3. “的、地、得”使用错误

同学们常常不区分汉语的三个结构助词“的、地、得”。这三个词的具体用法是：

“的”是连接定语和中心语的，是定语的语法标志，如“热烈的欢迎”、“我的铅笔”；“地”是连接状语和中心语的，是状语的语法标志，如“吃惊地问”、“得意地说”；“得”是补语的标志，所谓补语是位于动词或形容词后的谓词性成分，主要有结果补语、趋向补语、情态补语。具体说来，“得”是情态补语的标志，如“说得对”、“唱得不好”等。

第7单元　模拟训练

一、记叙文模拟训练

文章1

我喜欢的传媒——互联网

如果有人问我，我最喜欢的传媒是什么，我会胸有成竹地回答："网络。"其实，网络并不是我从一开始就喜欢的。可是经过了一些事情，我慢慢知道了网络的力量有多大，以至最后上网成瘾了。

我头一次接触网络是刚上大学的时候，当时网络刚在韩国开始普及，所以有的老师通过网络给我们留作业、发课程表或考试提纲等。可是那个时候，包括我在内的很多学生还没有电脑，所以我们只好去学校的"中央电脑厅"上网。电脑厅里总是坐满了学生，非常拥挤，很难找到一个空座位，所以那时我不太喜欢上网。

毕业后，我入伍。在军队里每天除了受训，就是干粗活儿，单调极了。有一天，有个军官叫我帮他上网查一些资料。我一边查资料，一边偷偷地上别的网站。后来，这位军官经常叫我帮他上网查资料，我也经常能偷偷地上别的网站。有时候访问母校的主页，有时候浏览大牌明星的网站，有时候欣赏美女的照片，甚至有时候看电影，等等。顺便说一句，那位军官不会电脑，所以我的行为根本就没有被他知道的可能。原来网络是如此好玩儿啊！我逐渐喜欢上网了。

退伍后，我上了班。这时我发觉网络不但是个好玩儿的东西，而且是个很有用的工具。每天日复一日周而复始的生活真让人疲倦。一到周末，我就懒得出门，只想在家里休息。如果我真的想购物的话，我会直接上网刷卡结账，然后他们就直接给我送货上门，何等方便！

网络具备了传统媒体如电视报刊的优点，因此你也能上网看新闻，还能学外语。虽然我没上过中文系，但通过远程教育的网站我找到了一个中国留学生，请她教我汉语。最终我如愿以偿地来到中国留学，这就是网络的力量。

网络作为通信手段有多便利自不待说。在网上，你除了可以发电子邮件以外，还能发短信。我爸爸就特别爱用这个功能，他不太习惯在手机上输入文字，因此他经常上网发短信给我。

此外，对我来说，网络是个可以随时向之请教的老师。例如，我遇到了一个生词，但在字典里查不到它，我就用百度等搜索引擎以它为关键词来进行搜索。这样，我能看到好几个用到这个词的句子。虽然我不能完全理解这个词的正确意思，但通过上下文能知道个大概，顺便也知道了这个词的用法。

总之，互联网的确神通广大，而我也已经到了嗜网如命的地步。也许可以这么说，没有手机我活得了，没有报纸电视我也活得了，但如果没有网络我一天也活不下去。(938字)

（作者：金熙燮，有改动）

文章2

人生的第一次表演

我今年27年，20年前我第一次登台献艺，现在回忆起来，还历历在目，恍如昨日。

当时我读小学二年级，表演的节目是讲故事。通过班级的选拔赛，我成为二年级的种子选手，向全校师生登台献艺并参加全校学生表演竞赛。呵呵，当时我代表着整个年级，肩负着200多个同学的厚望，真有点儿参加奥运会的意思。

我清晰地记得表演现场在四年级教室，那时候我表小姨正在四年级上学，她目睹了整个表演的过程。由于我那时候营养不良，即使站在讲台上，后面也有广大观众无法目睹本人的光辉形象。因此校长把我举起来，放到了讲桌上，表演正式开始。

现在想起来，我当时讲的故事一点儿也不精彩，如果现在再让我讲，七八个段子肯定能让大家笑疼肚子。但当时素材来源极其有限，主要靠祖上口耳相授。这个故事是我老爹讲给我听的，梗概是这样的：一个穷苦少年上山去砍柴，遇到了一只老虎。他吓得慌不择路，逃到了悬崖边无路可退，面对老虎的步步紧逼，他最后爬到了一棵大树上。老虎很执著，在树下守株待兔。守望了一会儿，发现树上的少年比它更执著，于是就张开血盆大口，开始啃树。眼看着树干越啃越细，少年急中生智，顿生一计，与老虎展开对话。

“老虎啊老虎，你也太傻了，比兔八哥还要傻。”

不管是人还是动物，都不喜欢别人说自己傻，所以老虎很气愤：“我吃的兔八哥比你见的都多，我怎么没它聪明啊？”

“兔八哥吃一会儿草渴了还会喝水呢，你啃了这么久连水都不喝，你说你傻不傻？”

老虎想了会儿，觉得也是那么回事，也感觉到口渴了，于是对少年说：

“你老实地待着啊，我喝一口水马上回来。”说完就去找水了。

少年看见老虎离开后，就马上脱了衣服，挂着树枝上，然后溜下树，找了个隐蔽的地方躲了起来。

老虎喝足了水，来到树下，看见少年的衣服，心想少年还挺老实，就继续开始啃树。不一会儿就把树啃倒了，老虎扑到了少年的衣服上，却发现少年不见了，老虎就这样气急而死了。

故事的梗概就是这样，当然我现在写出来，还稍作了一下演绎。据后来我小姨向我爷爷奶奶爸爸妈妈以及她的爷爷奶奶爸爸妈妈反映，当时的我用现在的话说，简直是帅呆了。我站在讲台上，穿着雨靴——竟然是反穿的——在讲台上手舞足蹈，差点儿掉下来。当时的观众也不地道，愣说听不见，害得我把嗓子都喊坏了。

不过结果十分理想,我不负众望,获得了比赛一等奖,得到了校长亲自颁发的作文本一本。(951 字)

(作者:田如风,有改动)

文章 3

人生的第二次表演

自从我讲故事一炮走红后,我也如飞机上的喇叭——名声在外了。学校的文艺工作者把我这颗孬苗当成了好种子,要培养我。这可要了我的命,咱天生也不是从事艺术的料,唱歌五音不全,用我妈的话叫"牛听了牛走,马听了马跑(从家乡话翻译过来)";跳舞那就更没看头儿了,细胳膊细腿让人觉得简直是糟践艺术。

但是我妈十分看好我,还是东北人说得好:孩子都是自个儿的好。因此当老师告诉我妈要培养我时,我妈欣然答应。我被训练参加乡里的文艺表演。可能是因为那次表演的失败,到现在我也没回忆起我表演的节目到底是什么,像是独唱,又像是独舞,反正已经忘记了,沉睡在记忆深处。

表演那天,和其他小朋友一起,我坐上了威风凛凛的拖拉机,直奔乡政府。在一个 8 岁孩子的眼睛里,这就是城市了!我们乡也就 3 条巷,卖水果的,卖青菜的,叫声此起彼伏,看得我目不暇接。到了节目现场,我们小演员全在幕后,我偷偷地看了一眼,下面黑压压的全是人!当时对人群的感觉就如现在对春运期间北京站候车的乘客的感觉一样,怎么这么多人啊!吓得我当时就怕了。

当时我还有亲友团——四姨,估计她也就 19 岁,在一旁为我打气,告诉我不要害怕。呵呵,当时我都吓得两腿发软了,就想提出罢赛。

我在一旁观察,发现表演的小朋友什么都没得到,上台了没表演的小朋友反而得了一个文具盒,很先进的文具盒,带吸铁石的高科技产品!我心动了,铁了心要拿到文具盒,当然要将罢赛坚持到底了。

轮到我上场了,我死活不肯去,我四姨和学校的老师架着我走上了舞台,简直像是奔赴刑场,但我一点儿也不肯慷慨就义。我拽着她俩的长头发,哀嚎着要回去,拒绝表演。我四姨问我为什么不表演,我指着台下的观众说他们都在笑。(我们三人在舞台都过上招了,观众能不笑嘛!)我四姨很厉害,对着观众说:"你们不要笑!"结果观众笑得更厉害了,见这场面,我都哭出来了。

孔子曰:"朽木不可雕也,粪土之墙不可圬也。"看这阵势,老师和四姨也对我失望了,就放了我。我终于得到了心仪的高科技文具盒,也失去了一次为艺术献身的机会。从此我幼小的心灵蒙上了失败的耻辱,按照弗洛伊德的精神分析法,这影响了以后的精彩人生和完美人格的塑造。

回去也是坐的威风凛凛的拖拉机,但心情已经是大不同了,原来参加了表演的小朋友最后不仅拿到了文具盒,还得到了一套运动服,我亏大了。伴随着四姨和老师的一路唠叨,我回

到了家,又挨上了老妈劈头盖脸的训斥,还被拧了耳朵。从此我与舞台告别了。(996字)

(作者:田如风,有改动)

文章4

小时候经历的一件事

我小时候的经历很平常,但这件事我却牢牢记得。

我的祖母生了三个孩子,大伯、姑姑和我父亲。大伯家生了四个女儿,都比我大;姑姑家生了一个女儿,也比我大。换句话说,我是最后一个来到这个大家庭的女孩儿,所以祖母当初得到孙女的欣喜和激动到我这里早已荡然无存,她看我不顺眼是理所当然的。如果我有了一件新衣服,那一定是我所有的堂姐和表姐都有了;如果我能吃到一个糖果,那一定是最后剩下的。这种不公平造成了我的自卑、孤僻和怪异,我一度很仇视一些小动物,靠欺负这些小动物来发泄心中的不满。有一次家里的地上施施然爬出一条蜈蚣,就是有很多腿的那种动物,我冲上去毫不犹豫地一脚把它踩死了。没想到此举被祖母看个正着,她愤怒地对我说:"你会有报应的,这条死去的蜈蚣会告诉它所有的同伴,到了晚上它们会全都爬上你的床。"我现在知道这是迷信,但当时我只有5岁,对此信以为真,这句话让我毛骨悚然。看着慢慢来临的黑暗,我的内心越来越恐惧,躺在床上大睁着眼睛一宿都无法入眠。

还好,虽然祖母不喜欢我,但父亲一直把我当成宝贝,我从父亲那里得到了比哥哥弟弟都多的宠爱。我把父亲当成最可信赖的人,便把我的遭遇一股脑儿地告诉了父亲,我说祖母偏心,对我不公。我理所当然地以为父亲和我会有共鸣,同情我,绝不会出卖我。但是第二天早上,我刚一睡醒就被传唤到了祖母屋里,迎接我的是劈头盖脸的一顿臭骂。我只记得第一句话是:"你这个忘恩负义的小东西,我真是白养了你。"我看着她因震怒而发红扭曲的脸,嘴唇一张一合。当时我的大脑已经一片空白了,根本听不到她说什么,只记得她高高地端坐在大床上,两腿盘着,像一个威严的皇太后。而我,一个5岁的小女孩,卑微地立在地上,看起来是那么渺小,无助又无奈地仰视着她,拼命地抑制住就要奔涌而出的泪水,大脑里只回荡着一个声音:"为什么,为什么父亲要这么做?"

从那以后很长一段时间我对周围的人都有戒心,如果挚爱的父亲都不能让我信任的话,我还能相信谁呢?父亲做的这件事让我很长时间都不能释怀,我再也不会和父亲分享我的喜怒哀乐,小小年纪的我就学会了敷衍,或者说学会了自我保护,和他说一些无关痛痒的话题。

岁月流逝,我长大成人,父亲也已早逝。当我坐在他的墓前,回忆过去时,愤恨早已被亲情、理解所取代。我知道父亲不是故意的,他完全是无心的,如果他知道他的做法能对一个孩子产生如此严重伤害的话,他是绝对不会这么做的。但是如果我有了孩子,我一定会尊重他(她)的一切,包括他的信任。(1021字)

(作者:武翩跹,有改动)

文章5

小时候最怕的两件事

小时候最怕的两件事,一是用电动剃头刀剃头,二是穿鲜艳的衣服。

第一次接触电动剃头刀是在集市上,那时我6岁,大队幼稚班(现在叫幼儿园)学生,老爹带着我去剃头。那是我第一次看见电动剃头刀,纯黑色的正方体,后面带有长长的电线,真正的高科技!插上电,嗡嗡直响,剃头匠手起发落,太棒了!

老爹让我先去剃头,坐在椅子上,听着嗡嗡的声音在头上盘旋,当时我就吓傻了。忙着下来,让老爹先剃。我回避了,到隔壁的书店看小人书。

还没等书看完,老爹就过来找我剃头了,把我按在椅子上,看来是逃得了和尚逃不了庙啊。但是别怕,我有法宝——来回摆头。剃头匠怕伤到我,就让老爹支援。我告诉老爹:"我不搞,我怕电到哒,电到了蛮疼呢。"(当地方言)老爹好言相劝,说那个不会漏电的,一点儿也不疼,说他体验了,剪得又快又好。我还是心存疑惑,不敢以身相试。建议剃头匠用手工剃刀,他却说那个早淘汰了,只有这个了。无奈之下,老爹只能用武力逼我就范,他用手托住我的左右腮,固定住我的头,冲着剃头匠大喊:"快嘎,快嘎!"(当地方言,快的意思)估计剃头匠第一次看见这样的顾客,他也没胆量,害怕伤着了我。

威逼不成,只能利诱,老爹答应剃完头后给我买本小人书,呵呵,这将是我人生中拥有的第一本课外书,简直是扛不住的诱惑,哪怕是电着也值了!

剃头时,也不像想象中的那么可怕,一会儿就适应了。老爹很守信用,剃完头后在隔壁店给我买了一本小人书,是关于战国时期的连环画,讲的是田单的火牛阵。

小时候(5岁以后9岁以前),我穿衣服是非常挑剔的,红色的不穿,绿色的不穿,嫩黄的不穿,花格的不穿,一般只穿老头蓝(我们当地老人穿的深蓝色)。有段时间几乎每天早上都会因为穿衣服和老妈过不去。

我之所以不穿色泽鲜艳的衣服,原因很简单,是怕别人笑话我女性化。那时候总觉得自己是个爷们儿,不能打扮成娘们儿。希望总是美好的,而现实却是残酷的。因为我有五个姨,她们都喜欢按自己的喜好打扮我,总把我穿得花枝招展的。那时我还小,就听而从之了。等上小学了,在偶尔的开玩笑似的讥笑和自我意识的觉醒下,我开始反抗了。我拒绝任何鲜艳的衣服,而且连老头蓝的风衣也不穿,因为风衣穿起来像裙子。

有件风衣是四姨给我买的,四姨对我很好,每次来我家,都会带给我她舍不得吃的东西,一块饼干要藏许久,等拿来时已经裂成了好几块。

1988年,四姨结婚了,在出嫁的那天晚上,母亲、四姨、我三人坐在屋檐下,说起了很多事。母亲特别感谢四姨,说她帮我们家做了很多事,说到动情处,泣不成声,然后对我说,以后四姨出嫁了,再也不能住咱们家了,是别人家的人了。顿时,母亲、四姨、我哭成一团。

第二天,我穿着这件风衣,参加了四姨的婚礼。

那件风衣,我就穿了那一次。(1109字)

(作者:田如风,有改动)

二、说明文模拟训练

文章1

喀纳斯湖

喀纳斯湖周边的居民主要是蒙古族，喀纳斯是蒙古语，意为“美丽富饶、神秘莫测”。它位于阿尔泰深山密林中，湖面海拔1374米，面积44.78平方公里，比著名的博格达天池整整大10倍，湖水最深处达180米左右。喀纳斯湖湖面碧波万顷，群峰倒映，还会随着季节和天气的变化而时时变换颜色，是有名的“变色湖”。每至秋季，层林尽染，景色如画。

这个深藏在阿尔泰山友谊峰下的亚寒带高山河谷型湖泊，其实是额尔齐斯河支流喀纳斯河上最宽的一部分，发源于喀纳斯冰川。穿过崇山峻岭，奔腾而下的喀纳斯河水，在流入这个豆荚形的凹陷湖区之后，就变得平缓而柔和。静悄悄、蓝晶晶的湖面如同一面镶嵌在林海雪谷中的明镜。湖中的曲折港湾与湿岛礁岩，在粼粼柔波、点点光斑的衬映下，显出迷离梦幻般的景趣。喀纳斯湖的东西两岸，尽是漫山遍野、直插云天的以欧洲泰加林为主的原始针叶林和白桦林，渲染出一派恍如北欧大陆与俄罗斯林野的异域情趣。从喀纳斯湖湖区延伸开去的这一方圆两千多平方公里的原始河谷山林地带，是我国唯一的古北界高寒带动植物分布区。这里生存着一千多种植物、三百多种兽类和一百多种野禽，其中不少是受国家保护的珍稀生物。它们共同组成了祖国西北角的一座天然高山“植物园”、“动物园”和“万花公园”。喀纳斯湖中还生长着八种我国罕见的冷水型鱼类，其中的哲罗鲑(即大红鱼)因硕大、凶猛，能吞噬水中野鸭、岸边牛犊而以“湖怪”著称，更给喀纳斯湖增添了神秘的色彩。

喀纳斯湖有几大奇观，一是千米枯木长堤，这是喀纳斯湖中的浮木被强劲谷风吹着逆水上漂，在湖上游聚堆而成的；二是湖中有巨型“湖怪”(近年有人认为是当地特产的一种大红鱼)，常常将在湖边饮水的马匹拖入水中，给喀纳斯湖平添了几分神秘色彩；三是雨过天晴时才有的“峨眉绝景”——喀纳斯湖云海佛光。此外还有图瓦族风情、阿勒泰岩画等都是十分具有吸引力的旅游资源。(762字)

文章2

汉字可以治病

美国费城有一个小学五年级学生，聪明好学。一天，他看报上的天气预报，竟然一个字也不认识了。后经医生诊断，这孩子患了一种叫“失读症”的病。

我们知道，人的大脑皮层有一个语言中枢，它是人类语言能力的生理基础，它的作用就是调控人类的语言行为。这个中枢一旦因脑外伤受损或出现脑血管供血障碍，就会使人的语言行为出现障碍，常见的就是“失语症”。“失读症”是失语症中的一种。这个美国少年患上这种病是由脑外伤造成的。

传统的看法是,人脑的语言中枢在大脑左半球,按这个观点推论,只要左半球的这个中枢受损,就会发生失语症或失读症,不管他是哪个国家、哪个地区的人。但事实却不是这样。

科学家经调查发现,中国和日本患失读症的人要比欧美少得多。这是为什么呢?经过多次实验,科学家发现了一个基本的、却是简单的事实:中国和日本都使用汉字,而欧美人使用的是拼音文字。欧美人记认字音和字义,使用的是大脑左半球,且仅仅是左半球。但中国人、日本人对大脑的利用要精细得多,左半球记认字音字义,右半球记认字形以及字义,而且左右两半球均衡协作。这就是中国、日本患失读症者少的原因。

更有趣的是,美国科学家对中国儿童和美国儿童的阅读能力和某些智商做比较实验,发现中国儿童的智商要高得多。其中一个重要原因是中国儿童学的是汉字,因此他们的大脑左、右半球得到了更充分、更均衡的锻炼。

根据汉字与大脑两半球的这种关系,费城的心理学家做了这样一个试验:首先他们教这位患失读症的美国少年学汉字,接着在一张纸上,上行写英语句子,下行写同样意思的汉语句子,要这位美国少年看着汉字读出英语句子来。结果,这位美国少年毫不费力地把英语句子念了出来。试验初步成功了。

不过,这个试验有一个问题,即汉语句子只是有"唤醒"英语句子的作用,不等于把病治好了。以后的试验表明,这一问题是可以解决的。因为在不断"唤醒"的作用下,患者能慢慢恢复英语的阅读能力。

汉字的学习、使用,可以使人们更充分、更均衡地使用大脑两半球,其意义是非常深远的。已有人提出用学习汉字的方法提高西方儿童的智能,还有其他一些想法和研究。我们期待着这些研究成果早日问世。(879字)

文章3

动物的攻击行为

动物的攻击行为是指同种个体之间所发生的攻击或战斗。在动物界,同种动物之间常常由于争夺食物、配偶,抢占巢区、领域而发生相互攻击或战斗。

绝大多数鸟类从遥远的南方返回繁殖地后,就积极地寻求异性来繁殖后代。雄鸟飞临巢区,便立刻占据一块安全、舒适、食物充足的领域来"割地称雄",绝不许其他鸟类,尤其是同种的雄鸟再进入这块地盘。于是它站在大树尖上高声歌唱,并且冲天而起,在自己的地盘上空兜着圈子飞一阵,再落到领域内。这是告诫其他鸟类"这块地盘是我的"。这样的炫耀式飞行还有招引雌鸟的特殊意义。

鸟类在繁殖期间这种抢占地盘的现象称为"占区",它所占的地盘称为"领域"。这个领域是在巢区内有一定范围的作为该动物特别加以保护和防范的区域,绝不允许其他个体(主要是同性个体)侵入。雄鸟时常要用威吓或战斗来捍卫自己的领域。

兽类同样要建立领域。例如,马来西亚丛林中的黑长臂猿是个头高、双肩发达的猿类,它们过着"一夫一妻"制的生活,要养活一家老小并不容易。每天早上,它要靠喉风箱发出巨大的声音来啼叫，以表示周围4500米以内的地域是自己的领地；非洲雄狮常常在夜间重新设立疆界，因为它的气味界桩持续不了多长时间，为防止入侵者，狮子有时还要吼叫几声——这在很远的地方都可以听到——以这响亮的吼声来加强气味界桩的作用；红羚羊因为一年四季都可以繁殖，所以有固定的领地，它是用鸣叫警告对方不要来侵犯。

攻击行为有的是肉体的进攻，有的是非肉体的（如装腔作势、恐吓、驱逐等动作）。

提起兽类，人们会很自然地把它们和凶残一词联系起来。你可知道当同种兽类生活在一起时，即使在争斗中，除了凶残的一面外，还有着共同信守的“君子协定”——这是一种姿势语言。在激烈的斗争中，弱者只要赶快跑开或趴在地上向强者求饶，强者就会饶它一命。

在兽类内部，一般不会出现“置对手于死地而后快”的现象，战败者总是采取某种屈从的姿势或特殊的叫声来表示，最后一走了之。另外，兽类还有着一条天然的规矩，即双亲对子代有着不可言喻的威力，所有的子代都不得和自己的双亲进行搏斗，它们对双亲是唯命是从的。如果气候恶劣，食物缺乏，幼兽即使饿死，也不能从双亲嘴里抢食，这就是非洲狮幼仔在旱灾时节大量夭折的一个原因。

由于兽类中存在着这种“君子协定”和天然的规律，才使得各种兽类在复杂的环境中，能继续繁衍生息下去，成为生物圈中的成员。（966字）

三、议论文模拟训练

文章1

恨的教育

一个母亲，因为儿子打扑克赢了准姑父的手机，便将儿子关进柴房，用板凳和成捆的甘蔗一顿暴打。而这个14岁的少年又因为自己遭到了母亲的毒打，便对“告状”的准姑父怀恨在心，伺机把他给杀了。（8月9日《浙江法制报》）

不可思议的是，这名母亲“痛定思痛”后，认为“出了这样的事”是因为“自己对孩子打得还不够的缘故”。打，已经成了这位母亲教育孩子的全部内容和手段。

当然，如果我们深入研究，就可以发现，这种教育“理念”并不是那位母亲的“无师自通”，或者说，她的这种想法是有所“传承”的。传统的教育思想往往都是“打”字当头，什么“不打不成器”、“棍棒底下出孝子”等等，都是“着眼于”通过“严刑峻法”来达到“驯服”孩子的目的。那位母亲便是这种传统教育思想的“忠实”继承者和实践者，对孩子要么不闻不问，要么痛打一顿。

这几天，我正在看著名教育家夏丏尊翻译的《爱的教育》，相应的，这种“打”字当头的传统教育，实在可以称之为“恨的教育”。

“爱的教育”与“恨的教育”，代表了两种迥异的教育理念和教育手段，后者就是用忿恨、愤怒作为教育“工具”，来威吓和奴化孩子。而且，这样的“恨的教育”是根深蒂固的。著名教育家叶至善先生在《爱的教育》序言中曾讲到这么一个细节：每逢开学，家长把孩子领到我跟前，指着孩子叮嘱我说："他要是不学好，给我着实往死里打。"然而，每当听到这样的"叮嘱"，叶至善先生都感到"精神上痛苦极了"。

为什么？因为这样的教育实际上是将暴力转化为恨和怒植入了孩子的心田，也就是说，它培育的其实是仇恨和复仇的思想，它激发的往往也是暴力的倾向。那 14 岁的少年之所以杀人，也就是因为内心长期潜伏着的仇恨和复仇思想，被这一顿暴打激发了出来。可以这么说，拔刀相向，就是"恨的教育"的逻辑结果。

这确实是非常可怕的。

同样可怕的是，我们的许多家长甚至老师，到现在都还不知道、不懂得"爱的教育"，都还不会或不屑用爱心教育。

"爱的教育"并不仅仅是指和风细雨的教育方法，更重要的是要用爱的理念并以和善、喜乐的方法，在孩子们幼小的心田里播散爱的种子，从小就培育孩子们珍视友情、富有爱心，学会关怀、乐于同情，懂得感恩并珍惜生命。(890 字)

(作者：蹇庐氏，摘自《浙江法制报》2006 年 8 月 16 日，有改动)

文章 2

震灾中的思考

震灾幸存者，北川中学高一学生贾国伟在日记中写道："世界变了，原来的一切都变了。"其实，我们大家也都是"幸存者"，都有这样"一切都变了"的感觉。

我们应该感谢的，首先是灾区的受难者，他们承受了这一切生命的苦难。正是他们在危难中表现出来的坚韧的生命力量，对生活的渴望，友爱与互助，奉献与牺牲，才激发、点燃了全民族、全人类，以及我们每一个人内心中的爱与力量。

这一次抗灾，让我们看到了中国国民性极其可贵的一面。我们的民族有着一种难得的生命的坚韧力量。平时看起来惰性很强，但凡有一条退路，就绝不思变革和前进，宁愿妥协迁就，得过且过；但一旦到了危难时刻，就能突然爆发出一种自救的力量，即所谓"置之死地而后生"，或者叫"绝路逢生"。这就是我们这个世界上最古老的民族，经历了一次次民族危亡，而又始终不亡不倒，屹立于世界民族之林的一个基本原因。

我们能否把这次灾难的"非常态"中爆发出来的人性之美、人情之美，变成一种稳固的社会与精神的"常态"？即如何将灾难转化为育人、治国的精神资源？

这次抗灾，最为响亮、最激动人心、也最具有凝聚力的口号，大概就是"人的生命重于一切"。这里，实际上是提出了一个"生命至上"理念，强调的是人的生命价值的崇高性与普世性。我们应该毫不含糊地将"敬畏与尊重生命"作为一个基本的价值确立下来，成为我们共同的信仰，融入我们的日常生活中。

"敬畏生命"的观念，还包含着一个生命相互依存的"约定"，即"每一个人的不幸都与我们有关，每一个地方的不公正都是对我们的羞辱，每次对别人苦难的冷漠都是我们为命运自掘的墓地”。这些天，很多人的精神境界仿佛经历了一次蜕变。此前，眼睛里只有周围那个小世界，考虑的只是个人的发展、前途，不免“咀嚼着身边的小小悲欢，而且就看这小悲欢为全世界”（鲁迅语）。这次地震，就一下子震出了一个“大世界”，突然感受到自己的生命与别人的生命息息相关。当你眼里只有自己时，这世界很小很小；当你眼里有了别人，你自己的生命境界就很大很大了。

在这次救灾中，最引人注目、最让人感动的，一是民间的力量，一是青年一代的力量。冲锋陷阵在第一线的解放军战士，主力就是“80后”、“90后”。香港的媒体、外国的媒体都赞扬中国的年轻一代，说他们绝不是自私的一代，而是有责任感、有现身精神的一代。

我曾经送给年轻人八个字：独立，自由，批判，创造；现在，我又要加上六个字：仁爱，宽容，责任。这两者是相辅相成的。

人，特别是年轻人，总是在瞬间成长的。（1017字）

（作者：钱理群，摘自《大学生》，有改动）

文章3

贫生盗，富生淫？

昨天我的自行车丢了，那辆刚刚骑顺手的赛车骑了才不到一个月。

我在北大小西门对面的硅谷电脑城待了不到15分钟出来就找不到车子了，看到我在东张西望，附近一个坐在板车上的妇女问我是不是丢车子了？我说是。她说刚才有人骑跑了。我问是什么人？她说是个女的，长头发，红衣服。我很吃惊，女的？她说没错，那些抱孩子卖光盘的女的都是偷车子的，可厉害了，刚才这边一辆折叠车也被偷走了，她们都是一帮，人多，我们也不敢管。

我知道她说的是那些抱着租来的孩子卖黄色光盘的妇女，我没想到她们居然还干起了偷车的行当，而且手法娴熟，胆大妄为。

在坐公交车回去的路上，我一直在想，难道我们现在的社会真如古代的民谚所说：贫生盗，富生淫？

当今社会两极分化日益严重，贫富差距愈拉愈大，人们的道德底线也在日益下滑。在各种媒体上不断看到，在一些贫困地区竟然出现全村外出行乞，全村妇女外出卖淫，全村集体从事拐卖儿童和全村从事造假等令人匪夷所思的事情。

贫穷，让人们撕下了人性道德的最后一块遮羞布，把它蒙在脸上，干起了坑蒙拐骗、打家劫舍的勾当。因为这个社会似乎又变成了一个“笑贫不笑娼，谁穷谁遭殃”的残酷社会。人们对财富的渴望如瘟疫蔓延，欲望如毒菌膨胀。大批农民涌进城里（因为有限或贫瘠的土地根本无法承载日益扩张的生活压力），在城里人丢弃的废矿堆中披沙沥金，辛苦地淘取他们人生的微薄希望。

有些城里人说，是农民污染了城市，甚至北京市的某领导竟要求限制外地人尤其农民进京。他们没有意识到，是城里人污染了农民的心灵。看看那些在最恶劣的环境中，从事最辛苦工作的农民工的血汗钱,被拖欠,被诈骗;以及城市里无所不在的、变本加厉的对农民工的歧视甚或虐待,都无不在扭曲着农民工的心灵,使这个社会郁积着仇恨、不满和隐藏的动荡。这是一个恶性循环。

摆脱贫穷,过上好日子,这是每个人的渴望和无可厚非的权利。有谁不想过上丰衣足食、幸福安康的生活呢?只是,这种生活靠什么手段谋取?而国家和社会是否给所有人提供了平等的机会?这自然会涉及体制的问题,涉及大家耳熟能详的"效率与公平"问题。

想起前天看到的郑渊洁在新浪网开的"郑在播出",问前一段传出"包养"传闻的某歌手,如果有一个大款要包养一个女孩儿,有多少女生会拒绝?十个人里会不会有六人拒绝?这名歌手回答,也许100%都不会拒绝,因为每个人都愿意过美好的生活,这无可厚非。最重要的是你出于什么目的,你想得到什么,在包养期间是不是有真的爱,这又是另当别论。我想她说的是实话。

那么导致整个社会道德水准下滑的根本原因是什么呢?

有人归咎于商品经济,市场化使人们唯利是图,尔虞我诈。然而有种观点却认为,事实是我们市场化的程度远远不够,并没有按市场规律去办事,仍是官僚垄断的既得利益集团在控制着整个经济命脉。社会缺乏普遍的公平与公正机制,难怪诚信会成为稀缺资源呢!

(1161字)

(作者,吴文善,有改动)

写在后面

同学们在考试时一定要注意下面这些事项。

首先，缩写时要注意分自然段，不能从头到尾就一段。

其次，尽管作文评分标准中列出了语言、内容、条理等考查项目，但作文阅卷不能按分项细判，而只能由阅卷老师综合判定。考试卷多，时间有限，阅卷老师工作量大，因此，卷面整洁、字迹清楚、语言流畅、内容充实的文章，比较容易得高分。

第三，"好的开头是成功的一半"，考生一定要在有限的时间里，尽快入题。如果阅卷老师半天找不到作文的开头，不知道你要说什么，那就绝不可能打高分。

最后，写完之后要留出一定的时间检查。首先检查是否切题，再检查首尾是否照应，作文中有没有病句，文字有没有写错的地方，标点符号和格式是否正确。

另外，常常有考生时间安排不合理，考试快结束时还没写完。遇有这种情况，千万不要慌，把文章的结尾处理好，不失为一种挽救的方法。通常说来，以下几种方法都是可行的。

1. 直接把结果交代清楚。

我们知道，四级写作对文章的完整性要求是很高的。没时间写过程，就把结果写出来，这样最起码让阅卷老师认为这是一篇完整的文章。否则，给人一个有头没尾的印象，分数自然不会高。而且有时不加任何修饰的自然结尾，也能给读者留下无限的思考余地。

2. 照应开头的首尾呼应法。

结尾呼应开头，这是记叙文的一般写法。

3. 画龙点睛的全文总结法。

这种方法，一般是用议论或抒情的方式概括全文中心思想或对文中的人物、事件加以评论。用来总结全文的可以是名言、警句或诗句，这样的结尾更是言简意赅，起到画龙点睛的作用。有时，再把题目润色修饰补充一下也能充当结尾。

4. 含蓄深刻的启发联想法。

鲁迅先生名作《故乡》的结尾是最典型的例子："我想：希望是本无所谓有，无所谓无的。这正如地上的路；其实地上本没有路，走的人多了，也便成了路。"这段话含蓄、深刻，一语双关，启发人们为创造新生活勇敢地开辟道路，使全文的思想感情得到升华。

不管是哪种方法，运用得当的话，都能为全文增色不少。

写作能力的提高不是一朝一夕的事情，同学们唯有多练习，才能厚积薄发。有了一定量的积累，才会有质的提高，所以，大家要多写，多练。

预祝各位考生考试取得圆满成功。

编者

附:作文评分标准

作文评分标准

项目 等级	A. 语言	B. 内容	C. 条理
6	全文语言自然、流畅，句式多样，遣词造句恰当。	内容充实、全面，与题目要求的中心意思联系密切。	条理清楚，前后紧密连贯，句意连接转换自然、流畅。
5	全文语言正确，语句通顺，有极个别错句、用词不当，但不对全篇内容产生影响。	内容完整，所写材料较好地表现了中心意思。	比较有条理，前后连接清楚、完整。
4	全文语句通顺，句式简单，有一些错句，用词不当，对表达产生了一些影响。	内容基本完整，所写材料基本能表现中心意思。有少部分偏离题意。	前后连接基本完整，有个别不自然处，基本不影响全文连贯。
3	全文语句大体通顺，错词、病句较多，对表达产生了较多影响。	内容不够清楚，所写材料不足以表现中心意思，或较多偏离题意。	前后连接松散、不够自然，难以使全文成为一个整体。
2	全文语句不通顺，错句严重，词不达意，影响了表达。	看不清楚所要表达的内容，或严重偏离题意。	前后不连贯，条理不清。
1	文理不通，无法有效表达。	文不对题，无法看出要表达的内容。	杂乱无章。

注：① 卷面没有书写文字，记0分。

② 50字以下，视文字情况，最高不超过分数等级2；200字以下，视文字情况，最高不超过分数等级4。

③ 卷面、书写、标点符号、格式等方面，视对表达产生影响的程度考虑评分。

这是三级写作的标准。四级的标准和三级大体是一样的，但在表达的完整性上要求更高一些。